基于知识视角的产业集群管理

袁雅娜 ◎ 著

吉林出版集团股份有限公司

图书在版编目（CIP）数据

基于知识视角的产业集群管理 / 袁雅娜著. — 长春：吉林出版集团股份有限公司，2024.2

ISBN 978-7-5731-4632-8

Ⅰ. ①基… Ⅱ. ①袁… Ⅲ. ①产业集群－产业发展－研究－中国 Ⅳ. ①F269.2

中国国家版本馆 CIP 数据核字（2024）第 054513 号

基于知识视角的产业集群管理

JIYU ZHISHI SHIJIAO DE CHANYE JIQUN GUANLI

著　　者　袁雅娜

出版策划　崔文辉

责任编辑　赵晓星

封面设计　文　一

出　　版　吉林出版集团股份有限公司

（长春市福祉大路 5788 号，邮政编码：130118）

发　　行　吉林出版集团译文图书经营有限公司

（http：//shop34896900.taobao.com）

电　　话　总编办：0431-81629909　营销部：0431-81629880/81629900

印　　刷　廊坊市广阳区九洲印刷厂

开　　本　787mm×1092mm　1/16

字　　数　216 千字

印　　张　13.25

版　　次　2024 年 2 月第 1 版

印　　次　2024 年 2 月第 1 次印刷

书　　号　ISBN 978-7-5731-4632-8

定　　价　78.00 元

前 言

当今世界，各国企业之间竞争的焦点越来越集中于“软实力”，即企业人员素质、设施及资本等因素的较量。而知识管理恰恰是构建企业核心竞争力的重要途径之一。企业如何合理利用组织中的资讯和知识，并建立起与企业战略目标相联系的知识管理组织体系，是企业实现可持续竞争优势的关键。

产业集群作为企业和市场的中间形态，是大量与产业相关的企业及支撑机构在空间上的聚集，并在规范的制度下展开专业化的分工协作。一个国家或地区在国际上具有竞争优势的关键是产业的竞争优势，而产业竞争优势来源于彼此之间相关的产业集群。产业集群的发展与企业一样，要经历萌芽、成长、成熟、衰退的生命周期过程。为了获得持续、有效的竞争优势，避免走向衰退，产业集群必须具备高度灵活性和快速的创新能力。创新的本质就是在知识的不断积累、碰撞中产生的新的可能性，知识资源的占有、产生、分配、使用成为知识经济时代下市场竞争的核心要素。因而，产业集群的管理重点也从原始的对物质资源的占有转向对知识资源的管理转变。

知识管理被称为第五代管理，它是市场主体通过对内部知识资源与外部知识资源的开发和有效利用来提高创新能力，从而提高创造价值能力的管理活动。它通过信息技术的市场处理能力和人的创造能力相结合，实现企业的价值增值。知识管理的过程，即市场主体利用信息技术对内、外部知识网络中的知识进行获取、识别与整合、共享、应用与创新，并不断反馈、更新的一个无限循环过程。在知识管理的过程中，市场主体的智能资本得到积累，有助于市场主体作出正确的决策和目标的实现。

本书围绕“基于知识视角的产业集群管理”这一主题，由浅到深地阐述了知识、知识产品、知识产业、知识管理等基础知识，系统地论述了产业集群的形成与演变，知识在产业集群形成与发展中的作用，深入探究了产业集群中的知识流动、知识转移以及知识共享，以期为读者理解与践行“基于知识视角的产业集群管理”，提供有价值的参考和借鉴。本书内容翔实、逻辑合理，兼具理论与实践性，既适合于信息管理、企业管理等专业的师生教学使用，又可供广大信息工作者、知识工作者、科技工作者、有关管理人员等学习参考。

笔者在撰写本书的过程中，借鉴了许多专家和学者的研究成果，在此表示衷心的感谢。本书研究的课题涉及的内容十分宽泛，尽管笔者在写作过程中力求完美，但仍难免存在疏漏，恳请各位专家批评指正。

目　录

第一章　知识、知识组织与知识服务

第一节　知识

一、知识的定义

尽管“知识”一词在我们的日常生活中使用频率极高，但是大多数人都没法对其进行精准的界定。《辞海》中把知识定义为“人类认识的成果或结晶”，并解释说：“人的知识（才能也属于知识的范畴）是后天在社会实践中形成的，是对现实的反映。”又说：“知识随社会实践、科学技术的发展而发展。”《现代汉语辞海》把知识解释为：“知识是人们在改造世界的实践中所获得的认识和经验的总和。”上述传统的定义，都把知识作为实践或实践活动的认知结果看待，这是正确的。然而，对知识的这种定义不足之处在于未能揭示认知活动中主体与客体的动态关系，而这种关系正是知识的本质。知识是经过人思维整理过的信息、数据、形象、意象、价值标准以及社会的其他符号化产物，不仅包括科学技术知识这一知识中的重要部分，还包括人文社会科学的知识，商业活动、日常生活和工作中的经验和知识，人们获取、运用和创造知识的知识，以及面对问题做出判断和提出解决方法的知识。王知津教授认为，“知识是人们在改造世界的实践中所获得的认识和经验的总结，它是一种观念形态的东西，只有人们的大脑才能产生、识别和利用它”。“知识是人们通过实践对客观事物及其运动过程和规律的认识，是被人们理解和认识并经过大脑思维重新组织和序列化的那部分信息，是经验、技能的总结。可以说知识是被人脑接受、处理、吸收和利用的信息。”

从关于知识的定义和不同的人的解释看，对于主题确信的认识—知识的针对性，说明知识是针对具体对象的，这个认识是得到承认的。由这个定义，我们可以看到认识的显性特点，有具体针对性、可以信赖、可以证实、得到承认。而在后面的个人定义中，“……存在于专业人员身上的技能财产”“……是企业无形资产”，这些描述可能就有隐性的因素存在，并非完全显性化了。比如，经验，方法，非公开的认识等。由此我们可以看到认识的隐性特点，积累性、竞争性、一定范围传播性。根据前面各种对于知识的定义，我们可以清楚的看到几个特点和角色。

其一，对于主题的确信的认识，来自人们的统计和验证而得到承认；其二，作用于人的技能、经验、方法，并在一定范围内可以利用；其三，数据、信息、知识转换的过程等。数据，或称资料，是可定义有意义的实体，它涉及事物的存在形式。它是关于事件的一组离散的客观的事实描述，是构成信息和知识的原始材料。这个数据不是一个非常确切的概念，有时是真实的杂乱无章的事实的数值化，有时又是针对某个主题设计出来的，抽样出来的一组与主题相关的定性或者定量的表单，有时又是围绕某个问题而大量收集的前人或者相关人的研究成果作为自己的素材，所以数据也可以是记录在载体上的数字、词语、声音、图像等。信息，即有意义的形式加以排列和处理的数据（有意义的数据），也可以说是把杂乱无序的数据进行了统计、归类、特征化。这些统计、归类、特征化是链接数据和知识的导引。还有一点需要辨析，就是消息和数据的差别，因为消息也是信息和知识的导引。例如，新闻、会议、展览等出现的消息到底是数据还是信息呢？如果说是信息，这些出现是不完整的、零星的、只言片语的。如果说是数据，这些出现的特征和归类是明确的，显著的。所以，Nonaka（1994）对于知识的认识转换过程不是用的数据，而是用的消息一词。知识，信息中的特征被普遍承认并可证实和使用，信息被其他人利用和使用，只有这样的特征和信息才能称之为知识。传统的教科书认为，数据、信息、知识以及智慧之间的辨证关系，即“数据—信息—知识”是处于一个平面上的三元层次关系，分别从语法、语意以及效用三个层面反映了人们认知的深化过程，而智慧则是超越了这个平面的创造性活动。但是，在人类的实际社会活动中，数据、信息、知识都是相对的，而不是绝对的。也就是说，针对某个主题的知识，当主题的环境变化或者主题变化以后，这个知识可能仅仅是一个数据了。所以，在现实社会中，数据，信息，知识都是相对的而不是绝对的。这里的智慧，属于隐性的，一旦智慧被记载在载体上，那么在时间阶段上会出现在数据，信息，知识三个定义的某个定义中。所以，在进行知识学习时，不会涉及智慧的空间。传统的这几个关系的表达是一个二维的顺序变化的关系图。事实上，数据，信息，知识对于智慧和创造是基础和素材，而三者之间会随着主题、主题环境等的不同，素材的定位也不同。形象化的关系应该修正成三维关系。

知识是人们对于自然现象与规律、社会现象与规律的认识和描述。从一定意义上讲，知识也是一种认识，它既包括感性认识，也包括理性认识；既包括人们通过实践直接获得的对某一事物的认识，也包括从书本上获得的知识。

由于研究者的研究视角、研究目的的不同，对知识涵义的理解也是不同的。从广义角度讲，知识是人类在实践活动中获得的认识和经验的总结，是人的主观世界对客观世界的概括和如实反映，是人类通过信息对自然界、人类社会以及思维方式与运动规律的认识与掌握，是人的大脑通过思维中心组合的、系统化的信息集合。从情报学角度，知识是信息接受者通对信息的提炼和推理而获得的正确结论。知识来自信息，是一种能改变人的行为方式、被人所利用的信息。离开了信息，人就无法获得知识。知识只能在人对信息的运用中体现。可见，人是实现知识的主体，信息是转化为知识的基础。从经济学角度，知识是一种资源，而且是一种能够创造效益的资源，所以它也是一种经济资源。不论从哪一个视角看，知识指的都是有价值的信息。知识的存在过程是运动而非一成不变的。知识是一个不断生产的动态过程，知识的识别、获取、开发、研究、分解、使用、共享，在其整个存在的全过程中反复进行。通过这些过程，知识既被利用，又在不断地生成和更新。

总之，知识是经过整序、提炼的信息，是人们对事物产生、存在、发展变化规律的认识，是人类发现、发明与创造的成果；知识反映的是人类对客观事物的普遍认识和科学评价。一般以观念、思想、理论、方法、技术、制度、方案、计划等形态，表现为通过各种媒体和传播介质显示出来的显性知识和存在于人脑中的隐性知识。这些信息是人们认识事物、进一步发现问题和解决问题的思维与认识的基础，是提高知识水平和基本素质，实现知识与技术创新的必要因素。知识与数据库中的普通数据的根本区别，在于知识不仅能明显地表达事实和关系，而且还包括能明显地表达包括常识、经验等在内的领域知识和推理规则。

二、知识的分类

（一）传统的知识分类

传统的知识分类是以学科知识为对象的，往往按学科的不同来划分知识。《辞海》将知识分为经验知识和理论知识。认为“经验知识是知识的初级形态，系统的科学理论是知识的高级形态”，并将理论知识进一步分为自然科学知识、社会科学知识、思维科学知识和哲学四大类。

《中国大百科全书》认为“知识是分为生活常识和科学知识。生活常识是对某些事实的判断和描述。科学知识是通过一定的科学概念体系来理解和说明事物的知识。科学知识也有经验的和理论的两种不同水平”。

在我国很多中小学教科书中，曾经将知识按其来源分为生产实践知识、社会实践知识和科学实践知识；又从哲学的视角，将知识分为感性知识和理性知识；还从教育的角度，将知识分为科学技术知识和人文科学知识两大类。

此外，对知识还有一种约定俗成的分类方法。首先把知识分为一些大类，如社会知识、生活知识、科学技术知识、文化知识等。再把这些大类分为一些小类，如科学技术知识可以分为物理学知识、数学知识、化学知识、计算机知识、生物学知识等。

（二）不同领域对知识的分类

在我国，习惯将知识分为感性知识与理性知识两种。感性知识是通过感性认识过程获得的知识，是事物片面的、具象的、外部联系的东西；理性知识是抽象的、系统化的、具有一定逻辑性的知识，是事物的全体的、本质的、内部联系的东西。理性知识依赖于感性知识，其主要关系是从感性知识上升或发展到理性知识；同时，感性知识要想深刻些，又离不开理性知识。感性知识的获得主要靠一个人的知识体会力，理性知识的获得主要靠知识思考力。

古希腊哲学家亚里士多德将知识分成纯粹理性、实践理性和技艺三大类。纯粹理性包括几何、代数、逻辑之类；实践理性是指人们在实践活动中做出选择的方法，用来确定命题之真假、对错等；技艺是指那些无法言传的知识。

西方近代哲学史上重要的理性主义者、荷兰哲学家斯宾诺莎把知识分为三种：感性知识、理性知识和直觉知识。其中，第一种知识又可分为两类：由“传闻”得来的知识和由“泛泛的经验”，即由自己的感官、想象得来的知识。这两类知识是不可靠的。他把理性知识和直觉知识放在一起，称它们是“真知识”。所谓“真知识”，是具有某种必然性和可靠性的意思。直觉知识则是由理智直接把握事物的本质所得的知识，称为“真观念”。

德国哲学家马克斯舍勒将知识划分为统治知识（行动和管理方面的知识）、教育知识（非物质文化方面的知识）和宗教拯世知识。美国经济学家弗里兹·马克卢普又将其总结为应用知识、学术知识和精神知识三大类，并在舍勒的知识分类方案上加以改进，把知识分为五大类：①实用知识——对于人们的工作、决策和行为价值的知识，包括专业知识、商业知识、劳动知识、政治知识、家庭知识及其他实用知识；②学术知识——能够满足人们在学术创造上的好奇心的那部分知识，属于教育自由主义、人文主义、科学知识、一般文化中的一个部分；③闲谈与消遣知识——满足人们在非学术性方面的好奇心，或能够满足人们对轻松娱乐和感官刺激方面的欲望的那些知识，常常包括本地传闻、小说故事、幽默、游戏等，大多是由于被动地放松“严肃的”事务而获得的知识，因而具有降低敏感性的趋向；④精神知识——与上帝以及拯救灵魂的方式、途径相关的知识以及与其相联系的知识；⑤不需要的知识——不是人们有意识获取的知识，偶然或无意识地保留下来的知识，是“多余的知识”。后来，马克卢普又把知识分成世俗知识、科学知识、人文知识、社会科学知识、艺术知识、没有文字的知识（如视听艺术）六大类。

美国教育理论家安德森（L.W.Anderson）等将知识分为事实性知识、概念性知识、程序性知识和元认知知识。事实性知识，是学习者在掌握某一学科或解决问题时必须知道的基本要素；概念性知识，是指在一个整体结构中基本要素之间的关系，表明某一个学科领域的知识是如何加以组织的，如何发生内在联系的，如何体现出系统一致的方式等；程序性知识是“如何做事的知识”，包括技能、算法、技巧和方法的知识，还包括运用标准确定何时何地运用程序的知识；元认知知识是关于一般的认知知识的自我认知的知识。

（三）基于知识管理视角的知识分类

1. 显性知识与隐性知识

知识有多种分类法，其中讨论最多、对知识管理最有意义的划分，按照可表达程度划分，可分为：显性知识和隐性知识。对显性知识、隐性知识以及它们之间转化过程的管理，是知识管理最基本、最重要的内容。

（1）显性知识与隐性知识的定义

在知识管理中，通常将知识区分为两类—显性知识和隐性知识。人们把产生于人脑中的知识通过符号和编码记录在各种载体上表达出来，就成为客观知识，或称为显性知识。显性知识（explicit knowledge）可以通过文字、图片、声音、影像等方式记录和传播，如数学式的表达、计算机程序、报告、地图、规格以及手册等。显性知识易于编码，能够用符号形式或语言来沟通和交流。显性知识是在个人或组织间以一种系统的方法传达的更加正式和规范的知识，它通过语言、文字及其他沟通方式进行传达。也可以说它是指存在于书报刊、广播电视、电脑网络等媒体中的，可以直接察觉、获取、学习、利用的知识，具有规范化、系统化的特点，易于沟通与共享。显性知识存在于任何能被证明的有记录的成文的东西中，它能被系统地传达，是明确、规范、有形的和结构化的知识。如科研论文、书本、数据库等载体中的知识，以及商业过程的各种技术文件、产品的设计方案、研究报告、说明书、科学公式等，都属于显性知识范畴。显性知识传播和复制的成本较低廉。

在实践和认识的过程中，人的大脑通过相关概念的判断、组合和推理，形成对事物本质的认识，存在于人脑中，即成为主观知识，或称隐性知识（tacit knowledge）。隐性知识是难以用文字记录和传播的知识，如技术诀窍、技能和能力、分析问题、判断力和前瞻性、经验和阅历、直觉、偏好和情绪、价值观、人生观和目标倾向等。隐性知识具有个人化、情境化的特点，难以形式化，难于交流传播和评价管理。隐性知识是相对主观的，是依附在人脑中的经验、诀窍和灵感等知识，是难以被测度的，并且是不断变化的。也就是说，隐性知识是存在于人的大脑中，且不易表达出来，常常表现为人的技能、技巧、经验、习惯等很抽象很模糊的东西，通过语言文字表述很难，一般可以通过行动表现出来。隐性知识是一种智力资本，是存在于组织中私人的、有特殊背景的知识，即组织中每个人所拥有的特殊知识，它依赖于个人的不同体验、直觉和洞察力，是高度个性化的、非结构化的、很难为其他人所掌握的。隐性知识的传播成本很高，传播的范围也很有限，但是它在知识创新的过程中起着重要作用。它常常是知识创新的起点。从隐性知识出发，经过人们的思考、实验、实践，最终转化为对整体有价值的新的显性知识。

（2）显性知识与隐性知识的关系（SECI 模型）

事实上，显性知识和隐性知识二者之间的分界线也并非十分清楚。斯彭德（Spender）指出，它们之间是相互渗透、相互产生的灵活关系，知识即是在显性知识与隐性知识的相互作用中得以产生和发展的。

知识转换就是显性知识和隐性知识的互相转换。日本一桥大学教授、著名管理学家野中郁次郎和竹内广孝提出了知识变换的四种模式（即 SECI 模型）：从隐性知识到隐性知识，从隐性知识到显性知识，从显性知识到显性知识，从显性知识到隐性知识。SECI 模型对上述 4 个转换过程归纳为社会化、外部化、组合化和内部化四个过程。

具体分析如下：

从隐性知识到隐性知识（社会化）的过程中，知识转化的起点是隐性知识，终点仍是隐性知识。这种从隐性到隐性的知识转化过程是很常见的，在老师和学生之间、师傅和徒弟之间以及同事之间，普遍存在这种知识转化过程。一个人往往有意无意地受其他人的习惯影响，自己的习惯也会影响周围人。这种隐性知识的学习，是知识学习、继承与创新的一个重要方面。从隐性知识到隐性知识的过程，是在个人间分享隐性知识，是知识社会化过程，通过观察、模仿和亲身实践等形式，使隐性知识得以传递。在此阶段，关键是建立一种有利于共享经验的企业文化，将集体的隐性知识变为个体的隐性知识，借助信息技术建立虚拟知识社区，为更广范围的实现从隐性知识到隐性知识的转化创造条件。

从隐性知识到显性知识（外部化）的过程中，是将知识从隐性形式化为显性形式，是对隐性知识的显性描述，将人的那些不易觉察却又时刻存在、不易表述却又极具价值的经验、技巧、习惯、感觉等深层思维表达出来，成为大家都可以方便地共享的知识。显性知识的共享与学习要比隐性知识容易得多；如果能对隐性知识进行系统表述的话，人们还可以对其进行深入研究，分析其背后的科学原理，并在此基础上发展出更新更系统更有价值的理论、方法与手段，实现知识的创新。从隐性知识到显性知识的过程所利用的方式，有类比、隐喻和假设、深度会谈等等。目前的一些智能技术，如知识挖掘系统、商业智能、专家系统等，为实现隐性知识的显性化提供了强有力的支持。

从显性知识到显性知识（组合化）的过程中，包括对数据进行汇总、对信息进行分类、对数据进行比较等。这些过程，对团体来说都是必要的知识处理手段。通过对这些手段的利用，可以从已有的知识中提炼出新的知识，但它没有扩展团体的知识范围。它是对已有知识的再组织，在知识创新中非常重要，其重大意义表现在可以让人们更好地学习掌握现有知识，加强对这些知识的理解，为知识的吸收与创新奠定良好的基础。显性知识到显性知识的转化过程，是一种知识扩散过程，将零碎的显性知识进一步系统化和集约化。经过隐性到隐性、隐性到显性的转化过程，人们头脑中的显性知识还是零碎的，也不是格式化的。将这些零碎的知识进行整合并用专业语言表述出来，个人知识就上升为组织知识，就能更容易为更多人共享和创造组织价值。实现显性知识组合的有效工具有：分布式文档管理、内容管理、数据仓库等。

从显性知识到隐性知识（内部化）的过程中，大多数知识学习的过程都包括显性知识到隐性知识的转化过程。当人们看到一本书、阅读一份研究报告或学习某项操作技巧时，这些显性知识就被人们吸收、消化，成为人们隐性知识系统的一部分。组织内部员工吸收集体显性知识，升华成个人的隐性知识，拓宽、延伸和重构自己的隐性知识系统，即“干中学”。个体的隐性知识成为组织有价值的知识资产。在这个过程中有一些协作工具，如：电子社区，E-learing 系统等。显性知识到隐性知识的转化过程，实际上是一个知识的内化过程，其过程非常重要。知识创新无疑是建立在对已有知识充分吸收的基础上，进而完成知识的创造、共享、传递。如果显性知识不能转化为自身的隐性知识，就不会有知识创新。

总之，知识创新就是显性知识与隐性知识的变化过程。以上四种知识形态转化过程，并不仅仅是知识简单地由一种状态转化为另一种状态，它还包括对知识的增值与修正，在转化中存在进化的过程。通过这些转化与进化的过程，知识由简单到复杂、由浅显到深入、由错误到正确、由片面到全面。从隐性知识到显性知识的变化过程以及从显性知识到隐性知识的变化过程，是最有意义的变化过程，它能发掘出隐藏在人的大脑深处的智慧、灵感，并将它们转化为一个组织团体可共享利用的知识。然后，人们吸收、消化这些显性知识，扩充、修正自己的知识体系，使之成为自身隐性知识的一部分，实现个人的发展与进步。因此，这是知识创新的关键环节。可以看出，这一过程的起点是隐性知识，中间经过显性知识的状态，最终又变为隐性知识，是一个环形的运行轨迹。知识创新是一个不断进行、永不停息的过程。因此，上述这一过程只是知识创新的一个环节而不是全部，知识创新过程是由无数个这样的过程组成的。当隐性知识经过显性知识最终又变成隐性知识后，人们的智慧就得到一次升华。对这个过程而言，最终的隐性知识是终点，而对下一个知识进化过程而言，它又是起点。得到升华的隐性知识会成为下一轮知识创新的原材料，人们将它加工成为可由整体共享的显性知识。这些显性知识又被人们吸收成为隐性知识，开始进入新一轮的循环。

（3）Know-X 分类法

知识的分类是多样的，从结构上讲，国际经济合作与发展组织（OECD）把知识分为四种类型：①知道是什么的知识（know-what），即关于事实的知识；②知道为什么的知识（know-why），是指自然原理和规律方面的科学理论；③知道怎样做的知识（know-how），是指做某些事情的技艺和能力；④知道是谁的知识（know-who），即涉及谁知道如何做某些事的信息。“know what”是有关事实的知识；“know-why”是规律性的知识，是有关自然、社会、人的心理运动的规则和趋势，通常认为是科学知识；“know-how”是把知识转化为具体的行动指南、在具体实践中的应用，包括从事实际工作的技能、经验、各种行动准则等；“know-who”则是知识载体的信息，具体知识和个人的结合，就转变为个人技能。其中，前两类知识是可表述出来的，即我们一般所说的显性知识。由于显性知识可通过书面记录、数字描述、技术文件等形式表达和交流，所以具有可编码性、客观性、结构化、共享性的特征。后两类知识可应用，但难以形式化，即隐性知识。由于隐性知识通常依附于个人的头脑中，并且是高度个性化的知识和长期积累的经验相结合的产物，所以具有不可编码性、主观性、非结化、独占性的特征。最典型的隐性知识，如：个人的特殊技术。随着隐性知识在生产、生活中发挥的作用越来越大，便越来越受到人们的关注。因此，我们认为，国际经济合作与发展组织对知识的这一重新分类，正是基于传统定义，结合时代发展的特征，科学深刻地揭示了知识的内涵。

（四）知识与信息

在通信及信息科学领域，中国学者钟义信认为，信息是事物运动的状态与方式，是物质的一种属性，万事万物无时无刻不在运动着，它们时刻产生着信息。信息具有普遍性和广泛性。知识是人类在实践活动中获得的认识和经验的总结，是人的主观世界对客观世界的概括和如实反映，是人类通过信息对自然界、人类社会以及思维方式与运动规律的认识与掌握，是人的大脑通过思维中心组合的、系统的信息集合。知识是信息接受者通过对信息的提炼和推理而获得的准确结论。知识来自信息，是一种能改变人的行为方式、被人所利用的信息。离开了信息，人就无法获得知识。知识只能在人对信息的运用中体现和产生。可见，人是实现知识的主体，信息是转化为知识的基础。但并非所有的信息都是知识，只有那些被认知主体所感知和表达并且序化的信息，才能称为知识。

信息和知识这两个概念，既有区别又有联系。它们的关系主要表现在以下几个方面。

第一，信息和知识是两个不同的概念。信息是关于事物运动状态和规律的消息，是事物存在和变化的情况，是客观世界中各种事物的状态和特征的反映。只要事物存在并运动，就会伴随有相应的信息。而知识则是人类认识世界的成果和结晶，它是人类认识活动的产物。没有人的认识活动，就没有知识。

第二，知识是经过人加工过的系统化和结构化的信息。人的一生要接收很多信息，那些对人有重要意义的信息经过加工整理，形成系统化的信息结构，加以记忆记录，就形成了知识。在一定意义上可以这样说，知识是二次性信息、人造信息。

第三，知识是信息，但是信息不一定是知识。作为人类知识，它是人类认识世界的成果和结晶，其作用就是要帮助人们更好地认识世界、理解世界和改造世界，就是要消除或减少人们对世界认识的不确定性。所以，知识是一种信息。然而，信息是无处不在的，有物质运动就有相应的信息。在众多信息中，被人加工整理的信息只是一部分，还有许多信息没有被人加工利用。这些没有被人加工的信息就不是知识。

第二节　知识组织

一、知识组织及其研究范围

知识组织一词，最早于1929年由英国著名图书馆学家、分类法专家、《书目分类法》（BC）的编制者布利斯（H.E.Bliss，1870—1955）提出。布利斯于1929年就出版了《知识组织和科学系统》、《图书馆的知识组织》两部著作，从文献分类角度阐述了组织知识的思想。从1974年起，《国际分类法》（IC）开始刊登有关知识组织文献的最新书目，涉及情报科学（包括档案学、图书馆学、一般文献工作、数据与博物馆文献工作）、计算机科学/信息学（包括程序设计、联机技术、人工智能、专家系统）、语言学与术语学、系统研究等广泛的学科领域。1989年，在德国法兰克福成立了国际性学术研究机构国际知识组织学会（ISKO），主要从事对分类法的研究。1993年，IC更名为知识组织（KO），由ISKO主办，知识组织的概念自此在图书情报界传播开来。

ISKO自成立后，开展了一系列活动。1990年8月在德国的达姆施塔特举行了第一届国际ISKO大会，会议主题是“知识组织工具与人类交往”。第二届于1992年8月在印度的马德拉斯举行，主题为“知识组织与认知范式”。第三届于1994年在丹麦的哥本哈根举行，主题为“知识组织与质量控制”。第四届于1996年7月在美国的华盛顿举行，主题为“知识组织与变革”。

目前，对知识组织尚未有统一的认识，主要有以下几种观点。①知识组织，是指对事物的本质及事物间的关系进行揭示的有序结构，即知识的序化。②知识组织是指对知识客体所进行的诸如整理、加工、揭示、控制等一系列组织化过程及其方法。③知识组织是对知识进行整序和提供，既处理大量的现有知识，又能相对降低存储知识的物理载体的盲目增长以免知识过于分散化。所以提供文献、评价科学文献和系统表述以生成新的便于利用和获取的有序化知识单元的处理系统即是知识组织。

具体来说，知识组织的研究范围主要有以下几个方面。

（1）知识组织的理论基础研究有发展历史、指导思想、基本原理、研究对象。

（2）知识组织处理工具、手段、技术的编制原理和使用说明。

（3）知识组织的具体方式、方法研究。既包括一般方法的研究，也包括对传统知识组织方法的改造研究，尤其是加强隐性知识的组织方法研究，如知识表示方法、知识重组方法、知识聚类方法、知识存检方法、知识布局方法、知识编辑方法、知识评价方法、知识监控方法等。

（4）知识组织的人工智能系统研究，知识库的建立、获取、更新与维护。知识库的整序方法包括顺序、索引、散列、树型等结构及数据字典的使用，层次结构的规则库，专家系统的知识组织方式方法等。

（5）元数据研究。为了能够对网上知识信息进行组织和控制，必须加强元数据研究，这将有利于形成自动化、高质量的网络搜索引擎，有利于网上信息的存取和检索。

（6）知识组织的语言学研究。包括语法学研究、语义学研究和语用学研究，重点是研究自然语言标引与检索问题，目的是为了提高检索语言中标引语言与用户需求表达语言之间的一致性，从而提高检索效率。

知识组织的方式主要有两种类型，以知识单元为基础的知识组织方式和以知识关联为基础的知识组织方式。

（一）以知识单元为基础的知识组织方式

知识组织是以知识单元（知识因子）为加工单位的，知识单元是经过专家精心评价、筛选、提取和测试之后获得的浓缩知识。以知识单元为基础进行知识组织就是将知识单元或知识单元集合中的知识因子抽出，对其进行形式上的组织。由于只是对知识因子进行组织，而并未改变因子间的联系，所以在此过程中没有产生新的知识。从人类创造过程利用知识的特点出发来组织知识，建立知识系统，这方面的研究还很不成熟，有代表性的研究成果有英国学者 B.C. 布鲁克斯提出的“认知地图”（也称“知识地图”）和印度学者 S.K. 塞恩提出的“思想（情报）基因进化图谱”。知识地图中的每个结点即为一个知识单元，处于创造它们的逻辑位置上，通过引证与其他结点联结，从而形成一个有机整体来展示知识利用和生产的动态过程。布鲁克斯认为当此知识地图逐渐扩大并趋于稳定时，便可以作为数据库实现纯信息（或知识）检索。塞恩则认为可以从文献中先找出“思想基因”，然后按自然进化方式聚类，形成“思想基因串”，从而编制出新型的概念索引，供人们利用。所谓思想基因，实际上就是知识在生产创造过程中起着关键作用的思想。这些思想同样可以表示为一个简单陈述，而陈述则可以分解为有限数量的概念。这些概念在人类创造过程中的有序重组就表现为各种定理、法则、定律和公式。尽管两位学者研究的角度不同，但实质基本上是一致的，都希望找到知识生产过程的关键数据（知识单元），然后用图来标识其联系与结构，实现知识的有序化组织。这样的系统无疑是高效率的，但其可行性却值得推敲。这是因为一方面，知识生产是动态的，积累是无限的；另一方面，知识组织即使在很狭小的专业领域中，都表现为复杂的、多维的立体结构，二维的地图或图谱难以表现这种多维立体结构图景。事实上，要在平面上绘制出知识相互联系、相互影响的结构图也绝非易事，要用这些图来实现数据检索就更为困难了。由此，有的专家提出了“知识空间”概念，把概念表达成类似多维空间中向量的对象。当重新确定某一领域时，对该知识领域结构的重新安排可在多维知识空间中进行，把相关的表示向量通过一次转移与一个新的概念向量集合联系起来。一个人的知识状态也可在多维空间用状态向量来表示，状态向量带有分量，分量是关于被个人理解的基本概念。由于这个多维知识空间的基础概念允许某个人的状态向量、某一领域中情报项的表示向量（正如某一检索系统表示的那样），以及作为代表某一知识领域的知识空间中对象的实际概念向量之间的不完全匹配，所以用户和检索系统之间的交互将会增加。

（二）以知识关联为基础的知识组织方式

以知识关联为基础的知识组织是在相关领域中提取大量知识因子，并对其进行分析与综合，形成新的知识关联，从而产生更高层次的综合的知识产品。由于改变了知识因子间的原有联系，所以其结果可以提供新知识，也可以提供关于原知识的评价性或解释性知识。这种组织不只是知识单元的增加，更为明显的是知识在更高层次上的网络化、综合化，是内容的提纯和浓缩。

它在众多公共知识中提取大量的结点，并赋予多个结点相应的联系，故对知识的组织更加全面，形成了某一领域规模较大的知识多维网状结构。以此方式进行的知识组织以专家智能系统为代表。专家智能系统是人工智能走向实用阶段的一个最新的研究领域，将人工智能用于知识的组织，便可建立专家智能系统。

二、知识组织的具体方法与使用工具

知识组织的具体方法表现在如下方面。

（一）知识表示

所谓知识表示，是指把知识客体中的知识因子和知识关联表示出来，以便人们识别和理解知识。知识表示是知识组织的基础与前提，因为任何知识组织方法都要建立在知识表示的基础上。知识表示有主观知识的表示和客观知识的表示之分。

主观知识存储于人脑中，对它的表示表现为复杂的人脑神经生理与心理过程。目前的科学发展尚未完全探明人脑主观知识表示的内在机制。但是，在人工智能的专家系统研究领域中，对人脑的知识表示机制进行模拟研究，取得了可喜成果。专家系统的核心是知识库系统，知识库中的知识存储方式及其推理输出规则，即为专家系统的知识表示方法。专家系统对专家知识的表示主要采取以下四种方式。

1. 逻辑（Logical）表示法

这种方法运用命题演算、谓词演算等逻辑手段来描述一些事实的性质、状况、关系等知识。它利用命题逻辑中的联结词符号建立演绎逻辑系统，可进行事实推理、定理证明等运算。

2. 产生式规则（Production Rules）表示法

这是一种前因后果式的知识表示模型，它由两部分构成，前一部分称为条件，用来表示状况、前提、原因等。后一部分称为结果，用来表示结论、后果等。其规则是：“IF（前件）THEN（后果）”，其意义是，如果（IF）满足，则（THEN）系统执行动作或得出结论。在一个专家系统中，专家知识、用户知识和背景知识，一般用产生式规则表示。如在文献检索专家系统中，用“IF…THEN…”规则能更方便地表达诸如标引规则、聚类规则、检索反馈策略等专家经验和思想。

3. 语义网络（Semantic Network）表示法

知识的语义网络表现为某一领域知识概念之间关系的网式图。它由节点和弧构成，节点表示知识的基本概念（知识因子），弧表示节点间的联系（知识关联）。语义网络表示法能够把知识因子和知识关联同时生成和表示，并以图的形式直观地显示出来。这种表示方法符合人类联想记忆的思维模式，因此在专家系统建设中得到广泛应用。在文献标引实践中，用语义网络来表示词表知识是一件比较容易的事情。

4. 框架（Frame）表示法

它的基本思想是根据人们以往的经验和背景知识来推理当前事物的相关知识。一个框架由多个槽（Slot）组成，每个槽又由一个或多个侧面（Facet）描述，若干个槽共同描述框架所代表事物的属性及其各方面表现。框架表示法能够深入全面地揭示事物的内部属性，适用于知识的深层表达。

客观知识存在于各种类型的文献之中，具有确定的知识因子和知识关联结构。客观知识表示的任务就是把文献中的知识因子和知识关联用一定方式表示出来即可。对文献知识的表示，目前普遍采用分类标引法和主题标引法。这两种方法都属于揭示文献主题内容的方法，两者的基本原理相同，先编制标引用词典或称标引语言，然后把文献知识特征（形式特征与内容特征）与词典中的标引词汇之间进行相符性比较，最后把相符的词汇用其代号（分类号或主题词）表示出来。这个代号称为文献标识符。但两者的知识组织体例不同。分类标引法是语法组织和语义组织的综合，基本上属于族性组织体例。主题标引法是以语法组织为主、语义组织为辅的综合组织，基本上属于特性组织体例，其中词族索引和范畴索引由于展现了主题词之间的等级关系和学科关系，因而基本属于语义组织体例，而附表和语种对照索引则属于语法组织体例。

（二）知识重组

知识重组是对相关知识客体中的知识因子和知识关联进行结构上的重新

组合，形成另一种形式的知识产品过程。知识重组的目的是通过对知识客体结构的重新组合，为用户克服因知识分散而造成的检索困难提供索引指南，为人们提供经过加工整序后的精炼性知识情报，为用户便于理解和吸收知识，提供评价性或解释性知识。它又包括知识因子的重组和知识关联的重组。

知识因子的重组是指将知识客体中的知识因子抽出，并对其进行形式上的归纳、选择、整理或排列，从而形成知识客体检索指南系统的过程。这一重组过程实际上是对知识因子在结构上的整序或浓缩的过程。在这个过程中，知识因子间的关联并未改变，没有产生新知识。在文献情报工作中往往利用知识因子的重组手段，形成文献知识的索引系统，例如，主题索引系统和分类索引系统的形成。它们的产品形式就是各种类型的二次文献，包括目录、索引、文摘、题录、书目、文献指南等。

知识关联的重组是指在相关知识领域中提取大量知识因子，并对其进行分析与综合，形成新的知识关联，从而生产出更高层次上的综合知识产品的过程。由于改变了知识因子间的原有联系，所以其结果可以提供新知识，也可以提供关于原知识的评价性或解释性知识。它所形成的产品主要是各类三次文献，如综述、述评、词典、手册、年鉴、类书、百科全书、专题讲座等。无论是知识因子的重组还是知识关联的重组，都要遵循客观性原则，即都不能改变原知识客体的语义内容。由此可以看出，知识重组基本上属于语法组织的范畴。

（三）知识聚类

它也可称为知识分类组织法。聚类和分类是一个过程的两个方面，分类的结果产生了聚类，聚类的结果产生了分类。知识聚类组织法，是指将知识按一定的聚类标准分门别类地加以类集和序化的过程。它的基本原理是“事以类聚”，即根据事物的不同属性，将属性相同或相近的事物集中在一起，将属性不同的事物区别开来。

以学科聚类和以主题概念聚类是古今中外各种文献分类法普遍采用的知识聚类方法，它们分别以学科分内和知识客体的主题概念作为区分知识集合的标准。

以时空聚类知识具有时空结构。知识的时空聚类就是根据知识产生的时间和空间属性为标准来类集知识。文献知识的分类组织中所采用的时代复分和地区复分，就体现了以时空聚类知识的原则。在知识创新研究中，如果正确使用知识的时空聚类方法，将会产生显著效果，甚至可能取得意想不到的创造性成果，这是因为知识的时空聚类不仅仅是一种归类，更重要的是一种整合。在知识创新研究中，可采用如下四种知识时空聚类方法。①将时空相近的知识整合在一起。不仅可以实现知识的归类，可以了解某一学科的发展现状，还可以进行某一学科研究成果的横向比较研究。②将时间上相近、空间上跨度较大的知识整合在一起。这可以实现某阶段不同知识成果间的交叉渗透，有利于新知识的产生。知识空间的跨度越大，其知识单元的差异就越大，各知识单元间的优势互补就越明显，其价值也就越大。③将时间跨度较大、空间上相近的知识整合在一起。这可以看出某一学科、某一领域的发展脉络，预测其发展趋势，也可以找出某一事物发展的主导因素和其中的关键问题。④将时间跨度和空间跨度都较大的知识整合在一起。这可以极大地发挥各知识单元间的“杂交”优势，既可以使一些老的学科焕发活力，又可以促进新学科的产生。许多新兴交叉学科的诞生就是通过这一途径实现的。

（四）知识存检

知识存检是由“存储”和“检索”两方面构成的系统或过程。这里所说的检索，是指检索系统的建立过程，而不是用户的实际检索过程，因为用户的实际检索过程处于知识的查找和利用环节，而不处于知识组织的环节。知识因能够存储而得以积累和延传，因能够检索而得以吸收利用。建立科学有序的知识存检系统是知识组织活动的重要任务。知识存检可分为脑内存检和脑外存检。知识的脑内存检表现为复杂的大脑神经生理与心理过程。目前认知心理学对大脑知识存检机制的研究可谓富有成果。在认知心理学研究中，知识的存检被当做记忆过程来对待。一个完整的知识记忆过程包括知识的存储、编码和提取（回忆）三个环节。

知识的脑内存检（记忆）过程，实际上就是主观知识的形成过程。尽管人们目前还不能完全探知其内在机制，但它是一切脑外知识存检方法均应遵循的基本依据，因为一切脑外知识存检方法的根本目的就在于为个体的知识记忆服务。

知识的脑外存检又分为个体的脑外存检和公共的脑外存检。前者表现为个体的随机行为过程，难以把握和描述其普遍规律，因此本文只论述知识的脑外公共存检。知识的公共存检属于客观知识的存检范畴，即属于文献存检范畴。社会的文献情报部门就是从事文献的公共存检工作的专门机构。

（五）知识编辑

它是指对知识客体进行的收集、整理、加工制作等编辑活动。知识编辑的过程一般表现为先“辑”后“编”，即先收集相关资料，然后加工制作成特定形式的知识产品。从知识编辑的功能上看，它是知识产品能够汇入到知识海洋之中的一道道关闸，在这里，知识编辑起到了“编辑筛”的作用，即符合编辑标准（包括内容标准和形式标准）的知识产品得到生产和流通，而不符合编辑标准的知识产品则被筛掉。某一知识产品在未经编辑前被称为初级产品（或称编前产品），经过编辑加工后的产品则被称为成样产品，在这里不能称为终级产品，因为该产品可能以后继续被编辑）。某一知识产品，经过“编辑筛”的筛选，成为成样产品，这就是所有编辑活动的微观过程。从宏观上看，知识编辑的筛选功能可以实现知识生产的“优生”，从而保证知识生产的优化组合。可见，知识编辑是关系到知识生态环境优劣的知识组织方法。互联网上的知识信息之所以庞杂混乱，主要是由于许多知识信息未经组织编辑而直接上网所导致。

知识编辑和知识重组具有相似性，两者之间有时相互包容、相互交叉，例如，大部分二、三次文献的形成过程，就是通过知识编辑活动来完成的。正因如此，有些知识组织活动既可以说成是知识重组，也可以说成是知识编辑。尽管如此，知识编辑和知识重组之间还是有比较明显的区别。知识编辑活动往往是由比较固定的编辑组织，且由相对职业化的编辑人员来完成。而在知识重组活动中一般不需设有固定的编辑组织，即使有时设有编辑组织，也是临时性的，有些知识编辑活动就不宜或不能说成是知识重组活动，如丛书编辑、译文编辑等。

（六）知识布局

知识布局是一种宏观的知识组织方式，它是指对社会上的知识资源进行调配和布局，以实现知识资源的合理配置，满足社会、经济、文化发展的需要。根据知识载体的不同，知识布局可分为主观知识的布局和客观知识的布局。

主观知识的布局主要是通过对主观知识的拥有者—人的配置活动来实现，主要有自然性布局和政策性布局两种形式。科教文卫部门和政府机关聚集大量知识分子（即拥有大量主观知识资源），这是社会发展需要所造成的自然性布局。发达国家和发达地区聚集大量优秀知识分子，也是一种自然性布局。而向落后部门或落后地区支援、调配所需人才，则属于政策性布局。

客观知识的布局基本上属于文献资源布局的范畴。所谓文献资源布局，就是从宏观上制定目标和规划，进行协调和分工，以指导文献情报部门的文献收集工作，突出各自优势，形成比较完善的收藏，并将其作为社会的知识资源，共享共用，从而建立文献资源保障体系。文献资源的布局分为自然性布局和政策性布局。社会上的文献情报部门收集有大量文献资源，发达国家和地区拥有世界上大部分的文献资源，这是一种自然性布局状况。而诸如“知识工程”“捐书工程”“送书下乡”“全国图书协调方案”等，就属于政策性布局措施。

（七）知识监控

这里所说的知识监控，主要是指政策性监控，它是指政策主体按照自己的意愿和利益，制定相关的政策法规，对知识主体（包括生产主体、管理主体和利用主体）的行为活动加以限定和监督。知识监控是一种知识的外在组织方法，其目的是为了完善知识系统的内在秩序。知识监控可分两种类型。

1. 法律监控

这是指法律主体为了保证其意志与利益的实现，为了保障知识主体的合法权益，为了保证社会的知识管理活动正常，而对知识主体和知识管理活动加以法律限定与监督。知识的法律监控主要表现为相关法律法规，如知识产权法、专利法、图书馆法、档案法、信息保密法等的制定与实施。知识的法律监控具有强制性与统一性特点。

2. 标准监控

这是为了保证知识组织活动的标准化和规范化而实施的一种监控。它主要表现为一系列相关标准、规程的制定与实施过程，如文献著录标准、文献分类与标引规则、数据库数据格式标准、参考文献著录规则、期刊编辑规则、文献情报工作评估标准、索引款目格式及其编排规则、索引语言词典等的制定与实施。知识的标准监控具有统一性、规范性和操作性特点。

三、知识组织的工具

（一）知识仓库

知识仓库是一种特殊的信息库，库中元数据有相关的语境和经验参考。许多人用知识仓库这个术语来代替数据库和信息库这两个词，以此迎接知识管理的浪潮。真正的知识库远比这两个概念复杂，知识仓库拥有更多的实体，它不仅仅存储着知识的条目，而且还存储着与之相关的事件、知识的使用记录、来源线索等相关信息。正确运用知识不仅仅需要人们了解表示知识的信息、数据，人们还要了解与这条知识相关的语境，因此在帮助人们利用知识的作用上，知识仓库要比数据库更有效率。

（二）Topic Map

Topic Map 即主题、关联及呈现（Topics，Associations，Occurrence），涵盖其广度、深度以及相互关系。它是电子化的主题索引，架设在 WWW 环境，利用 XML 语义标准及 DTD 定义来提供运用，将资源内容所代表的主题及领域，呈现在同一层级上。

（三）知识门户

学科知识门户是知识门户的典型代表。个性化的知识服务发展很快，建立各种知识服务平台、构建各类知识门户是提高服务质量的重要措施。

（四）专家系统

专家系统是一组只能以计算机程序为核心，由知识库、推理机制、知识获取和用户界面组成。它用一定的知识和推理进程去解释通常需要人的知识和经验才能解决的复杂问题。

第三节　知识服务

知识服务是指从各种显性和隐性知识资源中按照人们的需要有针对性地提炼知识和信息内容，搭建知识网络，为用户提出的问题提供知识内容或解决方案的信息服务过程。这种服务的特点就在于，它是一种以用户需求为中心的、面向知识内容和解决方案的服务。

知识服务的提出与知识管理等概念的提出同技术的发展密切相关，其内涵在不断发展变化之中，张晓林对知识服务进行了总结，认为：知识服务首先是一种观念，一种认识和组织服务的观念。

从观念上看，知识服务之所以不同于传统的信息服务，主要表现在：

其一，知识服务是用户目标驱动的服务，它关注的焦点和最后的评价不是“我是否提供了您需要的信息”，而是“通过我的服务是否解决了您的问题”。传统的信息服务基点、重点和终点则是信息资源的获取。

其二，知识服务是面向知识内容的服务，它非常重视用户需求分析，根据问题和问题环境确定用户需求，通过信息的提取和重组来形成符合需要的知识产品，并能够对知识产品的质量进行评价，因此又称为基于逻辑获取的服务。传统信息服务则是基于用户简单提问和基于文献物理获取的服务。

其三，知识服务是面向解决方案的服务，它关心并致力于帮助用户找到或形成解决方案。因为信息和知识的作用最主要体现在对解决方案的贡献，解决方案的形成过程，又是一个对信息和知识不断查询、分析、组织的过程。因为知识服务将围绕解决方案的形成和完善而展开，与此对应的传统信息服务则满足于具体信息、数据或文献的提供。

其四，知识服务是贯穿于为用户解决问题工程的服务，贯穿于用户进行知识捕获、分析、重组、应用过程的服务，根据用户的要求来动态地和连续地组织服务，而不是传统信息服务的基于固有过程或固有内容的服务。

其五，知识服务是面向增值服务的服务，它关注和强调利用自己独特的知识和能力，对现有文献进行加工形成新的具有独特价值的信息产品，为用户解决其他的知识和能力所不能解决的问题。

它希望使自己的产品或服务成为用户认为的核心部分之一，通过知识和专业能力为用户创造价值，通过显著提高用户知识应用和知识创新效率来实现价值，通过直接介入用户过程的最可能那部分和关键部分来提高价值，而不仅仅是基于资源占有、规模生产等来体现价值。

一、知识服务的模式

图书馆知识服务是指图书馆利用各种信息资源、人力资源和现代信息技术设备，以用户信息需求为导向，参与用户解决问题的过程，为广大用户提供知识产品或解决方案，满足他们知识创新和增值的新型服务体系。由于泛在知识环境的产生，将可能使得泛在图书馆成为未来社会知识基础设施的重要组成部分，这将意味着要进一步变革知识服务模式的发展形态。图书馆知识服务模式图书馆知识服务具有以用户为中心、面向知识内容、贯穿用户信息活动始终的集成化、增值化、创新化、学科化、个性化、多元化的服务特征，是伴随着知识经济发展和用户知识需求变化而发展起来的，它是以信息服务为基础的高级阶段的信息服务形态，在数据获取、处理、利用等方面都发生了质的飞越。知识服务作为一种新兴的服务模式越来越受到图书馆的重视与认可，并在积极实践与探索。

（一）个性化服务模式

个性化知识服务是指能够满足用户个体知识需求的一种服务，即图书馆在与用户的交互过程中，收集用户的兴趣、专业特长、信息需求等信息，并根据这些信息为用户传递所需知识和服务的过程。个性化知识服务是图书馆以对原有信息或知识的搜集、组织、分析、重组后形成的知识为基础，根据用户的问题和环境，融入用户解决问题的过程之中，提供有助于用户个人的、有效力的支持知识应用和知识创新的服务。如：协助用户开发个性化信息资源系统，为用户建立个人主页，提供专门的系统界面和超级链接，为用户个人搜集、组织、定制个人需要的信息资源等。“我的图书馆”（My Library）是一个用户可操作的个性化收集、组织网络知识资源的服务平台，用户与馆员的交流平台有 BBS 论坛、Blog 等。服务方式的实现主要是根据用户需求设定，通过对显性知识和隐性知识的搜索、检索和获取，进行知识的组织、匹配、传送、利用、鼓励知识共享和知识创新。

（二）学科化服务模式

学科用户需求特点主要是在专业信息内容方面，希望能获得针对性更强、专指性更高、更方便地基于专业内容的服务。图书馆应该组织学科馆员专门负责对学科的需求分析、信息检索、参考咨询和课题服务。学科知识服务平台应包括学科知识门户、学科导航、学科知识库、信息资源库等等。学科知识服务平台是一个需求驱动的学科化、智能化服务平台，支持学科馆员的学科需求分析、学科化知识化信息选择与集成服务等工作。该平台建立在学科知识库、特色资源数据平台之上，与个人数字图书馆、个性化信息环境相连接，将个性化服务嵌入到用户信息环境中，全面落实学科化、知识化、个性化、智能化的服务目标。学科知识服务对于整个学科知识服务系统来说，有一个重要的环节，就是对服务产生的知识记录加以积累、整序，按学科门类组织形成知识库。随着学科知识服务学科的细化、内容的深化以及方法的变换，学科知识库中的内容也会不断更新、完善和优化。对学科知识库的组织与管理要重视知识管理思想与方法的运用，包括各学科的显性知识、提问结果和最终形成的知识产品记录，还有与检索结果相关的隐性知识内容等。要建立学科馆员制度，学科馆员参加学科知识服务的各个环节，是学科用户与图书馆之间的互通桥梁，用户通过知识服务平台享受服务，学科馆员通过这个平台向用户提供服务。

（三）数字参考咨询服务模式

数字参考咨询服务的主要形式有：①实时交互式参考咨询服务，即馆员在网络上通过文字、图像，语音和视频与用户进行面对面的交流，是一种全新、高效的参考咨询服务方式；②异步式参考咨询服务，即用户和专家的问答是即时的，目前主要采用电子邮件、电子公告、留言版等方式实现服务；③专家式参考咨询服务，图书馆将难以解答的专业性较强的问题送交学科专家，由专家解答，再由馆员将答案发布传送给用户；④合作式参考咨询服务，这是指由多个图书情报机构联合形成的分布式虚拟参考服务网络，它以庞大的网络资源和众多机构的馆藏资源为依托，以全球网络为桥梁，以各机构的资深参考咨询馆员和学科专家做后盾，通过数字参考系统，为在任何时间、任一地点提出问题的任何用户提供参考服务⑤创新型参考咨询服务，是指不再以规范化的信息资源收藏和组织为标志，而是充分利用和调动馆员的智慧进行问题的分析、诊断、解决，直接支持用户的知识获取和知识创新。主要形式有：超越用户需求的参考咨询服务、智能化集成化的参考咨询服务、知识创新研究的参考咨询服务。

（四）知识管理服务模式

即从用户目标和环境出发，进行知识的获取、加工、管理。包括对外部知识的跟踪、搜索、检索。对内部知识尤其是隐含知识的跟踪和捕获；利用信息技术和数据库技术，按照某种体系结构将分散的大量原始信息进行科学整理和组织，编制专题性的、研究性的导航库；在知识组织的基础之上，系统采集所需的各种层次和范围的知识信息，进行深层次加工，寻求知识间的内在联系，通过智力劳动形成具有独特价值的知识方案和知识产品；通过知识挖掘，对信息进行精简、提取，发现隐含在信息中的有用知识单元，并使之序化。以便于人们识别和理解知识；在纷杂的信息流中发现新的知识点及知识间的联系，将其组织到数据库中，并使用户能方便地检索有关数据与知识；进行知识交流和知识匹配传送管理，通过数据库、计算机群件系统等方法，促使用户的知识更方便地被其他用户所知晓和利用，促进用户问及时广泛地交流和共享知识，促进知识寻求者与知识源之间、知识寻求者与知识提供者之间的及时准确的匹配和传送；运用智能化手段，将蕴藏在大量显性信息之中的隐性知识进行挖掘，如各大数据库的期刊引文等开发人们头脑中的隐性知识，将隐性知识显性化，并给予管理和利用。图书馆可以借助一种特殊的软件系统，该系统能够根据用户事先向系统输入的信息请求、主动地在现有资源中搜索出符合用户需求的主题信息，并经过筛选、分类、排序，按照每个用户的特定要求，对用户进行定向服务、专题服务和跟踪服务。

（五）自助性服务模式

用户自助服务模式，是建立在图书馆完善的知识服务系统和用户较高的知识素养及较强自我服务能力的基础之上，要求用户的需求问题比较直接、具体。用户通过图书馆先进的技术平台所提供的标准化服务和解决方案，自行检索和简单分析即可得到问题答案。具体的服务方式主要有一站式检索系统、My Library 等。这种模式可以作为知识服务的基础模式。知识服务是一个连续性的贯穿于用户研究过程始终的过程性服务，而不是一次性服务，需要与用户保持良好的沟通以便完成自身使命；知识服务是基于导向性的服务，以用户需求为基点，又不仅仅被动地尾随用户需求，要主动根据用户需求提炼出用户潜在的需求，促使用户需求明朗化，便于提供及时便捷准确的知识服务。因此，笔者认为自助性的知识服务模式使得图书馆可以节省大量人力投入到更高层知识处理中，用户也可在自我服务过程中不断提高知识获取和转化能力，最终实现双赢的效果。

上面所讨论的几种知识服务模式各有特色，但有时还不能完全独立地满足用户需求，有效的知识服务模式并不是单一独立的，有可能是上述各种模式的动态选择与组合。图书馆的各种知识服务模式都必须做到了解用户的真实要求，极大地满足用户的独特需要，为用户提供适时的、系统的、高智能的服务模式。

二、图书馆知识服务模式的发展趋势分析

网络成为人们获取、处理、存储、检索、传递和利用知识资源的重要平台，作为知识交流连接点的图书馆是满足用户知识需求的重要保障。图书馆如何开发新的知识服务能力和服务机制，将知识服务无缝地、动态地、互动地融入用户获取知识过程中，是图书馆未来发展所面临的重要课题。在泛在知识环境快速发展的背景下，泛在图书馆将应运而生。泛在图书馆是指无所不在的图书馆，即任何用户在任何时间、任何地域均可获得任何图书馆的任何信息资源和知识资源。泛在图书馆的构建成为泛在知识环境中最具特色的关键环节，正如2006年IFLA报告中所讲的那样："未来数字图书馆定位于提供'泛在知识环境'，提供普遍访问人类知识的工具，就如同无所不在的以太（Ether）一样，成为学术、研究和教育须臾不可或缺的公共设施"。在图书馆必然要提供泛在知识服务，"泛在知识服务"正在向我们走来，这一全新的服务理念，将成为图书馆知识服务的未来发展新趋势。泛在知识服务强调以用户为中心，

将服务嵌入到用户科研和学习中，为用户提供无障碍、到身边、即时的服务，它具有网络化、全天候、开放性、多格式、多语种、全球化的特点。“泛在知识服务模式”的实现，必将为科研创新、教育创新和知识创新提供前所未有的坚强支撑，为人们开创出一个全新的，更先进的开放、有序、动态和高效的知识存取、交流、共享空间。泛在知识服务平台是一种智能化的泛在技术系统，通过无线网络同用户的各种智能通讯设备连接起来，将知识服务延伸到全球的各个角落，在用户和图书馆之间保持全天候的知识交流环境，极其方便地使用户获取知识服务。为用户构建一个智能化的泛在知识服务平台，是泛在图书馆的努力目标，这个服务平台是知识资源、应用环境、用户群体和馆员共同构成的动态系统。目前，泛在计算技术的实现主要有三种模式：即移动便携模式、数字设备模式、智能交互模式，泛在图书馆知识服务的技术实现也可以借鉴这三种模式。

（一）移动便携模式

主要是通过将移动泛在智能设备嵌入到人身上，如手机、小型计算机、麦克、摄像头等，随时实现与泛在图书馆服务系统的知识交互。泛在图书馆移动知识处理装置承担局域网和用户之间全天候、全方位的知识服务重任，可将知识服务推送至用户身边。4G 时代的到来使手机成为互联网中的重要节点，4G 手机将无线通信与互联网合为一体，为知识服务增加了新的途径，以手机作为泛在图书馆知识服务的用户终端具有十分广阔的发展前景。随着移动技术和泛在技术的快速发展，极大地提高了图书馆的知识服务能力，使泛在图书馆服务的时空范围不断扩大，直至实现全天候全球性的知识服务目标。在未来泛在技术环境下，借助于无处不在的网络支持，用户可以轻松自在地通过无线链接技术，获得各种知识服务，且享受知识服务的环境是开放的、无线的、移动的。

（二）数字设备模式

这种模式是将数字电视、计算机、知识访问设备和智能控制系统集成到用户的学习、生活和工作环境中，通过这些设备随时获得图书馆的知识服务。泛在数字设备模式强调在嵌入知识环境中实现知识获取，以体现泛在图书馆

“服务主动”、“服务不受时空限制”和“服务不为人所知”理念的实现。

（三）智能交互模式

这种模式是将多种智能泛在技术的设备嵌入到用户活动空间中，利用智能软件辅助用户获取知识的过程，增强知识获取的准确性。通过智能软件的协同工作能实现对用户获取知识行为、心理的智能判断，从而协助知识获取者实现最佳的知识获取途径。泛在智能软件嵌入了多种感知的计算设备，它是通过智能系统营造出理想的服务氛围，达到用户预期的获取知识效果，并可以进行“傻瓜化”运作，将复杂的挖掘过程简单化，进行智能化筛选重组，优选出最佳的知识元数据组合。泛在智能交互模式是以特殊的知识管理形式来表现出超凡的本领，并通过知识处理来适应和满足用户的知识需求。

第二章　知识管理概述

知识管理是对知识等无形资产进行管理，以人作为知识管理的核心，以信息技术和网络技术为依托，通过对知识进行收集、加工、组织、整理、传播，充分发挥人的创造性，积极促进知识的转化与共享，从而达到知识创新的过程。具体分析如下：

其一，知识管理的对象是知识，既包括本地的又包括远程的，既有以载体形式表现的显性知识，也有存留在大脑中的个人经验、技能等隐性知识。

其二，人是知识管理的核心。知识是思维的成果，只能通过人能动创造性的发挥而产生，并依附于人而存在。知识管理以知识创新为直接目的，这就决定了知识管理必然以人的知识运用为内容，人成为其研究的核心。

其三，信息技术是知识管理的工具。信息技术对知识创新起着源泉和工具作用，在某种意义上正是信息技术的发展和信息在社会经济生活中的地位和作用日益增强，才促进了知识经济的形成。

其四，知识管理不仅仅是对知识进行单一地收集、加工、组织和传播，更重要的是创造性地利用知识，促进知识的转化。共享隐性知识的社会化过程，隐性知识表达成为显性知识的外在化过程，显性知识系统地集合为一个知识体系的组合化过程，通过实践把显性知识吸收成为个人隐性知识的内在化过程，最终实现知识的创新，从而推动社会的进步。知识管理力求在知识创新与知识运用方面服务于实际工作。

其五，知识创新是知识管理的直接目标和现实途径。人和信息技术是知识管理的两个重要方面，其目的是要求人以现有知识为基础，结合环境信息实现创新，提供正确的决策，以达到维持团体和个人生存和发展的最终目标。

第一节　知识管理的产生与发展趋势

随着知识经济的发展，知识管理将和当初的信息管理一样，得到快速全面的发展。

一、知识管理的产生

知识管理是适应知识经济时代发展的需求而产生的，它是管理学科的思想与理念向纵深发展的结果，是21世纪最具特色的管理模式。知识管理在企业界的成功应用，使“知识管理”一词风靡全球。这种新的管理模式的出现，被美国管理学大师彼得·德鲁克誉为“管理革命”。

（一）知识管理的起源

知识管理最早可见于霍顿（Horton）1979年的著作中，世界范围内知识管理的理念与实践源于20世纪80年代。DEC在1980年率先采用大型知识系统支持工程和销售。1986年，知识管理概念首次在联合国国际劳工大会上提出，而正式使用“知识管理”一词来形容“企业的知识活动过程”，则始于管理大师彼得·得鲁克（Peter Drucker）。到20世纪80年代中后期，就开始了比较深入的研究和应用知识管理：1989年美国成立了知识资产管理研究会，对知识管理专项进行深入研究。据资料显示，仅自1995年9月在休斯敦召开的Knowledge Imperative Conference上开展对知识管理讨论以来，有关知识管理的各种讨论会已达数百次之多。这一概念一经提出，便引起了企业界管理领域的普遍关注。知识管理视知识为最重要的资源，在整个管理过程中力图最大限度地调动和使用知识资源，提高人的工作效率和技能素质，提升团体的创新、响应能力。这恰好适应了日趋复杂和多变的竞争环境对于传统管理思想变革的要求。受企业内在需求的驱动，知识管理这一全新的管理思想在企业界得以正式地卓有成效地实施。随着科学技术的进步及知识管理理论的逐渐成熟，其适用范围逐步扩大到其他领域。

（二）知识管理产生的基础

1. 思想基础——对知识的再认识

知识管理的产生，得益于人们对知识的经济性质的认识。在知识经济时代，人们比任何时候都更加依赖知识，知识在人们的生活中占据着越来越重要的作用。虽然在人类社会经济发展的任何一个时期，知识都起着非常重要的作用，但在农业经济和工业经济时期，人们还没有像现在这样重视知识，知识的经济功能没有得到正确的认识和利用。知识只是依附于物质和资本而发挥作用，并没有成为独立的生产要素，其价值没有得到充分的肯定与认识。随着科学技术的发展，知识的经济功能逐渐被人们认识。马歇尔曾明确指出过知识在经济生活中的重要性。他认为资本就包括并依赖于知识和组织，知识是生产中最强大的动力，而组织则帮助知识发挥作用。哈耶特和熊彼特也非常关注知识在经济活动中的作用。熊彼特关于经济增长的动态理论，把创新作为其理论的核心和基础概念，实际上正是强调知识活动在经济中的巨大作用。知识所带来的辉煌成就，让人们对知识所起的作用刮目相看，人们开始重视知识的学习与利用，知识逐渐成为一种独立的生产要素发挥作用。随着以信息处理技术为主要内容的人工智能技术的迅猛发展，在发达国家高科技、新知识带来的效益，已大大超过了传统观念中的资本和劳动力，知识是唯一的经济资源的作用就凸显出来。正是知识这样的一个历史性重要变化，才使得知识经济和知识管理成为顺理成章走到人们面前的一个新事物。

2. 实践基础——知识产业的兴起

知识与经济的互动，促使知识的经济化和经济的知识化，促使知识经济一体化，导致知识产业化。知识产业这一概念，是由美国经济学家马克卢普（Fritz Machlup）最先提出来的。

马克卢普是从“信息服务”和“信息产品”角度定义知识产业的，他将知识产业划分为五类：教育、研究与开发、通信媒介、信息设备、信息服务。知识管理最初诞生于知识产业之中，知识产业是一种创造型企业，创新是企业的生命。因而知识管理这一崭新的管理理念就首先在知识产业中得以提升。随着知识产业的兴起，各种知识企业如雨后春笋般兴起，据统计在主要OECD 国家的经济中超过 50% 的国内生产总值（GDP）是由以知识为基础的企业创造的。以信息产业为龙头的知识企业日益蓬勃发展已成为世界经济中新的增长点。这些知识企业的兴起为知识管理提供了应用的平台，其飞速成长的奇迹足以证明知识产业为知识管理的运用实施提供了丰厚的实践土壤。

3. 管理基础——信息管理的新发展

美国学者 D.A.Marchand 将信息管理划分为四个阶段，并认为知识管理就是信息管理的一个阶段。由于经济发展和管理实践的需要，知识管理开始从信息管理中孵化出来，正在逐步形成一个新的管理领域。知识管理是信息管理在深度和广度上的进一步深化和拓展。信息管理侧重于信息的收集、分析、整理与传递，而知识管理则是对包括信息在内的所有智力资本进行综合决策并实施的管理。信息管理是知识管理的基础，知识管理是信息管理的延伸和发展。如果说信息管理使数据转化为信息，并使信息为组织设定的目标服务，那么知识管理就是使信息转化为知识，并用知识来提高特定组织的应变能力和创新能力。因此说知识管理的形成是以信息管理为基础的。

（三）知识管理国外的研究现状

知识管理的研究起源于欧美，因此国外对知识管理的研究非常深入，并已形成了不同的学派。目前，国外知识管理的研究主要集中在两个领域，即企业、商业领域和政府领域。“知识管理”是美国麻省莱克星著名的恩图维星国际咨询公司十多年前首次提出的。从 20 世纪 90 年代中期开始，发达国家开始大面积推广和普及知识管理。迄今已召开 12 届国际知识管理大会。目前 51% 的美国公司已实施了知识管理。无论是从理论还是从实践上来看，国外对知识管理的研究已经进入了理性的研究阶段，知识管理逐步向各学科专业渗透，研究方向朝深度、广度发展。国外对知识管理的研究覆盖范围很广，已经达到了 60 多个研究或应用领域，目前集中在企业知识管理、知识管理的基本理论、知识管理技术与知识管理工具、学习型组织、组织知识管理、知识管理系统等相关领域，其理论研究与实践应用都相当成熟。

1998 年，知识管理传入我国，引起了经济学界、管理学界、社会学界乃至哲学界一些专家学者的关注。在此，以研究该课题的文献分布情况为依据，初步探讨知识管理在我国的发展情况。

我们以“知识管理”为主题，将时间限定在 1994 年 1 月 1 日到 2018 年

1月14日，在中国期刊网上进行搜索，得出的文献分布情况如下：到2018年1月14日为止（时间跨度1994 ~ 2018年），被中国期刊网收录的以“知识管理”为主题的期刊论文达57010篇，其中硕士学位论文14402篇，博士学位论文1769篇。

虽然我国知识管理的研究起步较晚，但近几年国内学者对知识管理的研究与国外研究基本同步，知识管理研究进展很快，特别是2006到2007年。通过对2007年的论文进行分专辑统计，检索国内发表的题名或者关键词中含有“知识管理”的论文，主要覆盖六大研究领域，即：经济管理、图书情报、工业技术、教育科学、医药卫生、自然科学。国内知识管理的研究，主要集中在知识管理定义与其基本内容、图书馆知识管理、知识管理技术以及知识管理体系。从论文内容来看，国内学者对知识管理的研究还停留在翻译、介绍和一般性描述阶段，侧重于对知识管理的定义、目标、内容、策略与原则以及支持知识管理的信息技术等方面进行研究。这些论文从不同角度论述了知识管理的相关问题，有助于我们了解知识管理的基础理论、发展现状和相关技术与应用的同时，也可以看出，目前对知识管理的理解和应用还处于起步阶段，研究的层次比较浅，主要侧重于理论方面的研究，有关基于知识管理的组织绩效评价方面的论文很少，还没有进行系统的研究，需要进一步加快加深研究力度。

二、知识管理的发展趋势

随着科学技术以及知识经济的发展，知识管理的理论与实践将会日趋成熟，其应用领域将进一步扩大。早在1998年前，斯克姆（David J. Skyrme）就对知识管理的发展前景进行了预测，麦吉也对此问题发表了自己的看法。肖勒（Wolfgang Scholl）等人利用德尔菲法对与知识管理发展趋势相关的6个问题进行了问卷调查，认为：知识管理与日常商业流程的集成、知识共享、组织学习、知识管理框架、知识评价、学习和激励，是理解和促进知识管理最迫切与最富挑战性的理论研究问题。综合以上学者的研究，笔者认为，知识管理的发展趋势大体来说可概括为以下几点：

①未来的知识管理理论将进一步研究知识管理的基本问题，如什么是知

识管理、学习与知识的作用等相关问题。

②未来的知识管理将使组织学习、知识创新嵌入到组织结构中，积极营造学习型企业文化，建立激励机制，促进知识创新，知识管理将成为企业参与竞争的必备工具。

③知识管理的最大挑战是隐性知识的共享。知识管理将充分利用信息技术挖掘隐性知识，帮助人们实现获取知识的智能化与个性化，从而加强知识的利用。

④一旦企业能够开始有效地管理现有的知识财富，知识管理的重点将转向如何激发企业的创造力。

⑤在成功的企业中，知识应该是分散的，以便达到最广泛的再利用；未来的知识管理将在整个组织得到推广和运用，无论何时，人们尽可能采用知识管理方法来简化管理事务，减少工作，提高工作效率。在此基础上，知识管理实践与经验可以传播与推广到某些合作性组织，从而提高整个行业甚至整个社会管理与利用知识的能力。

⑥未来的知识管理将广泛集成实践活动，如知识共享、团队合作，最佳知识与实践的探索，研究成果、创新与学习课程的获取与组织，知识的更新，个人知识积累与自我发展等。

⑦知识管理的发展孕育一种新的职业—知识经纪人。在创造以知识为中心的企业环境过程中，知识经济人将起到主要作用。与其他中间人类似，知识经纪人的主要作用就是联系需要知识和拥有知识的双方。这些专业化的知识经纪人可以帮助企业确保做出决策时，已经对所有可能获得的相关信息进行了考虑。知识经纪人的水平及他们所支持的决策的创造力，将成为衡量知识管理水平的标志。知识经纪人将成为未来企业寻找并捕捉全新机会的门户。

第二节　知识管理的目标与内容

知识管理的目标不同于传统管理的目标，它着眼的是知识积累和知识共享，其内容也有广义和狭义两方面的理解。

一、知识管理的目标

知识管理的两个核心目标是知识积累和知识共享的最佳结合，在管理过程中最大限度地实现知识传播与共享，最终提高组织的创新能力和应变能力，促进知识创新，增强组织的生存与竞争能力。知识管理的目的在于创新，而创新知识即显性知识和隐性知识之间有机的动态转化（具体的转化模型参见书介绍的 SECI 模型）。知识管理的目标就是致力于推进隐性知识和显性知识的创新、挖掘、整合与共享，将信息和智力资本转化为持久的价值，将组织成员与他们所需要的知识结合起来，使正确的知识能够在正确的时间为正确的人所获得，从而使组织获得突破性的竞争优势。

（一）知识积累

组织知识是一切组织中知识学习过程的自然产物。任何知识无论是否经过规范化处理，都包含了产生、审核和利用三个阶段，都自然存在于组织体系中。组织应该不断从外界吸收对本组织有用的各种知识，并将这些知识存储在内部的知识管理系统中，汇成知识仓库，确保员工直接而有效地得到其所需的知识，至少需要确保组织内部的人知道所需的知识在何处，保证这些知识在需要的时候可以迅速地被检索出来，并确保实践中所采用的知识是最新、最快和最准确的。

（二）知识共享

知识管理把知识共享作为核心目标之一。知识共享是指员工个人的知识（包括显性知识和隐性知识）通过各种交流方式（如电话、口头交谈和网络等）为组织中其他成员共同分享，从而转化为组织的知识财富。知识共享要求实现显性知识和隐性知识的共享，组织内部知识和外部知识的共享，以及知识共享空间的营造—信息技术的采用（硬性技术）和知识共享文化的建立（软环境）。知识共享包含两个层面的内容：员工之间知识交流，涉及隐性知识和显性知识之间的转化，知识在个人、团队和组织三个层次之间的流动。知识共享全过程有五个环节：个人知识、知识的阐明、知识的交流、知识的理解和组织知识创新。前三个环节主要是个人行为，后两个环节则依赖于组织工作。

知识共享中最困难和最有意义的是隐性知识的共享。知识共享的目标就是要消除各种知识共享障碍，运用知识共享机制来调节主体间的隐性知识共享。综合这两大因素，可以从以下六个方面来寻求知识共享实现的对策和方法。

1. 克服知识共享障碍

知识共享中最难克服的是社会障碍，或人为障碍。要克服知识共享中存在的各种社会障碍，首先，要改变金字塔式的等级结构，建立知识网络，变等级结构为网络结构。其次，要突破知识产权保护的藩篱，合理利用知识产权保护规则。

2. 培养知识共享文化

知识共享文化是决定知识共享成功与否的重要因素。成功的知识共享需要有尊重知识的文化，高度认识到学习的价值，并且重视经验、技能、专业技术和创新。知识共享还需要与现有的主体文化协调起来，如果不适应主体文化的知识共享，不可能得到大的成效。

3. 建立知识共享激励机制

知识共享的激励机制多种多样，如：提供各种条件，鼓励员工；定期贡献自己的经验知识；知识管理者就定期检查知识共享的效果，不断加以完善；建立专家贡献经验知识的奖惩措施，建立员工贡献知识和应用知识的奖惩措施；建立知识管理者监控知识共享的奖惩措施以及建立知识明晰机制、知识绩效机制和知识奖惩机制等。

4. 开发知识共享方式

开展知识共享，需要灵活运用现存的各种知识共享方式。知识共享的主要方式有：知识个体经验交流会、午餐会议、茶话会、年会、联欢会、周末沙龙、组建知识网络、安排不经意的会面和交谈等。这些都是非常重要又十分有效的知识共享方式。

5. 利用知识共享技术

实现知识共享需要一些基本的技术保证：知识共享的基础措施（如关系

数据库、知识库、多库协作系统、网络等），组织业务流程重组，知识共享的具体方法（如内容管理、文件管理、记录管理和通讯管理等），知识的获取和检索（包括各种各样的软件工具，例如智能客体检索、多策略获取、多模式获取和检索、多方法多层次获取和检索、网络搜索工具等），知识的传递（如建立知识分布图、电子文档、光盘、网上传递、打印等），建立知识与信息共享网络（包括内部网和虚拟网），建立知识管理评估体系（如无形资产评估体系），建立从市场和客户那里获得信息和知识的体系。

6. 建立知识共享机制

知识共享机制的建立可以采用以下几种方法：一是逐渐改变工作环境和方式，筹建以网络为平台的工作环境，在网上实现工作流程和工作档案的记录与存档，通过严格的授权制度确保不同等级组织人员的信息获取权，同时注意保证网络安全；二是在组织局域网上最大限度地提供公共信息资源，如组织人员指南、建立知识地图、已完成项目数据库、项目小组协作、研究项目报告、市场分析、人员技能评估、建议箱和讨论组等，借助网络打破组织部门之间的界限，实现跨部门办公和信息共享，创造一种信息共建与共享的机制，使网络成为组织向学习型组织转变的助动器；三是在建立研发梯队和销售梯队中，形成团队工作机制，让组织更多人员参与和共享研发与销售活动中隐性知识的生产与利用过程，以此削弱个别人员流失所造成隐性知识的流失。同时，以网络为纽带，以实时信息汇总为管理制度，强化隐性知识的显性化。

二、知识管理的内容

学术界普遍认为，知识管理的主要内容包括两个方面，即“信息技术提供的对数据和信息的处理能力与人的发展创造的能力”。知识管理将信息和具有创新能力的人共同作为管理的对象，并且特别关注具有创新能力的人，这体现了知识管理的本质特征。但从一般意义上来说，知识管理的内容通常应该包括：知识生产创新管理、知识组织管理、知识传播技术管理、知识应用管理以及人力资源管理等基本内容。

我们也可以从广义和狭义两个方面去认识知识管理的内容：广义的知识

管理内容，包括对知识、知识设施、知识人员、知识活动等诸要素的管理。狭义的知识管理内容，则指对知识本身的管理。其中，狭义的知识管理即对知识本身的管理，应该成为知识管理研究的核心内容。它包括三方面的含义：（1）对显性知识的管理，体现为对客观知识的组织管理活动；（2）对隐性知识的管理，主要体现为对人的管理，因为人是主观知识的载体；对显性知识和隐性知识之间相互作用的管理，即对知识变换的管理，体现为知识的应用或创新的过程。

三、知识管理的特点

图书馆知识管理不仅具有丰富的内涵，而且拥有传统图书馆管理无法比拟的优势与特征。这体现在如下几个方面：

1. 以知识资本作为管理的核心

无论狭义的图书馆知识管理，还是广义的图书馆知识管理，都是以知识为核心的管理。战略重点是促进内部员工隐性知识与显性知识的相互转化、共享与利用，和外部社会化显性知识的组织、存取与提供。

2. 重视人的作用和发展

图书馆知识管理通过开发图书馆员工潜能，加强职业培训与继续教育，不断提高员工的知识水平以及获取知识和创新知识的能力，并激励员工将其知识与智慧应用于业务与服务之中，在尊重个人价值与自我实现的基础上，实现图书馆集体价值目标。

3. 重视知识共享与知识创新

图书馆知识管理的一个主要目标，是促进内部员工之间的知识交流与共享，它要求所有员工共同分享他们拥有的知识，提升图书馆知识创新与利用的能力。另一个主要目标是知识创新。图书馆知识管理不仅仅是对知识信息的收集、存储、整理与传递进行机械性的管理，而且把握知识间、知识与用户间的相互关系，创造新知识去满足社会发展和用户对信息知识的需要。

4. 重视知识集成管理

图书馆知识管理不仅强调人、财、物等生产要素，而且更加重视知识、信息、经验等软生产要素在集成聚变中的主导作用，通过资本存量、知识存量的裂变重组与功能放大，从而突破传统管理模式的明确边界与等级制金字塔型结构，实现管理组织结构的网络化与虚拟化。

第三节　知识管理工具与技术

知识管理的建设和有效运作，离不开技术和工具的支撑，它是构建知识管理系统的基站，也是实现知识管理的强大推动力。知识管理的各种功能和服务的实现，最终都得依靠知识管理技术和工具。在知识管理系统的建设过程中，各项技术都发挥着不同的作用。下面就来分析几项主要技术。

一、知识仓库

知识仓库是一种特殊的信息库，不仅存储着知识的条目，而且存储着与之相关的事件、知识的使用记录、来源线索等信息。知识仓库通常收集各种经验、备选的技术方案以及各种用于支持决策的知识。知识仓库通过模式识别、优化算法和人工智能等方法，对信息和知识加以分类，并提供决策支持。当与专家系统及友好的应用界面相结合时，知识仓库将成为十分有用的工具。

1. 知识仓库的作用

它能够实现知识和信息的有序化，加快知识和信息的流动，利于知识交流与共享；还有利于实现组织的协作与沟通，可以帮助企业实现对客户知识的有效管理。

知识仓库的建立，必须依靠强有力的技术支持。它一般建立在组织的内部网络上，系统由安装在服务器上的一组软件构成，能提供所需要的服务、基本的安全措施和网络权限控制功能。组织成员可以利用该系统阅读新闻或查找资料，并可以在虚拟的电子公告板上交谈。组织的内部网络，是知识仓库得以充分利用的基础条件，它可以消除不同阶层员工之间知识交流的界面障碍，使信息和知识以最快的速度在组织内传播。

2. 知识仓库的主要功能

信息技术的发展，使知识仓库的功能实现成为可能。知识仓库应具备以下主要功能：

①性知识共享和转化功能

知识仓库应具备共享隐性知识和将隐性知识转换为显性知识的能力。这依赖于机器学习、神经网络、信息可视化、多媒体技术等。

②知识存储和检索功能

知识仓库必须提供数据仓库所拥有的全部功能，并具有更加丰富的知识表现形式，应能有效生产、存储、检索、管理各种形式的知识。

③知识分析功能

知识分析是一个非常复杂的过程，分析任务常常利用各类归纳和演绎的人工智能技术，如神经网络、数据处理的分组方法、统计、基因算法、基于案例的推理等。每一个任务在输入数据、执行参数和输出格式方面，都有自己的要求。

④新知识的产生和反馈功能

知识仓库中的知识，随着不同的反馈环而得到实时更新。如通过头脑风暴法产生、共享和获取新的隐性知识，从用户刚刚验证和证实的结果中 . 产生新的显性知识。

⑤用户行为分析跟踪功能

知识仓库能够根据用户所提供的信息、用户的行为习惯和倾向进行跟踪，并针对性地提供决策服务。

3. 知识仓库的架构

知识仓库的主要构件包括：共享和获取隐性知识模块，获取显性知识模块，知识的抽取、转变和存储模块，知识分析模块，用户（系统管理员）界面模块和反馈环。

（1）共享和获取隐性知识模块

知识管理非常强调对隐性知识的挖掘。该模块有以下功能：①行为隐性知识获取。②提供一个平台，让员工各抒己见。③基于模型环境的数学模型抽取。④基于专家环境的规则抽取。

（2）获取显性知识模块

该模块功能类似于数据仓库中的相应功能，能够对显性知识进行收集和筛选。

（3）知识的抽取、转换和存储模块

该模块是知识仓库的基本构件，是一个面向对象的知识库管理系统（Knowledge Base Management System，KBMS），集成了知识库、模型库和分析任务等。

（4）知识分析模块

该模块处理所有与分析任务有关的活动，包括知识工程、任务控制、判断生成和技术管理。

（5）用户（系统管理员）界面模块

这个模块处理 N3hIS 和用户间的所有分析通信，包括判断界面、输入处理器、输出处理器、在线帮助和系统管理员界面等 5 个功能子模块。

（6）反馈环

知识仓库包含三个反馈环：一是从用户（系统管理员）界面模块到知识分析模块之间的环。二是从知识分析模块和用户（系统管理员）界面模块到获取显性知识模块之间的环，新的知识通过这个环存储到知识库中。三是从用户（系统管理员）界面模块到共享和获取隐性知识模块之间的环，用户通过学习而产生新的隐性知识。

二、知识地图

知识地图，又称知识分布图、知识黄页簿，是知识的库存目录，就好像城市地图显示的街名、车站、图书馆、学校等的地理位置。通过知识地图，组织成员能找到组织内的知识项目及其分布位置，以便获得相应的知识。其实质是利用现代化信息技术，制作组织的知识资源总目录及其之间关系的综合体，是组织中协作工作的重要组成部分。

一份知识地图包括两个方面的内容：一是通过知识资源调查所获取的知识资源目录，二是目录内各款目之间的关系。一份完整的知识地图，包括的内容十分丰富，不仅能提供知识资源的存储地点、所有权人、有效性、及时性、主题范围、检索权限、存贮媒介及使用渠道等，并能揭示所有的知识资源如文档、文件、系统、政策、名录、能力、关系、权威及专利、事件、实践经验等。

知识地图采用一种智能化的向导代理，通过分析用户的行为模式，智能化地引导检索者找到目标信息。在知识地图中，一般使用抽象的符号或图像来表示对象。随着互联网技术飞速发展和知识获取量的日益增多，组织中的各类知识迅速增加，单一的知识地图难以完成对知识的管理，因而要将其进一步扩展为知识地图集（knowledge atlas）。

1. 知识地图的类型

（1）按呈现方式划分

①信息资源分布图：知识地图的雏形，侧重于对信息资源与各相关部门或人员关系的揭示，但未揭示各信息资源款目之间的关系，且多依靠手工来建设和完成。②阶层式（hierarchies）、分类式（taxonomies）、语义网式（semantic networks）的知识地图；适用于概念型与职称型的知识地图。③企业流程图、认知流程图、推论引擎等，主要适应流程型的知识地图。④网页形式的知识地图：显示人员专长和单位、社会网络信息以及关系路径等信息。

（2）按功能和应用划分

①企业知识地图：企业知识资产的指南。②学习知识地图：以概念图与基模设计的知识库表示，能够将学生所学的概念和将要学习的概念之间的关系表达出来。学生以已有的概念为基础，将新的概念构建在其上面，产生新的知识结构。③资源知识地图：显性知识和隐性知识的索引。

2. 知识地图在知识管理方面的功能

①导航图的功能。能指示资源的位置，告诉人们到哪里寻找需要的知识，并通过各种方式引导人们找到所需的知识。

②揭示隐性知识。隐性知识存在人脑中，找到拥有知识的人，也就找到了需要的隐性知识。如有哪些人从事过哪些项目，有什么知识背景和经验等，可通过“人力资源”知识节点联系在一起，还可将专家的知识、专家资源纳入地图中。

③揭示关系。这些关系包括知识节点之间以及节点与人或特定事件之间的关系。通过揭示款目之间的关系（如等级关系、相关关系、因果关系、逻

辑关系、评价关系等）实现知识的提取和共享。

④识别不同系统的知识资源。

⑤知识资产清单的功能。可作为一种评估知识现状、展示可以利用的资源、发现需要填补空白的工具。

3. 知识地图的构建

知识地图的构建过程包括如下几个步骤。同时，它是一个动态的过程，应不断地用新产生的知识更新知识地图。

①知识的识别与组织。主要包括知识的识别、组织和审查三项工作。内容包括使用形式化的方法，按概念、概念的属性、概念之间的关系，来对知识进行识别；按语义联系（即主题）来组织知识；审查知识资产及其来源，确定关键知识。

②知识分级。指将职位知识、用户知识和创造性知识分级，然后再将每个人的知识分级。微软“知识地图”采用多级知识评估标准，将员工所具备和应具备的技能显性标示了出来。

③建立联系。主要包括建立索引、知识配置、个性化三项工作。建立索引，指建立知识的索引链接。如 IBM 知识地图把人、场所和事相关联，其索引机制可记录何时、何地、何人使用了哪些知识。

④展现地图。根据知识分类，使用专业术语，将知识分门别类地归入不同的范畴，并表示其间关系，用可视化的技术（选择目录等级层次、树形结构或者网状结构）把知识地图展现出来。

三、搜索引擎

互联网使得信息来源更加分散，但搜索引擎技术可以帮助读者在浩瀚无垠的信息海洋中获取自己需要的知识，因而备受关注。搜索引擎技术，指建立在超文本方式、信息检索和数据库系统之上，对站点资源和其他网络资源进行标引和检索的一种检索系统机制，是网络环境下重要的信息组织工具。从技术角度讲，搜索引擎由搜索器、管理器、检索器和扩展服务器组成，其工作过程可归纳为：信息收集的预处理、信息的存储和索引、建立搜索引擎检索系统、搜索结果的处理与显示。未来搜索引擎技术的发展，将呈现专业化、集成化、多媒体化和智能化的趋势。

四、互联网（Internet）

互联网是通过标准通信方式，将世界各地的计算机网络连接起来的网络体系，是由TCP/IP协议连接的计算机网络集合，是物理网络和信息资源相结合形成的一个信息网络实体。以计算机技术和远程通信技术为基础的互联网建设，改变了世界范围内的信息环境。进入20世纪90年代以来，互联网开始工业化过程，并由此推动了互联网在各行各业和普通用户间的迅速普及。

在知识管理软件工具和平台中，互联网是最重要也是使用最广泛的工具，它将分布在世界各国的信息系统和计算机连为一体，打破了地理、文化、语言等诸多自然和人为因素造成的信息交流和知识共享的障碍，使人们可以忽略时空、国别、机构和文化差异，实时地传递、交换和共享各种信息资源。互联网作为促进人与人之间交流的工具和平台，改变了人类的信息交流模式；互联网上拥有丰富的信息资源，并提供各种各样便捷的信息检索工具，从而实现了信息资源的高度共享。

互联网上主要的信息服务包括：电子邮件传递、网络文件系统、远程登录系统（Telnet）、文件传输协议（FTP）、数据库的检索、网络信息查询服务、目录服务、超文本传输协议（HTTP）和代理服务器技术等。

五、知识网格技术

知识网格领域的主要创始人诸葛海研究员，给出了知识网格的全面定义。知识网格是一个智能互联环境，它能使用户或虚拟角色有效地获取、发布、共享和管理知识资源，并为用户和其他服务提供所需要的知识服务，辅助实现知识创新、协同工作、解决问题和决策支持。知识网格使用基于知识的方法学和技术学，包括知识工程工具、智能软件代理、数学建模、模拟、计划等。它包含了反映人类认知特性的认识论和本体论，应用社会、生态和经济学原理，并采纳了下一代互联网所使用的技术和标准。知识网格主要研究知识获取与知识表示的理论、模型、方法和机制，知识可视化和创新的问题，在动态虚拟组织间进行有效的知识传播和知识管理，知识的有效组织、评估、提炼和衍生，知识关联和集成。

知识网格是一个三层结构：人类层、语义层和资源实体层。其中，任何用户或服务都可根据其应用领域选择 2 个角色，在需求空间输入需求。服务空间中的服务将在需求空间中主动查找相匹配的需求，然后为需要服务的用户（或虚拟角色）提供服务。通过服务代理选择最优的服务，或者将相关服务进行组合，提供统一集成的服务。在服务交互中，服务集成包括数据流集成和知识流集成，从而获得单一语义映像。

从知识管理的角度看，知识网格里知识链组成的知识网络图，是由知识结构、知识单元、知识元采用关联和链接技术组成的层次知识链网状知识关系图。知识元构成了知识网格的最小单位，是求解问题的证据，是知识网格的核心，具有独立性、封装性、继承性等特点。知识网格通过网格计算实现知识动态调用，达到知识动态利用。因此，知识网格要求解决以下问题：①构造知识元和知识域（Knowledge Domain）结构；②开展知识链理论与方法研究；③建立知识平台；④提高隐性知识向显性知识编码转变的技术层次；⑤知识网格是“知识巨脑”，解决输入需求信息和输出特定知识的结果，是推动知识管理革命的目标。

六、群件技术

群件是协同群体合作工作的新工具，是一种为工作团队的协同工作提供支持和服务的一类软件，包括信息共享、电子会议、日程安排、群件文档、数据库、电子邮件、工作流自动化、软件和联系群体各成员的网络。群件是支持、促进、简化一个工作群体共同工作，提高群体工作效率的软件或应用开发环境。目前常见的群件产品有 Lotus/IBM 公司的群件软件，Notes、Novell 公司的 Groupwise 和 Microsoft 公司的 Exchange 等。

按照不同标准，群件技术可有以下几种分类模式。

1. 按其工作模式分为同步模式、分布式同步模式和异步工作模式

同步模式（Synchronous mode）是指在同一地点、同一时间内进行群体决策、集体设计等。如果上述工作是在同一时间内，但项目参与人员位于不同地点进行的，则称为分布式同步模式（Distributed synchronous mode）；如果工作

是在不同时间进行的，则称为异步群体工作模式（Asynchronous mode）。

2. 按其功能划分，群件技术包括如下系统

①邮件系统：能提供 C/S 结构、支持互联网标准的电子邮件服务，它支持工作组成员之间异步的文本邮件的交换，包括电子邮件和电子布告牌等，是用户最为熟悉、使用最多的群件功能。②多用户编辑系统：支持文件的共同编辑。实时的群件编辑器支持工作组成员对同一目标的同时编辑。③工作流自动化系统：以工作流为手段，设计出于人们业务流程相吻合的干线，使各级岗位或部门能协同办公和信息共享。微软就利用 IIS 为企业提供信息发布、构建企业内部网的 Web 服务功能。此外，新一版的群件还提供与其他业务系统的接口，集成企业原有的 ERP 系统。④群体决策支持系统：对决策提供参考及表决工具，一般为会议系统。用户可以在网上参加“虚拟会议”，打破时间的限制、地域的间隔与僵化的组织层次的制约。

七、知识挖掘技术

知识挖掘是指“从数据集中识别出有效的、新颖的、潜在有用的，以及最终可理解的模式的非平凡过程”。它包括从已编码的编码信息（数据库 / 数据仓库）中发现新的知识和未编码信息的知识的提取、整理和积累。知识挖掘技术发展的一个重要标志，就是知识地图的产生和迅速发展。现有的知识挖掘技术有三种类型：语义的、协作的和可视化的。

八、办公自动化系统

办公自动化简称 OA，是利用网络通信基础及先进的网络应用平台，建设一个安全、可靠、开放、高效的信息网络和办公自动化、信息管理电子化系统，将办公人员与设备构成服务于某种目的的人—信息处理系统。办公自动化为管理部门提供现代化的日常办公条件及丰富的综合信息服务，实现档案管理自动化和办公事务处理自动化，以提高办公效率和管理水平，实现图书馆各部门日常业务工作的规范化、电子化、标准化，实现信息的在线查询、调用。从图书馆信息处理的角度看，办公活动可归结为：信息的采集、信息

的存储和管理、信息的处理、信息的传送等。图书馆的办公自动化主要包括以下几个部分：公文管理、文字与表格处理、备忘录管理、文档管理、电子邮件管理、人事管理、日程安排管理等。

第三章　知识管理的主要活动

第一节　知识获取

知识获取是指从组织外部环境中获得知识，并使之能够为组织成员今后使用的过程。知识获取是十分困难的，特别是隐性知识的获取。在知识获取的过程中，首先要区分知识的获取与知识创建的区别。获取组织中的知识并不是技术问题，事实上，信息技术在知识获取的过程中只是起到了一部分作用，知识获取，更多的取决于业务的类型、组织文化以及人们解决问题的方式。

知识获取活动从获取路径上可以划分为直接获取与间接获取两类。直接获取包括进行外部调查、从客户或供应商那里收集信息和建议、从专业文献中收集数据、获得其他企业成功或失败的经验、购买先进技术改进生产工艺与工作流程、员工培训、外部访谈、建立学习型组织等。间接获取包括与其他合作伙伴建立联盟、招聘专业技术人员、雇佣员工、以客户为中心获取所需知识以驱动企业进行创新及改革等，知识获取按照获取知识的内容和形式的不同，可以分为显性知识获取和隐性知识获取两类。

一、显性知识获取

显性知识存在于组织的内部和外部，显性知识获取是指将存在于组织内部和外部的信息进行提取，形成解决方案，为企业做决策而提供相关依据。显性知识获取的主要方法包括数据访问、分布式搜索、智能代理和数据挖掘等。

（一）数据访问

数据访问是获取显性知识的最常见的方法，可以通过购买图书资料和数据库得以实现。随着企业信息化水平和程度的不断提高，企业非常重视电子资源的开发和利用。员工可以通过内部网或外部网络访问数据库。通过访问组织内部和外部的数据，及时获取相关信息或知识。

（二）网络搜索

网络搜索引擎可以分成三类，第一类是目录式搜索引擎，主要是以人工的方式进行收集，同时对信息进行编辑，形成信息摘要，并将信息放在事先确定好的分类框架中。目录搜索是仅仅按照目录分类的网站链接列表，用户只依靠网站上的分类目录就可以找到所需要的信息和内容。具有代表性的网站有搜狐，新浪，网易等。

第二类是全文式搜索引擎，从互联网上提取各个网站的信息建立数据库，由机器人程序自动地在互联网中搜索和发现信息，检索与用户查询条件相匹配的相关记录，然后按照一定的排列顺序将结果告知给用户。这一类搜索引擎的优点是自动化程度高、信息量大、能够及时进行更新。缺点是与用户查询条件相匹配度较差，无用信息较多。具有代表性的网站有百度，谷歌等。

第三类是元搜索引擎，主要通过一个统一的用户界面帮助许多用户在多个搜索引擎中选择和利用合适的搜索引擎来实现检索操作。元搜索引擎不具有自己独立的数据库，却可以提供统一的检索界面并能形成一个由分布的具有独立功能的多个搜索引擎构成的整体，从而实现对多个独立搜索引擎数据库的查询和数据处理。这一类搜索引擎的优点是搜索信息量大、全面，缺点是用户需要根据自己的要求进行精准查询和匹配。具有代表性的引擎包括ProFusion、MetaCrawler 等。

（三）智能代理

智能代理是一种具有高度智能性和自主学习性，可以根据用户的需要和要求主动地通过智能化代理服务器为用户搜索信息的一种软件系统。智能代理利用代理通信协议把加工过的信息推送给用户，同时推测用户的需求进行自主定制，完成工作计划和任务。智能代理包括知识库、规则库、推理机和各代理之间的通信协议几个部分。当用户发出信息请求之后，通信协作代理传给知识库，同时根据用户信息库中的用户的特定需求进行信息筛选。监督代理检查知识库中是否保存有用户以前的相似的信息需求，如果知识库中保存有用户以前的需求，那么就把记录提取出来推送给用户；如果知识库中没有用户的信息需求，就经规则库生成一定的搜索规则，传送给知识代理进行相关信息搜索，搜索后的结果经过滤后重新保存在信息数据库，再经过知识库的推理机制对用户的潜在需求进行推理并将用户需求保存下来，将最后结果推送给用户。

（四）数据挖掘

数据挖掘是指从大量的数据中，揭示出隐含的具有潜在价值的信息和知识的过程。数据挖掘技术通过对实例进行分析，从实例中获取知识，将知识存放于知识库中，通过数据挖掘得出的模式和规则被用来指导决策制定和预测决策效果。数据挖掘获得的信息类型包括关联、序列、分类、聚类和预测。

关联是指与单个事件相连发生的事情。人们了解到事件之间互相关联，这样的信息会帮助管理者做出更好的决策。例如，人们在购买了爆米花之后，有 65% 的概率会购买可乐。

序列是指与时间相关的事件。例如，如果购买了一个新房子，那么可能在几周之内，购房者购买冰箱和其他电器的可能性在 65% 以上。

分类是指通过检查已经分好类的项目，根据相应的推断规则来识别新项目所属类目数的分类模型。例如，通信公司十分担心会失去稳定的一些客户，利用分类就可以帮助他们发现那些流失客户的特征，帮助管理者推测出哪些客户将要流失。

聚类是指当没有群组被预先定义时，完成与分类相似的工作。数据挖掘工具能够从数据中发现不同的群组。从银行卡中发现类似的群组，或者根据人口统计信息来将消费者进行分类。

预测是使用一系列现有的数值对将来的数值进行预测的功能。例如，分析并发现数据中的模式用来帮助管理者估计连续变化的未来的数值，如销售数据等。

二、隐性知识获取

隐性知识是只能意会不能言传的知识，因此，隐性知识的获取比显性知识获取要困难得多。从隐性知识的功能来看，可以将隐性知识分成技能、心智模式、处理问题的方式和组织惯例，获取隐性知识的形式也多种多样。例如，邀请专家进行经验传授、举行头脑风暴或根据某一特定主题进行讨论、通过观察边学边做等。在组织中隐性知识获取的主要方式有，结构式访谈、行动学习、标杆学习、经验学习和交互学习等。

（一）结构式访谈

在组织里经常通过结构式访谈把隐性知识转化为显性知识。结构式访谈的主要对象为专家和高层管理者，利用信息技术可以将他们多年积累的经验转化为显性知识。结构式访谈也可以用来提炼非结构式访谈中隐藏的知识。

结构式访谈主要有开放式问题和封闭式问题两种类型。开放式问题并没有标准答案，鼓励专家和一些高层管理人员根据自身的经验来自由作答。结构式访谈主要以人为中心，通过技术来获得访谈的结果。因此，在访谈的过程中，反复倾听是有效的。被采访者根据个人不同的心智模式、背景、态度以及经历等会给出不同的答案，因此，要对给出的回答不断的进行复述、澄清、总结和反馈。封闭式问题是指对提出问题的类型、水平、数量等提出一定的限制。大多数封闭式问题一般只能回答“是”或“不是”。

（二）行动学习

行动学习是一种以任务为中心的学习方式，主要建立在“没有行动就不存在学习”的基础之上。行动学习是在实践中学、在反思中学、在学习中学会学习的有机结合。行动学习一般可以经过这样几个步骤：第一，组成学习团队，提出实际工作和生活当中需要解决的问题。第二，设计解决方案。在设计解决方案时要注意一些问题，我们需要哪些资源？我们要达成什么样的目标？我们确定的行动方案如何？第三，确定实施方案。团队成员将自己确定的方案与其他人一起进行探讨。经过讨论之后，选择一个适合的方案并开始实施。第四，进行总结与评价。方案实施结束后，要对过程及方案进行评价，发现其中的问题并进行总结。

（三）标杆学习

标杆学习是向行业内外的一流企业及代表性组织学习的一种方法。将本组织或企业经营的各个方面和环节与代表性组织进行比较，找出差距并针对差距进行改进。标杆学习经常用在组织内部、竞争对手、行业之间。内部标杆学习有助于员工快速习得经验及先进的技术。外部行业的标杆学习有助于企业获取本行业的最佳实践经验。标杆学习的主要方式有这样三种：第一，成立合资企业。通过合作方式学习先进技术。第二，形成战略联盟。与具有先进技术的一些企业进行战略联盟从而获取先进技术。第三，聘请专家。聘请先进的技术专家共同协商组织的计划实施以及发展战略。

（四）经验学习

经验学习是指企业或公司通过发现和挖掘新的想法及构思来开发新产品和新的工艺流程来达到学习的目的，是一种通过实际经验来转化知识的过程。经验学习的目的在于更加系统的收集可以改进组织技能的信息。立足于管理者如何通过获取和转化新构思和新观点并使这些思想和观点进行发展而获得新知识。经验学习可以分成四个阶段。第一阶段是具体经验。是指组织或个人以个人经验为基础产生新的构思和想法。第二阶段是反思性观察。即，在第一阶段的基础之上对已经产生了新观点和新构思反复进行思考、整理观察的过程。第三阶段是概念化阶段。将第二阶段形成的新观点结合公司和企业的需要进行正当化、形成概念。第四阶段是验证过程。将经过正当化和概念化形成的新观点和新构思用于实践进行尝试与实验。通过这样四个阶段，公司将组织或个人的新构思和新观点转换为新的知识。

（五）交互学习

交互学习是指两个或两个以上的组织或不同组织的组织成员通过面对面的接触而互相学习的过程。交互学习是获取隐性知识的非常重要的有效途径。不同组织或部门的人员通过面对面的交流与学习实现知识的共享和转移。在交互学习的过程中，组织成员可以发现他们未知的领域，也可以充分发挥他们自身的优势从而找到更好的办法来解决现在工作当中遇到的问题。在企业中交互学习可以通过以下几种方式实现，第一，成立供应商联合协会，加强供应商之间的联系，给供应商提供一个可以共享信息的平台。第二，建立咨询团队。可以增加供应商的忠诚度，更好地促进供应商之间的互相交流。第三，建立学习型团队。学习型团队和组织是一个能够独立的进行知识获取、传递、共享及应用的组织。这种学习机制可以帮助公司增强供应链的整体竞争力。

第二节　知识创造

一、知识创造的二维理论

波兰尼将人类知识分为两种基本类型（隐性知识和显性知识）。显性知识通过与其他知识进行组合来完成共享，内化成为隐性知识；隐性知识的共享是经过社会化（人和人交流）过程，最后通过外化实现的。知识是由个人产生，知识、思想和创新的发展主要是通过个体之间的互动来实现。组织知识的发展经历了两个阶段，在第一阶段，他们首先提出了知识创造的二维理论。第一个维度，即“认识论”维度，是隐性知识与显性知识之间的“社会交流互动”环境，在这一环境下，知识从一种类型转化为另一种类型，这一环境为创造新知识提供场所。野中郁次郎（1994）将其这一环境称为“互动社区”。隐性知识通过外化过程被表述为显性知识。这样的隐性知识与他人分享后，通过概念、符号和书面文字的形式表达出来。经过外化过程形成概念知识在外化阶段，个体利用他们的推论对周围的世界进行合理化的解释。对话是个人隐性知识表达的有效途径。因此，个人隐性知识借助对话场和对话方式进行转移和传播，不同个体隐性知识之间的矛盾渐渐变得明晰而最终得以综合。在此过程当中，比喻、类比等推理方法有效地促进了知识的转换。组织内部或外部收集到的显性知识进行组合编辑或加工，形成更复杂和有条理的显性知识。而显性知识又经过个人的内化过程将其转换为隐性知识。这个阶段可以理解为实践知识的过程。因此，只有经过行动，实践和反思，才能实现知识转换，并使其真正成为个人所拥有的知识。在组织的某个领域中发展起来的知识会促进和带动一系列相关知识的创造，并有助于知识的进一步扩大和增长。

第二个维度，指“本体论”维度，是将知识转化过程分成四个层次，分别是个人、群体、组织及组织间。组织知识通过一个连续的循环来创造。知识转化过程并不是一种静态的循环过程，而是一种螺旋上升的过程。隐性知识与显性知识之间通过相互作用将知识转化的四种模式放大增强。并且这种知识创造的上升过程不只集中在个人层面，通过个人与个人的交流，达到群体层面。知识创造在生长的过程当中，超越群体、超越部门乃至组织边界，甚至发展到组织外部，可以激发新一轮知识创造，并使知识在横向和纵向上均得以扩展。

知识的认识论维度和本体论维度之间的相互作用，也被称为知识创造的螺旋（Nonaka，1994）。组织知识创造的螺旋呈现了隐性知识与显性知识相互作用的四个要素：社会化、外化、组合化和内化（SECI）。经过四个阶段的相互作用，将现有知识进行结合、从而转化为新知识。虽然知识转换的四个过程都可以自主创造知识，但组织知识创造理论的核心是要素之间动态的、连续的相互作用（Nonaka，1994）。四种知识转化模式分别为：（1）社会化（Socialization）：隐性知识向隐性知识转化；（2）外化（Externalization）：隐性知识向显性知识的转化；（3）组合化（Combination）：显性知识到显性知识；（4）内化（Internalization）：显性知识向隐性知识转化。社会化过程是指两个或两个以上的个体通过共享经验，将他们的隐性知识进行融合，从而创造并形成新的隐性知识。社会化（Socialization）过程也可能发生在工作场所以外的非正式社交活动中。这类隐性知识跟个体的世界观或心智模型有密切关系（Nonaka et al.，2000），主要通过经验共享来创造隐性知识，在组织中经常通过观察、模仿、练习习得技能、技巧，隐性知识通常是通过长期的潜移默化、耳濡目染传授给另一个人。

社会化（Externalization）是隐性知识在社会环境中进行融合、加工形成新的隐性知识的过程。外化（Externalization）依赖于把知识记录下来或者表达出来，主要利用隐喻、类比、模仿，完成隐性知识向显性知识的转化。例如：程序师设计程序、建筑师绘制蓝图、经理人撰写建议书、记者报道文章等。组合化（Combination）意味着将现有知识或者构成知识的各个部分通过重新排序、添加和分类，完成显性知识的再结合、创造的过程（Travaille & Hendriks，2010）。这一过程主要利用信息技术、通信网络和大型数据库及基础技术设备设施来促进这种知识进行转换。内化（Internalization）是指通过边做边学和以目标导向的训练，将获得的显性知识进行学习、消化、转换成个体具有并掌握的知识，完成新的隐性知识的创造过程（Travaille & Hendriks，2010）。内化方法包括阅读、倾听等学习方式和体验、观察、实践、"干中学"等社会方式。在企业和组织中，内化过程经常通过两种方式来实现：第一，培训模式，即，受训者把写在文献、资料中的显性知识，通过观察、实践变成自我知识的一部分。第二，同化模式，即，组织的技术手册、管理规范经过深入学习和讨论后，在员工中形成自觉的行动指南，从而实现组织显性知识向个体隐性知识的同化。

二、知识创造环境

知识创造发生在一个（物理和心理）环境中，野中郁次郎将其定义为"场（Ba）"，或"共享的环境"，即，个体或者组织可以共享、创造和利用知识的环境"。"场（Ba）"是知识创造、形成和再生的关键。"场"提供了促进个体知识转换和知识螺旋形成并发展的场所（Nonaka & Konno，1998）。在知识创造过程中，人不能脱离上下文（语境）。语境为人们理解信息、解释信息提供了基础，因此社会、文化和历史语境对个体理解知识、学习知识来说是非常重要的（Vygotsky，2012）。"互动"是"场"的核心（Nonaka et al.，2000）。知识是通过个体或个体间的相互作用产生，而不是个体的单独行动。"场"是个体间相互作用必需的共享环境。只有个体积极参与到"场"中，理解并适应情境，促进个体本身进行自我超越，才能通过"场"创造知识。

知识创造的参与者能否在一定的时间和空间里对知识进行共享，这对知识创造的社会化和外化过程具有重要影响和意义。密切的接触和交流、互动对环境和参与者之间能否形成共同语言很重要。"场"是一个知识创造的平台，它将参与者的知识收集到一定的时间和空间，并通过参与者互动将其整合。野中郁次郎在研究中将"场"分为四种语境，分别对应于四种知识转换模式：第一，原始"场"（Originating Ba），指为个体提供一个社会交往的空间，促进个体间隐性知识的转换；第二，对话"场"（Interaction Ba），强调参与者和个体分享、交流的场所，在这里参与者可以通过言语、手势清晰地表达他们的思维模式和所具有的技能，将隐性知识显性化；第三，系统化“场”（Systemizing Ba）：提供计算机协作环境将显性知识重新组合在一起，形成新的显性知识；第四，实践“场”（Exercising Ba），通过行动和实践使知识内化为个体知识。每个“场”都提供了知识创建过程中需要的特殊语境（上下文）。建立、维护和使用“场”对于促进组织知识创造非常重要。最初的“场”只是个体分享感觉、情绪、经历和心智模式的场所。野中郁次郎通过研究将“场”的作用扩大，为个体和参与者知识共享提供了一个社会化的环境。个体间面对面进行互动是隐性知识共享的重要条件。

知识创造过程始于个体间的对话。对话（个体交互）“场”是隐性知识显性化的场所，它与知识转化的外化过程相关。通过对话和互动，将个体的思维模式、拥有的技能转化为术语、概念、图形或者符号，表示出来。隐喻或修辞的广泛使用是知识转换所必需的技能之一。对话（交互）“场”比原始“场”更强调有意识地构建和强调社会性。在对话（交互）“场”中，个体具有的知识和能力是知识创造的关键。

系统化（组合）“场”是指虚拟世界中的一个交互场所，而不是在现实环境中共享空间和时间。系统化（组合）“场”提供了将显性知识与现有信息结合的方法，通过概念组合、加工而产生新知识并使显性知识系统化。主要依靠虚拟协作环境的信息技术、在线网络、邮件、文档和数据库来构建和支持系统化，促进知识转化实现可能性。在这一知识创造过程中，信息技术起到支撑作用，同时充分体现了信息收集在传播知识、知识共享方面的重要性。

实践“场”是通过实践促进显性知识向隐性知识转化，从而实现内化。显性知识转换为个体隐性知识的过程中，个人意识及以经验为基础的实践活动对隐性知识形成起到重要作用。

三、知识创造的五个阶段

组织知识创造有以下几个促进条件，分别为：组织对目标的渴望、组织成员的自主管理、组织内部的张力、有目的的进行相关的业务活动以及为了适应环境多样性及复杂性，组织成员拥有处理事件的多种办法等。

第一阶段：知识共享

隐性知识是组织进行知识创造的基础。那么组织中隐性知识的开发及转移过程就是极其重要的。但是隐性知识不容易用语言进行表达，更难交流和传播，因此，让具有不同行业背景、个人观点及动机的组织成员共享隐性知识成为组织开展知识创造最重要的一步。首先，要在组织成员中建立信任关系。组织成员通过和谐的环境共享他们的情绪、感情和心智模型。组织成员需要一个彼此能够面对面进行对话的场所，利用这个场所，可以自由分享各自的经验、感情、能力和知识。在这一阶段，共享隐性知识的一些典型方法有：

观察法：团队成员观察其他人在分析和解决问题时采用的方法和技巧，从而学习并领悟哪些行为及方法是可行的，哪些是不可操作的。

模仿：在观察其他小组成员完成任务的基础之上，模仿小组成员去完成其他任务。

体验：尝试用不同的解决方法去解决问题，并把自己的方法同小组成员或专家的解决方案进行比较。

协作：组织成员共同去完成一项任务，在完成任务的过程中，充分结合自己的知识背景和能力，与组织成员互相协作。

第二阶段：概念形成阶段

隐性知识和显性之间的相互作用体现在组织知识创造的第二阶段。知识创造的第一阶段里，在相互对话的场中形成了某种共享的态度和心智模型，那么组织会通过持续对话、讨论和交流将第一阶段里形成的结果表述出来。这种经过共享后形成的统一的心智模型通过外化的形式及语言、符号、图表等表现出来。组织成员们通过对话的形式在对话场里共同创造出新的概念。

第三阶段：验证阶段

知识被定义为“经过验证的真实信念”。从这个定义来看，组织或个人所创造的新概念必须经过验证才可以。验证的过程是用来确定第一阶段和第二阶段创造出来的新概念是否对组织和社会具有真正的价值。因此，组织必须通过更加明确的方式对此类概念进行验证并检验这种概念是否能够满足社会的需要。对企业来说，新概念形成的内容包括成本控制方法、利润空间、新产品的设计以及对企业产生的贡献或刚形成的知识概念能否成为组织持续保持竞争优势的来源。最终的检验标准是所得到的概念是否与整个社会的价值系统相一致。

第四阶段：建造原型阶段

经过验证的概念可以转化为新的产品或者某种原型。主要是指前几个阶段形成的概念与企业中现有的业务流程和生产程序结合在一起。在这个阶段，支持活动的参与者不仅包括原来创造概念的小组成员，同时也包括来自组织中各个功能部门的人员。这一阶段要求组织内各个部门之间必须团结协作。

第五阶段：知识转移阶段

组织知识创造是一个螺旋上升的过程，一个概念被开发创立出来不会就此完结。已经被创造检验过的新概念在本体论的维度上再次进入新的知识循环体系并将已经形成的知识进行转移。而在第二个维度，即组织和组织之间可以通过动态的相互作用，将知识转移到其他企业、客户、供应商、竞争对手和公司外部的其他人或组织当中。因此，知识转移阶段不只是在个体的层次进行知识转移，而要注意到在组织的不同层面上的转移和运用。

四、知识创造模型的缺陷

在知识管理不断发展的过程中，野中郁次郎的知识转化观念及知识创造螺旋模型受到了很多学者的批判。知识创造螺旋模型对个体所具有的知识和对组织所具有的知识没有进行区分，即：知识创造螺旋模型忽视了在个体与组织的知识生产过程中对“知识分类学”的认识。知识转换模型，涉及三类不同知识组合之间（隐性知识与隐性知识、隐性知识与显性知识、显性知识与显性知识）、四种不同层次（个体、群体、组织和跨组织）、四种不同转化过程（社会化、外化、组合化、内化）的知识转化。对于个体知识与群体知识、组织知识的解释、说明和界定并没有进行过多阐述，特别是在知识创造过程中尚未涉及的知识定位（元知识的存储位置）、如何利用知识以及如何利用他人的知识等。

知识转化及知识创造、形成的过程中，离不开个体和组织的深度参与，例如，社会化过程中根据不同主体之间的知识转化，可以划分为学徒模式、权威模式、感觉模式和伙伴模式。学徒模式是指个体之间隐性知识的共同分享。可以通过长期和师傅一同工作，在不断观察、模仿的实践过程中获得师傅的工作技能和诀窍。权威模式是指个体隐性知识向团体或组织隐性知识转化的过程。在团队或组织中，那些在经营、技术、技能、技巧、手艺等方面拥有权威的人，把自己的技能、诀窍、技巧和心智模式传递给团队或组织成员，并使之成为团队或组织的隐性知识。感觉模式是指团队或组织的隐性知识向个体隐性知识的转化过程。主要指员工通过团队或组织中的学习和工作，接受组织文化和组织技能的影响，从而具备相应的技能，使团队或组织的隐性知识变成自己的隐性知识的一部分。伙伴模式是指团队或组织之间共享隐性知识的过程。团队之间、团队与组织之间或者组织之间的隐性知识，通过伙伴关系对对方产生影响，和伙伴之间竞争合作，互相支持，使团队或组织的技能知识被另一个团队或组织学习。

然而，怎样有效地使个体和组织参与到知识转化过程中，则是需要区分情境深入研究的部分。知识创造螺旋模型描绘了组织内部知识的创造和转化的过程，而组织外部知识对个体及组织产生的影响并未考虑其中。组织知识必然会依托于知识沉淀，并受到组织外部知识发展的影响。这是企业知识管理必须要面临和解决的问题。知识创造螺旋模型呈现了一个封闭循环、首尾相连的运作机制，模型中展示了从隐性知识到显性知识的转化过程是不间断的。在其转化过程中，特别是内化过程，与组织成员的心智和行为有密切关系。事实上，组织的知识管理，并非一个简单的连续作用过程，其中必然会涉及更复杂的收集、存储、转移、转化过程。

第三节　知识共享

知识共享是组织中非常重要的一种活动。组织能否进行知识共享主要依赖于员工是否具有共同创造、分享和使用知识的意愿，只有当组织成员愿意并且能够分享他们拥有的知识时，才能够形成知识共享。因此，知识共享在本质上说是一种个人或组织的知识被组织里的成员有效使用的行为。而个人的知识共享是指个人将自己拥有的知识转化为自己可以吸收并且使用的知识的过程。知识共享在组织中非常重要，通过个人知识转移到组织知识，最后转化为组织的竞争优势，从而增强组织的创新能力。因此，能否进行知识共享是有效管理组织知识的重要活动之一。

一、知识共享活动

知识共享是指知识提供者通过一定的方法及传播渠道将知识转移给知识接受者并且被接受者吸收消化的过程。知识共享包括三个步骤：知识提供、知识传递和知识吸收。知识提供是指知识拥有者向其他人或组织发送知识的活动。知识传递是指知识从发出者流向知识接受者一方。知识吸收是指知识接受者通过知识传递过程来增加并形成新知识的一类活动。

在知识提供的第一阶段里，公司可以通过印刷操作手册、使用电子公告、发布新闻、建立工作流程和工具来帮助获取和共享知识。同时也可以聘请专家，通过开发专家系统进行演讲或报告、开发数据库等，使知识得到充分的利用。

在知识传递的第二阶段里，公司或组织可以通过发送电子邮件来公布公司新的规章制度以及政策，通过正式和非正式的网络来推送知识，有效地进行共享知识、面对面交流等。

在知识吸收的第三阶段里，公司或组织可以制定措施和机制来提高个体知识向组织知识进行转化、建立虚拟社区和实践团队、有效的复制经验与教训、利用知识地图使隐性知识显性化、充分利用员工的知识和技能并鼓励员工参与组织学习。

二、影响知识共享的因素

知识共享离不开组织，因此，在知识共享的过程当中，有很多因素影响着知识共享行为。这些因素可以简单分为以下几个方面。

（一）知识拥有者

知识拥有者能否愿意将自己的知识共享给其他人是知识共享中非常重要的影响因素。许多知识拥有者认为知识是个人的财产，拥有知识便拥有了竞争地位。因此，不愿意参与知识共享。组织中缺乏足够的激励措施，也是造成知识拥有者不愿意进行知识共享的重要原因。除此以外，有些知识拥有者不愿意进行知识共享，是因为这些知识拥有者缺乏语言表达能力，不容易通过媒体及交流工具正确地将自己所拥有的知识表达出来。部分知识拥有者在知识共享的过程中缺乏自信，阻碍他们有效地进行知识共享。

（二）知识接受者

首先，部分知识接受者并没有意识到自身的知识是欠缺的。因此需要组织定期对员工的技能进行评估与测试，使组织成员意识到自己在哪些方面的知识存在不足，为组织成员提供知识交流或共享平台。部分知识接受者对接受新知识存在一定的心理障碍也是不能形成知识共享的主要因素之一。许多员工在出现知识需求的时候，考虑到知识共享的成本和收益的比较，因此不愿意向他人学习知识。

（三）知识本身的特点

隐性知识本身所具有的一些特点导致了在知识共享过程当中阻碍知识共享。隐性知识增加了知识共享的难度。这是因为隐性知识首先要进行编码转化为显性知识以后，才可能实现知识共享。因此，将隐性知识转化为显性知识的过程是复杂且艰难的。隐性知识在共享的过程当中有强烈的语境依赖性，即，隐性知识通常与特定的任务和场景联系在一起。这就需要知识共享的双方一定要积极参与到共享的过程当中，进行交互和沟通，通过观察和模仿潜移默化地对隐性知识进行共享。另外，知识在进行共享的过程当中会出现损耗。新知识的不断出现会使原有知识的价值丧失，也会导致组织成员不会主动地进行知识共享。

（四）组织因素

组织的构成和结构、组织里是否制定了知识共享的流程以及组织文化、组织中对于知识的评价与激励措施、组织里是否已经具备知识管理的基础设施以及组织对于知识产权的保护等等也是影响组织进行知识共享的因素。组织应将员工的行为与绩效目标联系在一起，不仅仅只依靠激励来鼓励知识共享，让组织成员了解到知识共享给工作带来的益处。同时，组织里应该建立相应的机制和流程，设立知识主管或知识经理。将需要的知识流程加入日常的工作流程当中并且明确建立知识获取的流程。创建利于知识共享的组织文化，形成利于知识共享的环境，对知识共享行为进行指导，对员工进行知识共享评价并且指导员工在知识共享的过程当中应该注意什么。建设知识管理基础设施并充分利用电子邮件、公司内部网络和外部网络来支持知识共享流程，充分利用正式和非正式的知识共享机会为个人提供必要的知识共享工具。在组织中创建既能保护知识产权，又不影响知识共享机制来调动员工的积极性。

第四节　知识应用

一、知识应用活动

知识应用是企业知识管理的一个重要环节和内容。知识应用是知识获取和知识共享主要目的之一。在企业中主要通过知识应用来实现知识资本转变，从而提高企业核心竞争力。在企业中应用知识是困难的，主要原因在于，知识与数据、信息和智慧都不同。信息一般是指客观事实，而知识强调语境及存在的上下文。知识存在于组织员工中，具有主观性。每一个员工的经验和对事物的看法、观点都是不同的。他们根据自己的心智模型、情感、价值观，对知识进行获取、使用和评价。因此，得出的观点和看法各不相同。企业必须重视知识应用，要采取一系列有效的政策和措施来营造运用知识的环境和氛围。鼓励员工积极正确地去使用知识，使员工真切地感受到知识在提高工作水平和工作能力的过程中起到的作用，以及给个人和企业发展带来的影响。

知识应用活动，主要分成两大类。第一类是提供知识化过程的知识应用。另一类是提供知识产品和服务的知识应用。提供知识化过程的知识应用包括在企业中对知识进行共享、将知识融入新产品的开发、服务及工作流程中、将知识作为产品进行生产、积极为员工提供培训和学习、创建社区，同时利用先进的信息技术提供建模帮助进行知识发现、通过与供应商之间协作形成知识联盟，增加企业的竞争力等等。提供知识产品和服务的支持应用主要包括，建立知识网络和专家网络、挖掘知识库、管理客户信息、对知识产权进行管理、在企业内营造知识共享的空间以及提供知识产品和服务等。

二、建立知识网络

在企业内建立知识网络是帮助企业进行知识应用的一种重要方法。知识网络是指员工通过社会网络实现个人、团体、组织层面上的知识创造与知识转移。

Arthur Andersen咨询公司认为知识管理必须关注知识策略、组织学习、知识库、信息技术、社群和绩效考核六大战略侧面，并把这六个侧面以及之间的关联称作知识网络结构。知识策略是指在企业中，要建立以知识为核心的企业价值观、愿景、战略目标等，主要目的在于确定知识管理的主方向。组织学习是指组织为了推行、促进知识管理而营造的组织文化。例如，在公司和组织内部开展持续教育、培训学习等活动，持续不断地对知识进行创新和共享。社群是指为了创造和共享新知识，在组织内部鼓励形成知识学习的实践团体。信息技术是指组织为了加速知识的获取、储存和转移及构建知识管理系统必需的计算机信息技术。知识库是指组织通过使用信息技术将知识进行整理和保存以便后续使用。绩效考核是指组织为了改善知识管理进行考核时使用的一些评估工具等。

知识网络的主要意义在于通过网络活动来增强员工的满意度与忠诚度。从而影响知识，促进创新。知识网络为企业提供了一种进行大规模知识生产和应用的框架，通过知识网络创造和传播新知识、最大限度地发现新知识，最终达到跨越部门边界、推动企业可持续发展的地位。

第四章　产业集群的形成与演变

第一节　产业集群的内涵、演变与运用

一、产业集群的内涵

对产业集群概念来源的探讨，可追溯到17世纪亚当·斯密（Adam Smith）的《国富论》，在这本书中，斯密提出“效率取决于分工，分工取决于市场规模”，把分工看作经济增长的源泉。随着市场容量的扩大，从提升效率的角度来讲，分工既是可能的，也是必然的。分工不仅包括纵向产业链条上的经营流程环节上的纵向分工，还包括同一经营流程环节上的横向分工。19世纪末，马歇尔在继承斯密的分工理论的基础上，进一步提出外部经济理论，外部经济是指企业组织在生产经营过程中，能够对外产生有利的影响，具有积极的溢出效应。正的外部性带来的收益，会促进企业组织趋向于聚集在同一个产业区或者空间接近的产业区内，使得同一产业范围内的厂商能够获得货物运输、信息获取、中间服务、劳动力雇用和获取技术外溢的好处等方面的优势，继而有效降低交易成本。基于此，众多厂商出于成本节约和追求利润的诉求，自发地在企业空间布局上，形成产业聚集的趋势。

为产业集群概念做出比较重要贡献的，还有德国学者马克斯·韦伯。韦伯提出了集聚经济的概念，他认为企业集聚的形成是各种产业和经济活动在空间上集中后产生的经济效果和向心力所导致的结果，之所以会产生企业集聚现象，是因为企业在集聚过程中，可以通过两种主要方式获得集聚的经济效率：一是通过扩大经营规模，获得规模经济效应，降低经营成本；二是选择

与其他企业共享的配置，如公共设施、劳动力市场、中介服务商等，可以低于单独获得这些配置所支付的成本。

虽然从斯密到马歇尔，再到韦伯，其间近300年的研究中，对产业聚集进行了拓荒性的研究和深入探讨，但使得产业集群现象成为研究热点并广为人知的，是美国当代学者迈克尔·波特（Michael E.Porter）。1990年，他出版了《国家竞争优势》一书，在书中提出了产业集群（Industrial Cluster）这一概念，随着著作的畅销及其观点被广为关注，产业集群一词也随之被广泛接受和传播，该术语被用以描述为生产某些共同产品或者提供某些共同服务的组织，在空间范围内聚集的情形。迈克尔·波特在对十多个工业化国家的产业结构及其产业聚集布局进行考察时，发现产业聚集，形成产业集群是工业化过程中的普遍现象，并非个别或者独特的现象，尤其是在工业化比较成熟、经济比较发达的国家和地区，更是如此。

可以说，产业集群加速了工业化进程，工业化的深度发展又为产业集群创造了更为有利的条件。据此，波特通过研究总结和归纳，更加明确地提出了产业集群的概念。波特认为，在产业集群中，不仅包含同一行业的企业，还包括不同行业的企业；既包括生产型企业，也包括服务型企业；既包括资金融通企业，也包括商品流通企业。归纳来讲，产业集群是一个包括从事工业制造、专业化的供应商、提供工业服务的中介商、金融机构、相关产业的企业组织，这些组织在地理空间上相互接近，在业务上相互关联，在经营上相互影响。在后来的产业集群研究中，基本都是以此概念为基础而进行的。从产业集群的概念可以看出，专业化分工是产业集群的基础，在专业化分工的基础上，具有相同或者相似的产业关联的组织聚集形成产业集群。这些组织包括具有明确的分工合作关系的企业，也包括为企业运营提供辅助服务的各种机构，为其他企业提供辅助服务的各种机构是“企业外部化”和“市场内部化”的产物。在传统产业结构中，它们既可能是企业的内部机构，也可能是外部组织。由于企业聚焦于主营业务而剥离出来，形成独立的中间型组织，而众多企业聚集和相同的诉求，为这类组织从企业独立出来创造了条件，这就是“企业外部化”所致的中间型组织，如人力资源外包公司。中间型组织也可能是“市场内部化的产物”，在传统产业中，由于企业分散，单个或者少数企业的需求，不足以支撑专门性组织机构的持续性供给。但在产业集群中，由于企业众多，共同的需求使得成立专门的中间组织、进行持续有效的供给成为可能，如管理咨询公司。

二、产业集群概念的演变

产业集群的概念在 20 世纪 90 年代以后才被正式地广泛运用，在此之前，没有形成统一的概念，而是以不同形式存在于研究之中。亚当·斯密最早提出分工理论、德国经济学家杜能（Johann Heinrich Vonthunen）最早提出空间经济论、德国经济学家阿尔弗雷德·韦伯最早提出工业区位理论，这些概念的本质和内涵，与产业集群相接近，为产业集群内涵的形成奠定了理论基础。经济集聚是与产业集群最接近的概念，是由美国经济学家马歇尔提出来的。他认为厂商的经济效益是来源于区位以及与之靠近的经济组织，在同一地理空间上的相同产业中的创新，激发了整个产业的创新潜能，提高了创新效率。美国经济学家埃德加·M. 胡佛（Edgar M.Hoover）则归纳了经济集聚的经济本地化、城市化经济和内部规模报酬三个类型。至此，以韦伯、马歇尔和胡佛为主要代表的经济聚集理论贡献者，探究了临近的产业集聚对经济发展的作用，奠定了产业集群概念的早期基础。

实践早于理论，出现产业集群现象的时间要比产业集群概念的提出要早，早在 17、18 世纪，就已经出现了产业集群现象，如荷兰的造船业、瑞士的钟表业等，而激发学者对产业集群注意并加以研究的是“第三意大利”的现象，其中茨扎曼斯凯（Czamanski）较早提出产业集群的概念，他把产业集群界定为“是在产业中一簇在商品和服务在联系上比国民经济其他部门联系更为紧密、相互影响更为重要的空间上邻近的产业”。对产业间相互联系的界定，他认为产业联系是无法准确表达的，但他从商品和服务角度分析，认为相似或者相近产业的企业间，联系应该是无束缚的，由于在地理空间上的集中，在共同生产商品或者提供服务过程中，相互间的联系能够产生协同效用。斯旺（Swann）和普雷韦泽（Prevezer）更为简便地将产业集群定义为“是在某个区域内，同一个产业中一组企业的集中”。伯格曼（Bergman）和费泽（Feser）则把产业集群看成相互之间具有贸易联系的企业，为了共同瓜分产品市场而在地理空间上的集中。

上述学者对产业集群的界定，基本是从地理空间上产业聚集的角度来探讨，是基于经济本地化视角下的产业集群界定。对产业集群概念的界定，还有另外一个视角，就是从内部规模报酬、价值链和城市化视角来界定产业集群的概念。其中具有很大影响力的，当属美国学者迈克尔·波特，他把产业集群定义为是在特定的地理空间上集中且相互紧密联系的企业和机构集合体，除了产业内的企业之外，还有产业外的其他机构。产业内的企业向下延伸至销售渠道和客户，向上延伸到产业原辅材料的供应，并从侧面扩展到辅助性产品的供应商和生产商，以及与技术技能或投入相关的产业机构。除此之外，产业集群中的机构还包括提供专业化教育培训、信息研究和技术支持的政府等机构。随着波特竞争理论的走红，产业集群现象被广为关注，产业集群概念也得到进一步的完善和补充。加里·安德森（Gary Anderson）把产业集群看作以地理毗邻为前提的公司或企业基于互动关系，来增进各自的生产效率和竞争能力。莱德曼（Redman）则很清晰地从产业链角度，将产业集群定义为一种产品在产业链上的地理集中，以及与其产品相关的机构的集中。从产业链角度研究产业集群，虽然得出的概念多种多样，但其本质和内涵基本与迈克尔·波特的概念大同小异，波特在明确产业集群的属性和概念之后，构造了“钻石模型”，借以明确政府在制定产业政策、构建产业集群，要从四个要素方面来考虑促进经济增长：第一是生产要素，生产要素包括有形的和无形的、宏观的和微观的，等等。有形的生产要素包括人力资源、货币资本资源、自然资源、基础设施，等等；无形的生产要素包括知识技术资源、产业信息资源。第二是市场需求条件，包括国内市场需求水平和国际市场需求水平，相对而言，对国内市场需求条件的考虑要优于国际市场需求条件。第三是相关产业和支持产业状况，产业集群的形成和发展，不仅取决于自身产业的发展水平和发展能力，还受到相关产业的影响。如果这些相关产业以及上下游产业能够产生良好的匹配效应和协同效应，无疑会提升产业集群对经济增长的促进能力和影响能力。第四是企业的战略、结构、竞争对手的表现。集群企业的战略正确、组织结构有效率、在竞争中处于优势地位，那么集群企业的市场地位就高，产业集群的市场竞争能力就强，继而会有效促进经济增长。

三、产业集群概念在实践中的运用

产业集群成为经济增长动力因素以来，受到越来越多学者的关注和深入研究。在实践中，也有越来越多的政府部门以产业集群的相关理论为基础，大力推动产业集群的建设和发展。然而，产业集群的概念及相关政策，在实践推行中，虽然取得了预期效果，但也出现了一些偏差，忽视了产业集群的本质内涵要求以及前提条件。产业集群是特定地理空间上具有产业关联的企业以及其他机构的聚集，是产业聚集发展的较高阶段，是将生产关系、经济关系、社会关系等诸多关系融合在一起的产业网络，是一种新型的产业空间组织形式，也是区域经济发展的新模式。但在实践中，常常会发生一定的误解和混淆，导致制定的产业政策意欲促进产业集群的发展，却很难奏效。这些误差和混淆，主要有这几个方面：

首先是产业集群与产业的地理集中相混淆。不同产业的规模效应和范围经济的程度不同，产业集中程度会有很大差别，如自然垄断行业，其地理集中程度就会高得多；范围经济门槛高的产业，其地理集中程度也会高一些。垄断性强、范围经济门槛高的行业，通常会集中在特殊地区，如资源禀赋高、区位优势比较明显的地区，少数几家大企业占据主导地位、相关小企业附属于大企业而生存，形成产业在地理上的集中。这个集中，主要是指这些企业的经济总量占据整个行业的比重大，并不能说明这些产业在地理上的集中就是产业集群，如冶炼行业、钢铁行业、石油行业、电力行业等，这些企业之间的市场地位是不平等的，小企业与主导企业之间的地位不平等，小企业附属于大企业而存在。同为主导企业提供产业服务的小企业之间的横向联系不紧密，难以形成相辅相成、平等市场地位的生产网络系统和社会网络系统。虽然产业集中与产业集群不同，存在较大的差异，但产业的地理集中，也不是与产业集群完全不相关。产业在地理空间上的聚集，是产业集群的必然条件，而非充分条件，离开产业上的地理集中，产业集群无从谈起。产业在地理空间上的集中，有可能会进一步演变为产业集群。例如，汽车制造业，汽车行业是自然垄断的行业，在汽车制造业所在地，会形成一定程度的产业集中，但由于汽车销售面对的是众多消费者，必须及时适应市场瞬息万变的环境。从汽车产品的市场策划、创新研发、生产制造、零部件配套供应到市场销售以及售后服务，是一个复杂的产业链条。链条上的每一个环节都至关重要，使得不同环节上的企业之间，难以形成附属与附属的关系，只能是平等交往，继而沿着汽车产业链条，形成纷繁复杂的生产和社会网络系统，从汽车生产的产业集中演变为汽车产业集群。

其次是产业集群与工业园区的混淆。很多国家和地区，为了促进经济增长，通过制定一系列倾斜的政策措施，吸引企业以及相关配套产业向政府预先设定的地理空间转移，使得企业在某一地理空间上聚集，形成产业聚集的产业空间组织形式。工业园区或者产业园区的形成是外部力量的推动使然，具有很强的人为效果，企业迁移至此，根本考虑是获得相应的政策扶持和优惠倾斜，而相互之间的产业交往并不密切，缺少具有连贯性、一致性的交往规则体系的支撑，相互之间缺少默契的产业分工，甚至于转移到该地理空间的企业本身，也可能是身在曹营心在汉，这与产业集群在空间上的集中、产业上的协作、经济上的互利等本质特征相距甚远。外力推动的工业园区，在设立初始，往往会有明确的产业导向，会重点扶持某些产业，并以此产业为基准，广泛吸收配套行业的企业进驻，利用经济、行政和政策措施等，形成企业在指定的地理空间上的集中。这些企业进驻以后，如果借助地理毗邻优势，相互之间强化接触，密切产业合作关系，形成产业关系网络，具有提升演变为产业集群的可能。

最后是产业集群与地方特色产业的混淆。地方特色产业是在当地的文化习俗、生活习惯和资源禀赋的开发利用的基础上，由历史积淀而形成的，是在当地生产可替代程度很高的商品的众多本地小企业的集合，一般可分为两类：一是以地理邻近为特征的当地小企业集中形成的地方特色产业，这些企业植根于当地，利用当地某些方面的优势，进行加工生产，并在当地形成带动效应，吸引更多的企业创立，扩大了产业集中的规模，如广东湛江的制糖业；二是以地方资源禀赋为基础，如自然资源、手工资源、技术资源等优势，形成地方特色产业，如阿尔卑斯白山羊羊绒等特色产业。地方特色产业虽然能够在相同或者相似的产业内形成产业聚集，在地理位置上集中，但与产业集群存在的最大区别在于，地方特色产业的企业相互之间缺少必要的分工协同，更多的表现为各自为战，与产业集群的分工协作、联系紧密等要求存在较大差距。但是，地方特色产业具备升级为产业集群的基础，在政府和社会的政策引导和扶持下，将地方特色产业向上游的原辅材料、下游的销售渠道以及横向的产业设计多元化三个方向延展，赋予地方特色产业更多的技术含量和地方文化特色，是可以培育出与地方特色产业具有横向、纵向联系的相关产业，以及服务机构做支撑的地理产业集群的。

从产业集群的概念演变历程和内容来看，产业集群是一个比较宽泛的概念，既可以将之视为产业组织形式，一种集中化的生产经营组织形式，也可以把它看成一个产业发展演变过程，是产业发展到一定阶段的表现形态，是一个动态演变过程，而非一个静态的存在。也可以看成政府为促进经济增长而制定的产业政策所要达成的发展模式，至于究竟以何种方式出现在研究领域，取决于研究者的研究角度和研究取舍。但产业集群的地理位置上的集中、范围经济和规模经济效应、分工协作、平等互利互信、密切联系的产业网络等基本属性，不会因为研究角度的变化而变化。

第二节　产业集群的理论渊源

在某一区域内，众多相互关联的市场主体集合在一起，围绕相关产业进行市场分工，形成不同等级、不同规模的集合体，就是产业集群。虽然产业集群这个概念在20世纪90年代才被提出来，但蕴含产业集群这个内涵的相关术语以及相关研究，要久远得多。特别是这些围绕产业集群的研究，都是建立在实践活动基础上的，换言之，是先有了产业集群这种现象，才有了产业集群的相关研究。针对产业集群现象，理论界和学界进行了多维度、多角度的分析、探讨和研究，衍生出各自的研究模型，形成了各自的理论观点，这些研究视角和模型，或偏生一隅，管中窥豹，或放之四海而皆准。最终形成的研究结论，或殊途同归，或大相径庭。可以说，纷繁多异的产业集群实践现象，催生了各式各样的理论研究，形成了各式各样的富有开创性的研究成果。这些研究成果，反过来对产业集群的发展起到了引导和推动的作用。

一、产业区位理论

对产业集群进行系统论述和研究的，当属产业区位理论，在产业区位理论的早期形成和发展过程中，美国的新古典经济学家阿尔弗雷德·马歇尔（Alfred Marshall）和德国的经济学家阿尔弗雷德·韦伯（Alfred Weber）做出了突出的理论贡献，以马歇尔在1920年出版的《经济学原理》和韦伯1929年出版的《工业区位论》两本著作为标志，开创了传统区位理论体系。

（一）马歇尔与产业区位理论

马歇尔在其著作《经济学原理》中，把大量种类相似、相关的中小型企业在特定区域的现象称为产业区，他认为产业区的形成，根本原因在于，中小企业通过集中在一起，形成产业区，能够获得自身难以提供的经营辅助，或者可以获得比自己提供时所支付的成本少得多的经营辅助，由此发现外部规模经济与产业集群之间的密切关联。他认为产业区的本质是把性质相同的或者相似的中小企业集中在一起，围绕共同的产业进行各阶段、各流程、各环节的专业化分工与协作，实现只有大型企业才具有的规模经济生产特征。在获得大型企业才具有的规模经济效益时，又能免除大型企业为实现规模经济效益而支付的管理成本。这种因为中小企业聚集而产生的外部收益和便利，马歇尔将之称为外部经济。外部经济效应的产生，能够低成本获得经营辅助，主要取决于三个方面：一是通过企业聚集，可以形成共同分享的专业化的劳动力市场。位于产业区的中小企业，可以便捷地获得专业性的劳动力这一生产要素，同类企业在地理空间上的聚集，使得产业工人在区域上聚集，有利于形成规模化的劳动力供给市场。企业聚集同时会使得产业工人的需求集中，形成专业化的劳动力市场需求，当劳动力的供给和需求存在于相同场域时，容易形成规模化的专业性劳动力需求市场。企业在劳动力市场上，能够很快地找到它们需要的产业工人，产业工人也能迅速地找到他们满意的雇主。由于劳动供给与需求在某一空间上的聚集，又会反过来促进产业组织的扎堆出现，在路径依赖效应的推动下，强化企业聚集，形成产业区。历史经验表明，劳动力供给和需求的聚集，是早期产业区形成的重要原因。二是通过企业聚集，在产业区内能够形成体系化的、完整的产业链条。从纵向来看，上下游企业的集中，可以有效地获得供应商的要素供给，快速有效地向客户销售产品。通过产业聚集，在产业区内能够形成专业化的中间产品市场，降低中间品的采购与供应的成本。三是通过产业聚集，能够形成有效的产业技术与信息流通的市场，及时把握产业发展动态，获取产业前沿技术，有利于创造新的产业知识，形成新的产业技术。企业在地理空间上的聚集，有利于新知识、新技术、新创意的传播和运用。“行业秘密变得不再是秘密，而成了众所周知的事件……对于机械流程和一般企业组织上的发明和改进，因其所取得的成绩，将迅速地为他人所研究。如果一个人有了新思想，就会为别人所采纳，并与别人的意见结合起来，因此它又成为新思想之源泉”。企业聚集导致产业知识的快速传播和吸纳，把这些产业知识糅合运用到实践中，既有利于提升既有的生产效率，又有利于产生新的产业知识。如此反复循环，营造出协同创新的产业氛围，促进产业区内的经济持续增长，吸引和激励更多的企业迁移至此地，加入其中，促进产业区的规模扩大化发展。

（二）马克斯·韦伯与产业区位理论

对产业聚集形成产业区的研究，做出杰出贡献的，还有德国社会学家马克斯·韦伯，他是经济史上系统完整地提出产业区位理论的学者，比较早地对产业区进行规范性研究。在产业区形成过程中，起到主要推动作用的因素有四个：第一个因素是技术设备的发展，生产设备和技术专业化程度越来越高，相互之间的关联度也越来越高，促进企业之间的联系越来越紧密，激发企业在选址上对地理空间的相互毗邻的要求、偏向选择产业聚集程度较高，或者有利于产业聚集的地方。对选址的共同偏好，导致产业聚集于某一共同区域，形成产业区，也就是后来所定义的产业集群。第二个因素是劳动力组织因素，韦伯把能够在劳动力和厂商之间充分发挥调节作用的劳动力组织看作具有专业化性质的设施，甚至是设备。劳动力组织的专业化运作，有效地推动了产业聚集。第三个因素是市场化因素，这是形成产业聚集的最重要的因素。在产业聚集区域内，容易形成规模化的经营，规模化的经营产生大批量的采购、生产、出售，与小批量的经营相比较，规模化的经营所支付的采购成本、生产成本和销售成本更为低廉。在规模化的经营中，还可以降低信用成本，减少流通过程中的中间环节。第四个因素是企业聚集能够带来经常性开支成本的降低，经常性开支主要包括企业经营所需要的基础设施环境，如交通设施、电力设施、水电煤供应设施等，与产业分散比较，集中在同一区域，可以有效降低这些外部设施的使用成本。这些因素的共同作用，促进了具有相互关联、交往密切的厂商，在地理位置上进行聚集，形成产业集群。

根据产业聚集的模式和聚集程度，将产业聚集划分为两个阶段：在第一个阶段，厂商自身简单的规模扩张，为追求规模经济效益，扩大经营规模。随着规模经营的扩大化，厂商的内部结构会变得多而庞大，随着这些内部结构的增加和复杂化，它们的运转会变得越来越专业化，部门拥有的自主运营权限也逐步扩大，当规模和运营权限扩大到一定程度时，能够获取更多的权限，乃至从原厂商分立出来，成为理性的选择。于是，产业聚集因为厂商追求大规模经营收益的动机而形成。第二个阶段是众多厂商聚集而形成产业聚集。当大型企业的运营规范化、经营设施流程化、经营成本低下时，会吸引更多的同类厂商，这时，就由单个厂商规模化经营引发的大规模生产效应，演变为众多企业聚集而形成地理空间性聚集效应。

（三）巴格尼斯克与新产业区理论

以马歇尔和韦伯为代表的产业区理论，构成产业集群研究的传统产业区理论，在传统产业区理论基础上，产生了新产业区理论。代表性人物是意大利经济学家巴格尼斯克（Bagnasco），他在前人研究的基础上，率先提出新产业区的概念。新产业区理论认为：产业区是具有共同社会背景的人和企业，在特定的地理空间上结合在一起，形成“社会地域生产综合体”，是一个社会属性和地域属性相结合的实体组织。产业区，首先是人的组织，产业区内的人的专业技术能力、职业素养和生活习俗对产业区的社会属性，产生根本性的影响；其次，产业区附属于地理空间而存在，所以产业区的自然属性和地域特征取决于该地理空间的特征，当人的社会属性和地域的地理空间属性结合在一起时，形成了具有地方特征的生产交往的本地化网络，产业区内的行为主体之间的正式合作关系以及长期交往过程中所发生的非正式的，但具有普遍约束力的非正式交往关系成为产业区本地化网络的主要内容。

产业区一经形成，便产生了地方特色，塑造了特定产业员工，使得该产业区难以被模仿和复制。产业区的难以模仿和复制具体表现在四个方面：一是产业区内的特定产业的高度专业化分工，使得产业区内的企业、劳动力、中间组织以及相关的软硬环境设施，浑然成为一体。一旦某一个体离开产业区，其价值或者其所能发挥的功能便会降低，甚至消失。二是产业区依赖于特定区域而产生，具有本地结网的特征，这是新产业区理论的核心内容。在产业区内，各行业为主体，包括企业、技术研发机构、产业中间组织、劳动力、政府机构等，在共同地理空间上，围绕产业发展的内容，开展长期的交往，形成特定的交往模式、交往规则和交往渠道，有的是以明晰的规则确定下来，成为正式制度；有的是以惯例等非正式规则确定下来。无论是明文的制度，还是非正式的惯例，对产业区内的各个主体都具有很强的约束力，一旦违背这些规则，就会遭受相应的损失，直至被产业区淘汰出局。因此在产业区内形成广泛而又稳定的交往关系，这种交往关系成为支撑产业区发展的要素，使得产业区的建立和发展，具有很强的本地网络特征，即使其他地方有模仿和复制的欲望，有构建产业发展体系的人、空间和设施，也很难在短时间内模仿和复制产业区内的产业交往关系体系。三是嵌入性。所谓嵌入，是产业区内的各个主体以及相互之间的交往模式，不仅取决于世界和国家层面的宏观环境，更取决于产业区所在的地理空间中的地方环境，产业区的各项经济活动，深深地植根于当地的社会、文化、政治与经济环境之中，一旦脱离这一特定的环境，产业区就难以存在和发展。四是产业区的各个主体关系是建立在市场关系基础上的，相互之间是围绕产业而进行的专业分工，无论规模大小、技术先进和落后，也无论是从事生产，还是从事中介服务，相互之间的关系是平等互利的，不是依附与被依附、支配与被支配的关系，产业区内各个主体之间的关系特点是分工协作、平等互利。

（四）皮埃尔、赛伯与产业区理论的发展

新产业区的概念形成于巴格尼斯克，但让这个术语引起学界关注的是经济学家皮埃尔（Piore）和赛伯（Sabel），这两位经济学家合著的《第二次产业分工》一书中，对 19 世纪欧洲出现的产业区现象进行另辟蹊径的考察和解读，他们认为，与既往的产业区不同，新产业区能够产生柔性化与专精化（Flexibility Plus Specialization），所谓柔性化和专精化，是指在产业区内，厂商运用具有专业素养的员工和复杂全能型的设备，进行任意的组合，进行

专业化或者综合化的生产，也可以进行批量化或者个性化的生产。其中，根据市场需求、产品设计和客户的个性化要求，进行生产要素的各种组合，称为柔性。柔性化的生产，对小批量、多品种的生产经营具有快速反应的能力，对闲置的生产要素可以迅速地进行临时配置，取得收益，最终达到速度快、成本低、周期短、产品优的目的。专精化是指具有专业的劳动力、生产设备、生产工艺等生产要素可供组合选择，精细分工，快速组合。柔性化和专精化是高技术条件下出现的专业化分工形式，有别于以往产业区内的生产经营的批量生产、标准化生产时代的刚性专业化。以往产业区形成的根本诱因在于在分工协作基础上的规模经济收益，而新产业区的形成诱因是在高技术条件下的专业分工基础上，从精细、快速、个性化中寻求收益。新产业区内的经济主体分工协作，包括产业链上厂商间的横向竞争性合作、产业链上下游厂商的共利性的协同合作、产业区内不同类型经济主体之间的配套性合作等。新产业区生产运营具有的优势，包括技术和设备的专业化、组织结构调整的柔性化、劳动力供给的弹性化，其中，柔性化的组织结构和弹性化的劳动力雇用，使得聚集于产业区的企业能够有效应对不稳定和不确定的市场环境，可以根据市场环境变化而做出快速反应。产业区内的相互合作、协同发展促进区内产业链上某个环节的创新，某一环节的创新会迅速带动整个产业链上各环节的创新，产业区内的产业创新，既有主动型创新，又有被动型创新，相互促进，相互支撑，相互配套，引发产业区这个弹性生产综合体的不断创新和发展。

具体来讲，新产业区的形成是以柔性化和专精化为基础的，具有以下几个特征：一是柔性化和专业化，柔性化表现在对生产的产品、人员、技术、设备、组织结构等多种生产要素的配置上，可以实现快速、专业和精准的配置。二是新产业区的进入壁垒比较高，实行准入制度。这包含两个方面的含义：首先是进入新产业区的市场主体，所从事的经济活动，必须是本产业内的或者与本产业密切相关的活动。其次是进入新产业区的市场主体从事产业活动时，享有产业区外的市场主体所难以享有的政策、制度、服务、资源等各种生产要素的供给优势。三是鼓励创新，抑制不正当竞争和过度竞争。不正当竞争和过度竞争会抑制创新，影响新产业区的正常运作秩序，如过度提升的工作报酬、相互之间的产品价格战、相互之间的信息封锁等，都会造成新产业区的运行障碍。

产业区理论从初始的分工协作基础上的规模经济效益的解释论，发展到后来的强调柔性专精化的创新收益的解释论，反映了新技术革命对产业发展的重要影响。随着信息经济时代的到来，信息传播和沟通趋向于低成本，乃至零成本，使得市场理性得到高度提升，市场需求的个性化、快速变化和精细化，使得产业区的发展逐步脱离规模经济模式，过渡到以专业化、精细化、柔性化为特征的创新收益模式。新产业区理论的产生和发展，顺应了这个潮流；新产业区理论的形成，标志着产业集群的理论和实践研究正式进入现代产业集群理论范畴。

二、增长极理论

法国经济学家弗郎索瓦·佩鲁（Francois Perroux）是增长极理论的开创者，1950 年，他在发表的《经济空间：理论运用》著作中，提出增长极这一术语，后来广泛被运用于相关研究中。根据增长极的概念来考察产业集群，产业集群具备增长极的特征，是增长极的一种表现形式。增长极理论的研究和进展，对产业集群的形成、发展和研究，具有引导和借鉴的意义。

在产业区理论中，把在地理空间上产生聚集效应的产业区看作经济交往的结合，不仅是交换的网络，更是一个类似于物理学意义上的“力场”的空间网络，在这个空间网络中，主导这个力场形成、发展和发挥作用的是推动单位（Propulsive Unit）。所谓推动单位，就是在经济空间中起着支配作用的经济单位，当经济单位发生增长或者创新时，能够诱发其他经济单位的增长和创新。推动单位可以是经济实体，是一家企业或者一个具有稳定的合作关系的企业群体，也可以是一个产业或者相互关联的产业群体。如果存在一个能带动一个区域经济增长的经济空间区域，该经济空间区域就是力场，而位于该“力场”中的推动单位，就被称作增长极。“增长并非同时出现在所有地方，它以不同的强度首先出现在一些增长点或增长极上，然后通过不同的渠道向外扩散，并对整个经济产生不同的最终影响”。在佩鲁首次提出增长极概念之后，法国经济学家布代维尔（J.R.Boudeville）将增长极的内涵进一步扩大化，将增长极概念由实体空间向虚拟空间衍生，按照空间在经济上的作用和表现的不同，他把经济空间区分为三种类型：①处于相同地理空间的各家单位都有自身的运营计划，不同单位的计划相互之间产生联系和相互影响，以这些计划为纽带而形成的计划网络关系结构，称之为计划空间；②处于相同地理空间的单位、组织，对聚合现象，既可能产生向心力的作用，也可能产生离心力的作用，这些向心力和离心力相互作用，相互影响，分别形成相应的向心力群体聚集群体或者离心力群体聚集群体，不同聚集群体之间存在相互作用的关系体系，这些关系体系就是极化空间。③处于相同地理区域的同类型经济主体，面临的市场环境、基础设施、价格体系等因素相同或者相似，就形成了均匀空间。换言之，均匀空间是指同类型的经济主体所面临的相同或者相似的市场环境、基础设施和价格等因素构成的组合。在布代维尔的增长极理论中，增长极中的推动性产业能够带来两种增长效应。一是列昂惕夫效应，表现为经济空间中现有经济体之间的经济交往行为，产生较强的外部效应，带动周边的经济体快速发展，使得整个经济空间呈现出膨胀发展的现象。在此情况下，增长极扮演了一个扩散中心（Diffosion Centers）的角色，通过产业区规模扩张，使得周边空间被裹挟其中，从而带动周边的经济增长，改善经济状况。二是极化效应，随着推动产业生产能力的增加而导致区外的其他资源被吸纳其中，增长极扮演了一个吸引中心（Attraction Centers）的角色，把区域外的经济资源吸引到中心来，促进了该经济空间的发展速度，强化了经济增长能力。但是，另一方面，经济资源流出的地方，资源更加匮乏，经济增长更加困难，出现两极分化的现象。

无论增长极扮演的是扩散中心，还是吸收中心的角色，其本质是把经济资源，尤其是稀缺性的经济资源，配置到规模经济和投资效益明显且发展潜力大的部门和地区。这种配置既可以是市场机制的作用使然，也可以是外部人为的作用使然。资源聚集配置，强化了增长极的经济实力，并通过市场经济体系的传导机制，引领更大空间范围的经济发展。增长极理论提出以后，受到高度关注，在世界各地得到广泛实践。例如，意大利南部的卡塔尼亚—锡拉库扎、卡利亚里、卡塞塔—那不勒斯、巴里—塔兰托—布林迪西的增长极的组建，加拿大安大略省的增长极战略，法国的八大平衡城市和 14 个增长极，英国英格兰东北部和苏格兰中部增长区规划，联邦德国提出的“联邦增长极方案”，美国阿巴拉契亚地区增长中心规划，非洲农村增长中心实践，拉丁美洲次级增长中心的建立等等。

在增长极概念基础上发展而形成增长极理论，其研究主旨在于确定推动性产业，然后探索推动性产业的作用发挥机制，形成产业聚集，促进经济增长。该理论的核心在于促进经济增长，而经济集聚能够有效推动经济增长。按照这个理论逻辑，政府如果以经济增长为政策目标选择，可以明确经济推动力量，打造经济增长极，达到推动经济增长的目的。这在客观上解释了产业集群的产生、演变和作用机制，是构成产业集群理论来源之一。

三、新经济地理理论

经济地理理论是以地域系统为基础，探究人类经济活动的形成和演变，从中摸索出地理空间上的经济发展规律。其研究的经济活动地域体系，既包括各经济部门在地域上的布局，也包括各地区经济部门的结构、规模和发展，以及地域布局和部门结构的相互联系。将自然、技术、经济等因素综合起来考虑对区域发展的影响，具有综合性特征。随着 20 世纪 80 年代新贸易和新增长理论的兴起，该理论体系对产业内贸易、专业化和经济增长方面的验证和解释取得了良好的效果。新兴的贸易理论和增长理论的内在逻辑体系与传统经济地理理论具有相似性，特别是与传统经济地理对经济要素在空间聚集效应的研究，相互之间产生融合效应，具有殊途同归的意蕴，使得这三个理论产生了交集，相互影响，由此而产生了新经济地理理论。新经济地理理论吸收不完全竞争和收益递增等产业组织的理论观点，大量采用数学定量分析方法，将现实中的现象抽象化、模型化，构建大量的分析模型，包括区域专业化模型、中心—外围模型、产业扩散模型等，聚焦研究经济活动的空间集聚和区域集聚现象，力图构建“空间经济”的理论体系。

克鲁格曼的新经济地理理论主要研究“报酬递增规律”如何影响产业的空间集聚，即市场和地理之间的相互联系，其主要观点为产业在空间上的分布不均匀性是“报酬递增”的结果。在现实经济生活中“报酬递增”现象广泛存在，而且可以应用到多个领域。举例来说，如果把一家企业孤立地建在大荒原上，没有竞争对手、没有合作伙伴、没有相关的产业辅助，无论它如何努力地做大做强，最终也避免不了“规模报酬递减”的结局。但如果将之建在经济要素和经济体聚集区域，它对原辅材料的要求、修订编制的生产工艺标准，就能够在经济要素和经济体高度集中的区域内快速而广泛地得到满足，在城市这个空间范围内得到满足。伴随着企业扩张和区域的发展，劳动生产率会越来越高，收益也随之提高，这样就可以实现“报酬递增”，促进产业聚集。

新经济地理理论开创者，当首推美国经济学家保罗·克鲁格曼（Paul R.Krugman），他运用“核心—外围”模型，分析地域空间内部形成产业集聚的原因。假若资源不可流动，为了使得运输成本最小化以及获取报酬递增效应收益，生产总会聚集在最大的市场。从历史经验来看，经济要素在地理空间上的集中，不是一朝一夕就能完成的，而是某种力量积累的历史过程使然，中心—外围理论成功地解释并预测了在空间经济体中经济地理模式的渐进化过程：在初始状态，一个地理区位由于自然演化或者人为因素，具备了某种优势，继而吸引了其他地区生产商进入，甚至是全部迁移至此空间，强化了该空间的规模和优势，逐渐形成地理集中。如果某个地理区位率先形成产业聚集，就会形成先发效应，该地区的聚集经济就容易迅速发展起来，容易获得地区垄断竞争优势。新经济地理理论对产业集群的理论贡献在于从收益递增角度，探讨产业集群的形成机理，即使自然资源禀赋相同的两个地区，也可能因为某些偶然因素或者人为因素，使得其中某一地区率先形成经济优势，导致产业开始在此聚集，产生产业集群。当不同经济区域之间的经济要素转移成本，低于产业集聚区域内的规模收益部分时，则会形成统一的经济要素市场，经济要素会向生产聚集区流动。具体而言，新经济地理理论阐述产业聚集，并提出诱发产业聚集的三个重要因素，即生产要素、中间投入和技术知识的使用。这三个重要的因素具有以下共同特点：

在使用过程中，能够带来很强的外部经济性，外部经济性表现为以下几个方面：第一，生产要素的聚集，尤其是劳动力生产要素的聚集，有利于形成劳动力市场，发挥劳动力，尤其是专业性劳动力的“蓄水池”作用。能够导致劳动力聚集的原因在于，同一产业的企业在地理位置上聚集，必然要招募和吸引大量的技术工人，对技术工人产生吸引力。劳动力在位置上的聚集，形成劳动力的“蓄水池”，劳动力“蓄水池”规模扩大，面对大量的劳动力聚集，企业可以根据自己的经营需要，适时调整用工规模，既不会因为业务扩大而无法招募到合适员工，也不会因为业务规模短期缩减而不得不保留大量的储备劳动，以避免业务扩大后对劳动力的需求。劳动力“蓄水池”的存在，有利于企业规避市场上的种种不确定性，加上规模经济的因素，报酬递增效应就会随之产生。第二，中间投入品效应。产业在空间上的聚集并延续，能够对为此产业提供特定投入的中间产品商、服务商以及其他相关的专业化服务产生吸引力，进而迁移其中，成为聚集的一分子，乃至紧密融合，成为产业不可分割的一部分。在规模经济和范围经济的共同作用下，产业聚集的规模越来越大，产业聚集能力越来越能得到强化。第三，技术溢出效应是强化产业聚集的重要因素。在产业集群中，专业性的厂商、服务商、劳动力等经济主体聚合在一起，对专业性的生产工艺、新产品技术、新设备等知识的传播，比非聚集的情况下要来得快速、有效，而且成本较低。换言之，处于聚集区的经济体，能够更有效地、成本低下地、快速地获得专业性知识，这就是聚集而产生的正外部性。

以克鲁格曼为代表的新地理经济学家，以经济聚集作为研究对象，以垄断竞争模型为理论支柱，着眼于空间上的交通运输成本考察，为空间经济活动的分析，构建了一个符合主流经济学研究范式的理论框架，并通过规模经济效应、范围经济效应和收益递增效应较好地解释了经济聚集现象，为探索产业集群的形成原因提供了新的视角。然而，在新地理经济学研究过程中，把具有经济活动聚集的空间作为一个整体，考察这个整体的聚集形成，没有对经济活动聚集的空间内部构成，及内部构成的各部分相互之间的运行机制进行探讨，没有深入到经济聚集现象的内部运行体系，也未能深入剖析企业规模报酬效应、收益递增效应和范围经济效应的来源。

四、交易成本理论

在对产业集群形成机理的分析中，交易成本理论从交易费用这一分析工具着手，把在地理空间上聚集的企业之间的交往模式，看作一系列长期有效的契约组合，这一系列的产业契约组合就是产业集群。在交易成本的理论中，把交易费用产生的根源归因于分工，有了分工，就形成了相互之间的依赖与合作，因而产生交易，有了交易，就会因为达成交易支付费用。从这一角度来理解产业集群，就是产业集群中的每一个组织，都是一个分工单元，也是一个交易单元，相互集中在一起，能够有效分工、有效交易，分工能带来效率，交易能以低成本进行。亚当·斯密最早对分工进行探究，他在《国富论》中论述了分工能够带来的好处，分工最大的好处是能带来效率。但同时，分工越细，对合作的要求就越高，交易成本也就越高。分工程度取决于交易成本与分工收益的比较。

分工与交易，是一枚硬币的两面，不存在没有交易的分工，也不存在没有分工的交易。同时，只要有分工，就会产生分工收益的分配和争夺，就必然会产生交易费用。交易费用的概念，首先由美国经济学家罗纳德·科斯（Coase.R）在其 1937 年发表的《厂商的性质》中开创性地提出，分工产生市场，市场缺少不了交易，分工越发达，交易越频繁，产生的交易费用就越多，“市场上的自利行为交互作用形成最重要的冲突，是分工经济和交易费用的两难冲突，分工越发达，则交易成本越高”。交易成本是维护“市场运行机制”的成本，主要包括两个方面的内容：一是为进行理性决策而获取市场信息所支付的成本。企业在理性决策之前，为收集交易对象、交易时间、交易地点、交易方式、市场价格等相关信息，必须支付相关的费用。二是交易各方为达成契约而进行的谈判和监督契约履行所支付的费用。企业是市场的替代物，是把由市场价格引导的交易行为演变为组织内部以权力主导的管理行为，以管理费用替代交易费用。企业替代市场，或者市场替代企业的边界在于交易费用和管理费用的比较。以交易费用理论的视角来分析组织边界问题，可以发现企业的大小、产业集群的形成和规模大小取决于交易费用与管理费用的比较。当边际交易费用大于边际管理费用时，企业取代市场，扩大企业规模；相反，当边际交易费用小于边际管理费用时，市场取代企业，会增加交易数量，缩小企业规模。继科斯之后，美国经济学家威廉姆森（Williamson）和斯科特（Scott）等对交易费用理论进行更为深入的发展和完善。在威廉姆森于 1975 年和 1985 年，分别出版的《市场与科层》和《资本主义经济制度》两本著作中，从不确定性、交易频率和资产专用性三个维度来解释经济活动的组织结构形成机理。该理论体系将企业的界限划分标准进行重新界定，不再以企业为单元来划分，而是以其业务为单元来划分。如果企业的某项业务在企业内以管理方式完成所支付的管理成本，要高于以市场交易方式完成所支付的交易成本，企业则会将此业务的经营让渡到市场中。企业或其他组织作为市场交易的单位，可以把若干要素所有者组织成一个单位参加市场交换，能够减少市场交易者单位数，降低信息不对称的程度，有利于降低交易费用。由此形成了介于纯粹的市场组织和纯粹的科层组织之间的，另外一种新型组织形态，可称之为中间型体制组织。

中间型体制组织的存在，解决了科层组织由于协调成本过高导致的规模不经济问题，也有效避免了由市场不确定性导致的市场失灵问题。产业集群就是这样的一种中间型组织结构，介于纯粹的市场和纯粹的企业组织之间，运行体系比市场稳定，规避了市场不确定性，比科层组织灵活，减少协调环节，有效应对市场变化。通过企业之间的分工与协作、信息交流与沟通，降低交易成本。“产业集群的形成与发展是一个劳动分工深化、交易效率提高的过程。当然，从市场经济中的分工模式来看，产业集群和大企业制度是两种截然不同的分工协调模式。产业集群是通过企业间的分工来提高分工水平，企业则是通过企业内的分工来提高分工水平的。产业集群内各个企业在地理位置上的优势和其生产产品的高度相关，使其交易成本降至极低，从而使产业集群变成了一个没有围墙的、可以无限发展的‘大企业’。产业集群内企业间分工协作和支持性的上下游相关企业的存在，使得可以通过企业内部分工的外部化或社会化，降低企业的交易费用。”据此，从交易成本理论出发，可以把产业集群的形成原因认为是解决交易成本和管理成本的一种组织形态。当分散的企业各自独立进行经营行为时，企业与市场具有相对明确的界限；当众多企业聚集时，特别是具有业务关系、分工协作关系的企业聚集起来时，企业与市场的明确边界被打破，众多企业跨越企业组织边界，把原本属于管理范畴的业务结合在一起，同时把原本属于市场交易的经营行为结合在一起。前者是避免科层体系的管理成本，后者是降低市场体系的交易成本，形成新的组织形式，即产业集群。它比市场稳定，但比企业的约束力要低，其运行主要靠信任关系、分工关系来支撑。产业集群的出现与成长，本质上是一种产（企）业间交易或联系形式的创新，是节约交易费用的需要，或者说是一种能够有效降低交易费用的“新制度”形式。

五、新竞争理论

20 世纪 80 年代以来，出于对经济增长的关注，学界和实践界对产业聚集的重视程度前所未有，产业聚集概念被产业集群（Industry Cluster）所取代，成为学界新宠。产业集群由美国哈佛大学商学院的迈克尔·波特教授在其 1990 年出版的《国家竞争优势》一书中首次提出，也被称为“产业簇群”“竞争性集群”“波特集群”。其含义是指“在某一特定领域内互相联系的、在地理位置上集中的公司和机构的集合。它包括一批对竞争起重要作用的、相互联系的产业和其他实体，它经常向下延伸至销售渠道和客户，并从侧面扩展到辅助性产品的制造商，以及与技能技术或投入相关的产业公司，并且产业集群还应该包括提供专业化培训、教育、信息研究和技术支持的政府和其他机构”。此后，其他学者也给出了相似的产业集群定义，如加里·安德森（Gary Anderson）将之定义为一个厂商群体以地理接近性为前提，相互之间彼此依赖、彼此互动、彼此协同，以增进各自的生产效率，强化各自的市场竞争的能力。假如认为产业集群是一种产品在产业链上的地理集中，以及与其产品相关的机构的集中。将产业集群看作联系紧密、相互依赖的生产企业在增值价值链中彼此联系的经济活动网络，包括相关企业的战略联盟，如技术研发机构、中介服务机构、咨询机构及客户。学者布伦南（Brennan）从竞争性角度，将产业集群看作同一产业内可以与区域中的其他产业之间建立频繁交易关系的厂商。厂商可以运用相同的技术或者分享专业化的劳动力，从而获得比其他地区相同产业更强的竞争优势。

新竞争理论体系从经济竞争优势来分析产业集群的形成和发展，该理论认为产业集群的产生源于竞争力优势，产业集群产生以后，能够在保持竞争力优势的基础上，不断扩大竞争优势，促进企业形成更为优势的竞争力以及通过竞争力来获得市场竞争优势，是产业集群的本质。产业集群源于竞争优势并能发挥竞争优势在三个方面对竞争优势产生影响：首先，企业创新能够提高生产效率，提升市场竞争优势。而产业集群能够为企业提供创新的要素，或者说，产业集群内存在企业创新所需要的多种要素，如专业化的产业知识、产业人才、中间产品、产业信息、产业知识研发机构等，并且能以较低的成本供应这些要素。其次，产业集群不仅能够促进产业集群内部的企业创新，自身也能够成为创新中心。当产业集群内的企业以创新为手段取得市场竞争优势时，众多企业聚集形成的集合体本身就是一个创新机构。最后，产业集群以创新求得生存和发展，带动和激发新的企业产生，从而扩大产业集群的聚集规模和创新能力。产业集群中的企业，在创新上存在合作与协同性的需求，而在经营上存在竞争关系。当大量同一产业的企业、机构集中在相同地理空间上时，相互之间的竞争必不可少。竞争是创新的动力，创新是竞争的必然结果。产业集群就是将竞争和创新融合于一体的机制，能够有效解决因为竞争导致的冲突，能够提供创新所需要的协同。产业集群竞争优势构建是以企业的创新和竞争为基础，经营环境的优势最终表现为产业集群对企业竞争的规范和创新要素的有效供给。新竞争理论从企业竞争力角度来阐述了产业集群的形成和发展，企业竞争力来源于竞争和创新，而产业集群就是有效提供竞争和创新的最佳场所，为产业集群的形成逻辑和运行机制提供了一种解释。

六、其他相关理论

对产业集群现象的形成和运作具有指导意义的理论，除了前面较为详细阐述的理论以外，还有很多理论对产业集群的形成和运行产生了影响。其中包括社会经济学和区域创新理论等。经济社会学研究中的嵌入性、社会网络和社会制度等主题，将社会结构纳入产业集群现象的分析中，对产业集群的现象具有良好的解释能力。产业集群是在经济收益诱导下形成的，产业集群内的各成员皆为利来，利多则聚，利薄则散。经济主体的经济行为不是独立存在的，而是嵌入在社会网络和制度之中，社会网络形式和制度的表现形式，受到社会文化的制约或者促进。美国斯坦福大学马克·格兰诺维特（Mark Granovetter）教授认为，企业在地理空间上的扎根，建立各种网络而形成的聚集，能够形成交流与合作的体系，交流与合作体系形成以后，又能够形成企业的市场竞争力。其逻辑在于，当企业建构依赖于经济体相互信任，特别是人际信任关系时，可以超越经济体之间的法律、制度和经济边界，使得超越边界的各个经济体相互之间形成默契关系，既能获得规则制定下的行为制约，又能获得规则之外的灵活性和便利性。之所以能如此，存在三个方面的原因：一是社会网络关系中的经济主体，具有共同的合作意愿，促使信任产生。一旦形成信任关系，就能够有效避免投机，减少机会主义；二是具备信任关系的社会经济主体之间的关系相对稳定。信任是在较长时间的了解基础上产生的，在构建了解所花费的时间和合作过程中的磨合可以看作是建立信任的一种成本，一旦在了解和合作过程中产生信任关系，就对各方产生较强的约束力；三是在空间上聚集的经济体，存在共同的利益诉求，也因为存在共同利益，所以才会在地理空间上聚集，在利益诉求一致的前提下，易于并倾向于采取一致行动，以达成共同目标。嵌入视角的社会经济学理论，能够较好地阐释社会文化因素和当地的产业氛围对产业集群的影响，特别是强调在社会网络结构中存在学习网络。学习网络能够促进产业集群中的经济主体相互学习、相互借鉴，在相互学习中获取新知识、新技术，使得经济主体深深地嵌入产业集群中，由此形成关系紧密的利益共同体。但也有研究指出，嵌入特征能够促进产业形成，使得产业集群成为利益共同体。但从另一角度看，嵌入性太强的产业集群，容易陷入发展困境，会影响产业集群对外部知识、市场、经济体的接受和容纳，对产业集群向更高层次发展产生制约作用。例如，具有特色的工业园区，其形成和兴起是以其鲜明的特色为核心而聚集形成的产业集群，这些特色要么是在短时间内通过强化培育而形成，要么是通过长期的演进而形成，无论是短期内精心培育形成，还是长期演进形成，其在建立和成长初期，都需要以根植性的行为，嵌入到当地经济体系中，形成具有鲜明的地方特色的产业聚集。但当园区向更高层次、更为广泛的大一统市场、国际化市场发展时，具有鲜明地方特色的产业发展模式，却成了发展障碍。为避免路径依赖效应带来的负面影响，又不得不削弱，乃至消除根植性行为和发展模式。

对产业集群形成具有一定的解释能力的还有创新理论。继约瑟夫·熊彼特（Joseph Alois Schumpete）提出创新理论之后，经过逐步演变和探索，创新理论演变为两个研究方向：一是将技术革新和技术推广作为对象的技术创新论；二是将制度变革和制度推广作为对象的制度创新论。制度创新的内涵是指对现存的制度进行改造和变革，包括经济政策、公司制度、教育制度、税收政策、管理流程等诸多方面的调整，以获取收益或者避免损失。引发制度创新的根本因素是利益权衡，具体包括市场规模变化、生产技术改变、资源配置模式改变等，这些因素的变动都会对制度变革产生影响，继而产生制度创新的激励。制度创新理论体系中的区域创新论、区域创新系统和区域创新网络三个理论分支，对产业集群的创立与形成具有较强的解释力。区域创新网络是在某一地理空间上相对集中的利益关联各方共同参与组成的，在产业范畴内，相互之间经常发生横向合作联系，可能是正式的，也可能是非正式的；可能是高层管理者之间的联系，也可能是一般员工之间的联系，逐渐形成稳定、多元、互利的产业交往网络。在网络中，通过相互切磋、借鉴、学习和模仿等一系列的活动，能够在产业交往中，营造出浓烈的创新氛围，创新网络由此而形成。当创新网络中的经济主体交往模式日常化、规则化和管理化之后，又会与当地的政府部门、科研机构、居民等主体产生稳定的交往。这些主体也会以多种多样的方式参与到创新网络中，并将参与路径、参与规则、参与事项等内容，以清晰的制度、规则和条例呈现出来。把创新这项活动，由企业的行为衍生为多个不同性质的主体相互激励、相互影响的创新系统，创新的内涵由此而演变为进化和社会的过程，创新活动成为当地的行为特征，成为当地的一种社会属性。当创新活动演变为社会属性时，创新主体的范畴就不仅局限于承担创新任务的企业，还包括企业外部的竞争者、合作者、技术知识的供给者、创新资本的供给者、创新活动的参谋者和培训者，以及为创新活动提供支撑的创新流程、创新规则和制度等。换言之，区域创新系统以合作创新活动和支持创新文化为特色，前者指的是企业和科研院所、专业培训和咨询机构、科学研究与试验发展研发部门、知识技术转让机构等知识创造和扩散组织之间的相互作用的创新活动，后者指的是使创新企业和创新系统不断演进的创新文化。区域创新系统理论与新产业区理论存在密切的关联性，新产业区理论对美国的硅谷和“第三意大利”等地的经济发展进行跟踪调查研究，探索区域内的企业家精神、企业群的繁衍扩张以及根植于当地社会文化的“集体学习型”创新模式对创新活动的影响路径和影响模式。研究认为，创新来源于地方文化中的网络环境，包括蕴含的企业家精神、企业竞争合作的制度和社会结构，具有很强的地域根植性。行为主体通过在同一地理空间上的交流和学习，以及在竞争合作关系过程中所发生产业知识共享，能够结成稳定的正式和非正式的产业交往关系，建立这些长期交往关系，可以有效地大幅降低不确定性，降低交易成本。

第三节 产业集群形成机制和类型

产业集群是存在经济关联、产业合作的不同规模的企业，以及居间起到促进作用的各种机构等行为主体，在特定的地理空间上集结形成的一种网络形态的市场中间型组织。是“企业外部化”和“市场内部化”的产物，是对企业科层组织和纯市场组织的一种效率补充，形成产业集群的内在动力，是专业分工基础上的规模经济和范围经济效应。无论是理论研究，还是经济发展实践，均表明产业集群在提升竞争优势、促进区域经济发展方面，起着越来越重要的作用。特别是在推动产业结构升级和优化、提高区域创新能力、改善区域经济核心竞争力方面，发挥着至关重要的作用。产业集群形成的内在动机是一样的，但产业集群的形成机制和路径却各有不同，不同的产业集群的自身效率范围也会有所不同。因此，探索产业集群的形成机制，区分产业集群的类型，确立产业集群的治理模式，能更好地发挥产业集群在促进经济增长方面的作用，具有很强的实践和理论意义。

一、影响产业集群形成和发展的因素

产业集群是城市化和工业化发展到一定阶段而出现的普遍现象，其表现形式是：大量的企业和经济部门在特定的地理空间上聚集，这种现象导致生产要素得以优化配置，带来规模经济效应和范围经济效应。从产业组织角度来看，产业集群促进了向产业上游和下游的衍生，拓展了产业链的深度，也促进了产业集群横向发展，提升了产业发展的广度，并且聚合大量的与本产业具有经济关联的经济部门，实现了不同产业之间的融合。产业集群的形成，是集群内部和外部环境交互作用推动所致，是集群内外环境的多种因素共同作用的结果。

对产业集群产生影响的外部环境因素包括：

（一）自然资源禀赋

自然资源禀赋状况对产业集群的形成和发展起着至关重要的作用。自然资源禀赋高的地方，更容易吸引企业进入，形成企业集聚，从而形成规模效应。自然资源禀赋对促进产业集群形成具有很大的推动作用，但仅仅依靠自然资源禀赋来维持产业集群，就容易使产业集群的发展难以维持。当自然资源丰富，社会对此自然资源的需求量大的时候，产业集群就能够以产业聚集的模式持续存在；当自然资源日渐减少以及自然资源的重要性被其他资源替代的时候，产业集群就会衰退没落。例如，我国很多资源型城市，曾经企业云集，产业聚集而生，经济蓬勃生机，但随着自然资源的衰竭，产业集群也随之退化没落，逐渐由经济发达地区演变为经济落后地区。

（二）社会资源因素

社会资源因素是指在促进产业集群形成和发展过程中的非自然性质、非天然性质的资源，主要包括当地的人力资源、知识技术水平、产业发展所需的公共基础设施和公共服务水平等。区域内的劳动力资源丰富，具有充足的较高专业技术素养的人力资源，以及区域内的人力资源之间的交流频繁，都能提高人力资源的使用效率，降低人力资源成本。如果集群发展速度快，专业素养的人力资源培育速度快，则会发生累积效应，能够吸引更多的人力资源聚集其中；如果产业集群发展速度慢，经济绩效不明显，难以提供较高的或者合理的薪资，则会使得人才流失，不利于产业集群的发展。区域内的知识技术发展水平是影响产业集群发展另一个重要的社会因素。专业知识技术高的区域，可以为产业集群发展提供先进的产品工艺和优化的生产流程，能够有效研制出引领产业市场发展的新产品、新工艺、新技术，这在高新技术产业为特征的产业集群，表现得尤为显著。反之，知识技术水平落后的产业集群，可能因为工艺简单、研发不足，而导致产业进入门槛低、容易复制，最终被其他地区替代，被竞争对手超越。

（三）公共设施、公共服务水平和产业政策

公共基础设施完善、公共服务水平高、产业政策扶持力度大的地方，可以降低企业的经营成本，提升企业的投资回报率，更容易吸引企业进入，为产业集群的形成和发展创造良好的外部条件。由政府制定相关的产业政策，主导建设的产业园区，能够提供相对完善的产业发展所需的基础设施，在一定程度上能够引导区域产业的发展方向，促进产业集群的形成和发展。但产业集群的形成和发展，归根到底还得由市场的力量支配，是市场化选择的结果。如果政府过度干预，对于整个产业市场而言，会扭曲产业市场的价格引导机制，扭曲产业市场发展路径，本地化的产业集群发展容易陷入饮鸩止渴的尴尬局面。对本地产业集群内部而言，政府过度干预，会诱发资源分配不均、不公的现象。而且产业政策的制定和落实，会有很强的滞后性，既可能加剧市场波动的风险，也可能会产生逆市场规律操作的现象，无法及时满足集群内企业发展的需要。

（四）产业市场容量与外部投资规模

市场对产业集群提供的产品或者服务的需求量，是这个产业集群的市场容量。市场容量大的产业集群，有利于形成品牌效应，有利于以较低的成本获得资源，更容易开拓潜在的市场，更容易吸引专业人力资源。此外，产业资本流动频率和流动规模，会对产业集群的形成和发展产生较大的影响，如进入产业集群的外来资本，特别是初始的外来资本规模大，影响力强，会对其他产业资本的进入速度和规模带来示范效应，从而形成产业聚集，促进产业集群的形成和发展。

（五）其他因素

对产业集群产生影响的内部环境因素包括：技术进步水平、生产要素状况、专业性辅助、中介和既往的发展路径等因素。

产业技术对企业的影响是多方面的，包括改善产品功能和产品质量，降低产品成本，提升经营效率，扩展利润空间等技术已经成为企业生存和发展的重要因素之一。技术能够给企业经营带来不菲的收益，企业的超高收益回报激励企业不断提升知识技术水平，但企业独立进行技术研发，资金投入大、

周期长、成本大、风险高。使得中小型企业没有能力和意愿从事知识技术的研发。对于中小企业来讲，最理性的做法，就是嵌入浓厚的技术氛围，在日常经营活动中，彼此促进，相互学习，通过从做中学的路径，不断提升技术水平，满足市场不断提升的产品效能和质量需求。企业离群索居，独居一隅，难以及时获得产业的最新信息和产业技术研发的最新成果，容易被产业市场所淘汰。如果企业位于产业集群内，可以通过员工交往和流动、企业间的正式和非正式交流活动，使得集群内的新知识技术、管理经验、产业信息等得到传播分享。正如马歇尔所言，从事同样的需要技能的行业的人，从相互间接触交往中获得的收益是很大的。在交流来往中，人们不知不觉地学到了很多秘密的东西，行业秘密逐渐演变为公开的秘密。从这一过程可以看出，技术进步能够推动产业集群的形成和发展。随着产业集群内的技术不断进步，企业对资源的使用效率不断提升，公共物品的供给能力得到增强，对产业区外的劳动力、企业自然资源都能产生吸引力，吸引它们流入产业集群中，促进产业集群的发展。产业集群的技术水平以及技术水平的提升能力，直接影响产业集群的形成和发展速度。

劳动力、资本、土地等生产要素是企业从事生产经营活动的基本必备品，地理空间上的这些生产要素状况是企业在生产经营选址时，重点考虑的内容。劳动力包括体力劳动力和脑力劳动力。劳动力对产业集群的影响主要表现在招聘成本、使用成本和职业素质上，劳动力获得成本和使用成本低，职业素质高，能够有效降低区域内企业的劳动力使用成本，提高劳动力使用效率，吸引其他地区的企业转移到产业集群中来。资本和土地丰富意味着资金成本和土地成本低，土地成本和资金成本高的地方，企业建厂、扩建或搬迁的成本就相应地提高，削弱企业的师承竞争能力和盈利能力，不利于产业集群的形成。

如果把土地、资本和劳动力看作有形要素，还有一类无形要素，包括知识、管理、网络、制度等。无形要素与有形要素的区别在于，对有形要素的研究是从资源的有限性和稀缺性着手，以边际报酬为标准来确定生产要素的投入标准，而无形要素研究起点是资源的无限性和丰裕性，从边际报酬递增角度来衡量生产要素的投入水平。二者之间的联系在于，无形要素可以渗透进有形要素，使得有形要素的边际收益递减的临界点后移。在产业集群形成的初始阶段，企业之间的聚集动机是为了方便、有效利用有形要素，且在地理空间上的聚集，可以减少彼此对有形要素的搜索成本，共享产业市场信息，这对产业集群形成具有很大推动力。随着产业集群的成长，无形要素作为一种取之不尽、用之不竭的资源，能够不断渗透到有形要素中，使集群能够获得集聚经济（规模经济、范围经济和外部经济的复合）所带来的优势。当众多的无形要素嵌入到有形要素中，有形要素的边际收益曲线递增部分会得以延长，投入规模的边际报酬临界点，会得以提升。

事物的形成和发展一旦选择了某种模式或体制，形成发展路径，并沿着这个路径成长壮大，产生了既定的规模经济效应、学习效应和协调效应，对其发展方向和态势形成适应性预期以及产生既得利益约束，使得该发展模式和发展体制沿着既定的方向不断得以自我强化，形成事物发展的路径依赖。路径依赖这一概念最早出现在 Paul 的《技术选择、创新和经济增长》一书中，以 QWERTY 键盘的历史发展为例：1868 年，“打字机之父”美国人克里斯托夫·拉森·肖尔斯（Christopher Latham Sholes）获得打字机模型专利，并取得经营权，又是几年后设计出现代打字机的实用形式，开创性地设计了键盘结构模式，即当前的“QWERTY”键盘。QWERTY 的键盘按键布局方式非常缺乏效率。比如，排在键盘中间的字母，被使用的频率仅占整个打字工作量的 30%左右，这就引发一个现象：在打字过程中，为了打出一个字或者单词，时常要上下左右反复移动手指；再如，人们在打字过程中，习惯性地使用右手打字，但在 QWERTY 键盘设计上，左手却承担了打字过程中 57%的工作量。虽然键盘结构布局存在这样那样的不足，给使用者带来不便，但键盘设计的初创者开创这个模式，并使得整个模式被广泛地推广使用，历史的偶然性就这样决定了键盘的布局。由于存在路径依赖，打字机的键盘布局被继承到了计算机键盘上，一直沿袭至今，成为键盘生产和设计的标准，难以变更。路径依赖利用技术的相关性、规模经济和投资的不可逆性解释了路径依赖的存在，认为路径依赖是一种发展过程，在这一过程中出现的事件不管随机与否，都会对最终的结果产生重要影响。路径依赖会产生很强的嵌入效果，形成根植性。产业集群一旦形成根植性，会带来各种锁定效应，包括功能性锁定、认知性锁定和政治性锁定，锁定效应导致集群陷入僵化和衰退。对于根植性在集群发展过程中存在的风险，国内外众多学者也从不同角度给予了阐述。

托特林（Todtling）通过对奥地利斯太尔地区冶金工业集群的研究发现，这些老工业基地路径依赖的形成，在很大程度上是由于在“制度僵化”的影响下，逐渐成为过去成功的牺牲品。这些过去成功所带来的荣耀，往往会在整个区域的社会心理上产生深刻的影响。我国区域经济学学者王缉慈教授也指出，路径依赖是造成一些地区经济衰退的主要原因。也有学者从组织生态学的角度分析指出，在资源型的区域产业集群发展过程中，路径依赖是造成区域发展落后的一个重要原因。

二、产业集群形成机制

产业集群的形成和发展，只有在条件充分具备后才得以发生。只有当地理区位、自然资源禀赋、产业特征、市场环境、产业知识技术等发展到一定的阶段，才会促成产业聚集，形成产业集群。产业集群的形成和发展，大致要经历萌芽阶段、形成与发展阶段、成熟阶段。在萌芽阶段，地理区域充分积累了内部、外部条件后，扩张产业优势，不断强化自身核心竞争力，推动集群由初始的自发形成状态向成熟状态发展。处于成熟阶段的产业集群，产业链条完整，产业集群内的组织之间关联度高，配套设施齐备，分工明确精细，各企业之间既合作，又紧密分工，形成了一个稳定而又密切相关的产业关系网络。产业集群在龙头企业的引领下，开始实施全球化战略，在世界范围内形成更为广阔的市场，成为全球价值链的重要影响力量。具体来讲，产业集群的形成机制包括以下几个方面：

（一）产业集群的形成和发展离不开区域经济政策和产业规划的支撑

积极有效的区域经济政策和产业规划，会推动形成一系列的促进产业集群发展的制度体系。通过一系列的制度与规则，逐步引导人力资源、自然资源和资本资源向产业集群流动。产业集群内的规范化经营，通过经济政策和产业规划，为产业集群提供充分的基础设施和公共服务平台。积极有效的产业政策一定是在尊重市场规律的前提下，更有效地发挥市场机制对资源的配置作用，推进产业集群的快速、优质发展。

（二）关键产业要素聚合是促成产业集群形成和发展的初始原因

产业集群之所以在某一个地理空间上产生，还不形成于其他区域，不是偶然的，而是在一些产业关键要素的主导下形成的。这些产业关键要素大致包括三种：①特定的区位优势、自然资源禀赋、产业工人、资本资源或者技术等资源优势；②良好的市场秩序和企业经营氛围，吸引产业内的企业迁移于此，如良好的投资环境（包括良好的政企关系、完备的基础设施、投资政策、政策优惠、产业规划等）；③当地具有充足的市场需求，具有充足的市场容量。在持续的区域优势、市场需求、适合企业运营的环境因素等众多因素的合成作用下，相互关联、产品配套、相互竞争的众多小企业集中到某一区域，形成一定的企业聚集效应，是产业集群形成和发展的初始阶段。聚集于此的企业，大多数是为了降低成本、提高市场竞争力而来。

（三）专业化分工带来的规模经济和范围经济效应是产业集群形成和发展的根本

在产业集群初始阶段，产业关联度高的企业在部分关键要素主导下，在空间上进行聚拢。随着聚集程度提升，企业之间的合作加深，出于对规模经济效益和范围经济效应的追求，就会转向专业化分工，形成一体化的分工合作系统。许多企业受自身条件的限制，难以通过内部扩张获得规模经济和范围经济。而在产业集群内，企业的组织形式不再是“大而全、小而全”的组织形式，而是寻求与别的企业分工合作，专注于产业链条中的某一环节，或者某一环节中的某些工序，形成了两种模式的聚集：一是与同类企业聚集；二是与产业链上各环节的企业聚集。同类产品生产上的协作，使得整个产业集群内的生产规模扩大，实现规模经济效应；产业链各环节上的专业化分工的企业，在有限的空间范围内，形成较为完整的产业链，产业链的上下游企业相互之间合作更为紧密和有效。两类聚集模式，共同组合形成完整的地方化生产系统，既可以实现规模化的单一产品生产，也可以在范围经济内实现多样化的产品生产。产业集群内协作分工的企业数量越多，正的外部经济性就越明显，越能吸引更多的外来企业入驻，进一步扩大产业集群的规模。从交易成本角度来看，产业集群规模扩大和专业分工进一步强化，能够有效节约交易费用。此外，产业集群中众多的中小企业，分布在产业链的不同环节、不同工序，基于地理位置毗邻、业务流程衔接、相互信任等因素，使得交易成本大幅下降，产业集群中的企业寻找零件、中间产品以及相关服务快捷可靠，大大节约了市场搜寻、谈判、讨价还价等环节的交易费用。

（四）成熟的产业网络和治理机制，促进产业集群的稳定发展

产业集群形成后，通过专业化的分工协作，在横向关系上，逐步形成多元化合作体系；在纵向关系上，逐步形成纵向垂直一体化的分工体系。形成纵横交错而又分工明确的产业网络，部分取代作为大型企业的封闭式的纵向一体化组织形式。产业集群内的企业、机构间的产业交往频繁，不仅能够有效降低交易费用，还能够因为密切接触和交往，促进产业知识技术和市场信息的传播和交流。促进产业技术扩散，有利于产业知识技术的研发和产业创新活动。当产业集群内的分工合作体系日渐完善、经济主体的行动规则逐步取得一致时，就意味着产业集群的内部治理机制基本形成了。产业集群的内部治理机制具有很强的根植性和网络性特征。产业集群内部治理机制的根植性和网络性，是产业集群成熟和稳定的标志。产业集群进入成熟稳定期后，必须主动融入全球价值链中，广泛汲取更为前沿的产业技术知识和产业信息，开拓更为广泛的市场空间，寻求更大的突破，否则，产业集群可能会因为某些关键产业要素的变化而失去市场竞争力。如劳动力成本提升、本地自然资源禀赋消失、市场需求变化等，都能导致产业集群急剧变化，失去产业集群的优势，产业集群内的企业纷纷外移流失，产业集群进入衰退期，产业集群聚集规模缩减，甚至消失。

三、产业集群的类型

对产业集群类型的探讨和界定，更能有助于认识和了解产业集群；有助于探究科学合理的产业集群治理模式。产业集群的形成路径和模式各有不同，从不同角度对产业集群进行划分，划分的结果也会有所不同。

（一）马库森对产业集群的分类

美国学者马库森（Markusen）在 1996 年出版的《光滑空间中的黏着点：产业区的分类》一书中，将产业集群划分为四类：①马歇尔式产业区

（Marshallian District）。由历史与自然共同限定的产业聚集区域，规模经济相对较小，大量产业贸易在产业集群内进行，与区外企业的联系和合作程度低。如美国硅谷、意大利产业区等产业集群。②轮轴式工业区（Hub—and—spoke District）。指在某一特定产业内互相联系，在地理空间上集中的公司和机构的集合。其中有一些企业对集群的形成和发展具有主导能力，是产业集群中的核心企业，对产业集群中的其他企业和机构具有很强的支配能力。在产业集群中，核心企业的交易活动范围非常宽广，除了在集群内部与配套企业进行交易外，还与集群外的竞争者、顾客和供应商保持密切的交易活动。③卫星平台式工业区（Satellite Platform District）。该类型的产业集群主要由区域外的大型企业分支机构组成，这类产业区往往是在距离城市较远的地方，选择一定的区域开发兴建而成。其显著特点是与外部企业，尤其是母公司保持密切的联系。产业区内贸易规模不大，频率不高。马库森认为，卫星平台式产业集群缺乏足够的内部联系，缺少内部的联系网络，难以共担风险，核心企业中途转移的可能性高，会威胁本区域的增长。所以建议利用平台设施所集合的资源培植多样化部门，以增加区域的稳定性，保持集群对本区域的黏性。美国北卡罗来纳州的科技园区、巴西的马纳斯等属于这类产业集群模式。④政府主导式工业区（State—centered District）。主要由公共或非营利的实体支配，如军事基地、军工企业、大学或集中的政府机构等。在实践中，上述四种产业园区可能独立存在，也可能混合存在，或者是在发展演变过程中，由其中的某一种形态的产业园区转化成另外一种形态的产业园区。

（二）迈克尔·波特对产业集群的划分

迈克尔·波特根据产业集群间的产业关系联系，把产业集群划分为横向联系（Horizontal Dimension）的产业集群和纵向联系（Vertical Dimension）的产业集群。横向联系的产业集群主要由处于产业链相近或者相同位置的产商聚合而成：纵向联系的产业集群由处于产业链不同位置的企业以及供应商、服务商和客户，通过产业交互关系，聚合在一起而形成。伊恩·戈登（Ian Gordon）等从交易成本角度，将产业集群分为单纯集聚体、产业综合体和社会关系网络。

（三）中国学者对产业集群的划分

在中国，产业集群的实践要早于产业集群的理论。20 世纪 50 年代，从平衡布局和国防建设需要出发，我国对国防工业、重点项目企业进行政府主导型的布点，由此而形成的工业区和工业城镇（市），实际上就是各种不同类型的产业集群。自 20 世纪 90 年代以来，相对成熟的西方产业集群理论传入国内，受该理论的影响，从中央到地方的各级政府以该理论为指引，批判性地采纳运用到政策制定和决策中，构建各种类型的产业园区、工业园区和开发区等。这些不同类型的产业园区、工业园区和开发区，在本质上是产业集群。在此背景下，产业集群如雨后春笋般地形成和发展，特别是长三角、珠三角、京津冀等经济热点地区，高等级、高水平、高质量的产业集群竞相出现。在借鉴西方产业集群理论的基础上，伴随产业集群实践的兴起，国内对产业集群的研究逐渐成为学界热点，使产业集群研究向更深、更广的大方向拓展。由于不同产业集群的形式对区域经济的推动机制各不相同，对产业集群进行划分，并选择合适的运用，非常有必要。在国内，仇保兴是对产业集群较早进行研究的学者，他从集群内企业间的关系角度出发，将产业集群划分为：①市场型产业集群。产业集群内企业之间以平等的市场交易为主，以水平的联系来完成产业协作生产，集群企业之间更多的是依靠市场规则来界定各自的权利和义务，较少产生主导型和附属型的企业关系；②锥形产业集群，也称为中心卫星型。以大型企业为核心，众多的中小企业为其提供配套服务而形成的产业集群；③混合网络型产业集群。产业集群内的企业间的产业联系，主要是以网络信息而非物质联系为主，是以计算机辅助设计和制造业的柔性生产方式来进行生产的产业群落。从创新视角来考察产业集群，可以发现产业集群有两种差异明显的发展路径：一是高端路径和创新型集群，这类集群以欧洲成功的产业区为典型，以创新、高质量、功能的灵活性和良好的工作环境为特征，企业间的合作具有规范的规则、制度、惯例可遵循，相互间的合作平等互利、默契自觉。二是低端道路和低成本产业集群，企业聚集于此，能够有效降低成本，企业在市场的竞争优势也是低成本，我国参与国际竞争的产业集群，多数以此为特征。

在 2009 年发布的《中国产业集群发展报告》中，以产业集群的形成机制为划分依据，将我国的产业集群分为资源驱动型、贸易驱动型、FDI 型（外资直接投资企业）、科技资源衍生型、大企业裂变型、产业转移型六种。六种类型的产业集群普遍存在于我国不同地区和行业之中，呈现出各自的特征，发挥不同的作用。

（1）资源驱动型产业集群

不同地区的自然资源和社会资源禀赋存在差异，有的地区某些自然资源禀赋和社会资源要丰裕一点。在自然资源和社会资源禀赋丰裕的背景下，在挖掘和开发本地自然资源的过程中，逐渐形成具有优势的、独特的产业专业化条件和商业氛围，在内生型社会资本积累的推动下，能有效激励民间微观经济主体的自发创新，将本地具有的丰裕自然资源和社会资源价值提炼出来、生产出来和发挥出来，并在市场上实现这些价值。随着这些资源价值的挖掘、生产和实现，借助市场的催生力量，逐渐生成产业集群。以自然资源禀赋优势形成的产业集群是自然资源驱动型产业集群，这类产业集群主要分布在中西部地区，多数是以石油、矿物质开采、特定的农副产品等自然资源为加工对象而形成的产业集群；以社会资源禀赋优势形成的产业集群为社会资源驱动型产业集群，主要分布在东南沿海地区，这些地区交通便捷，与外界联系广泛，在悠久的历史发展过程中，逐步形成与市场文明契合的工商业文化习俗，能够对工商业企业产生有效的聚合效应，形成产业集群。

（2）贸易驱动型产业集群

此类产业集群的形成与兴起，大多数是缘于当地一些企业家在国内外市场中捕捉到一定的商业机会。从单个家庭式或者小微企业创业开始，赢得商机带来的收益，由此逐步扩大，在示范效应的带动下，同类型的企业会如雨后春笋般地出现，并会产生相应的配套企业，最终产生以国内外贸易为纽带的产业集群。与资源驱动型产业集群相比，二者共同的地方在于都是自发形成的，最大的区别则在于资源驱动型产业集群的形成和发展是建立在本地的自然资源和社会资源基础上的，具有一定的物质基础和地方特色；而贸易驱动型产业集群的形成和发展是以商业机会为契机，没有相应的产业基础，是从无到有、从有到众多、从众多到优势的发展模式。在我国改革开放的进程中，当对外开放的大门打开时，前所未有的贸易机会、市场机会大量出现，催生了大量的贸易驱动型产业集群，这类产业集群是我国现有产业集群的主要形态之一，占很大比重。广泛分布在纺织行业、机电产业、家私家具行业等技术含量比较低的日用消费品和耐用品行业中，这类产业集群多数分布在对外开放比较活跃的地区，如广东珠三角地区、长三角地区。

（3）FDI 型产业集群

与贸易驱动型产业集群相似，外资直接投资型产业集群的兴起也是源于对外开放带来的商机，贸易驱动型产业集群偏重于依靠有利的地理位置，捕捉市场机会，在满足市场供需平衡过程中创业，并聚集成群。外资直接投资型产业集群也是在对外开放过程中，一些地区占有区位优势，以优惠的投资政策、丰富的土地资源以及充足的劳动力供给，在地方政府的招商政策刺激下，一些外资企业逐步进入该地区，从事投资经营活动，在此带动下，通过当地政府基于经济增长目的的市场培育、出于盈利逐利目的的企业创造性模仿和处于企业家精神激励的创新创业等多方面的共同作用，形成以外商投资企业为纽带的产业集群。根据形成类型来区分，外商投资型产业集群又可以分为两类：一是围绕单个外商投资企业而形成的众多配套企业的产业集群，如深圳富士康产业集群；二是以世界行业内大企业和产业链上下游企业聚集的产业集群，如为大型外商企业提供代工生产、贴牌生产等众多的企业聚集在一起，形成处于产业链相同位置众多企业聚集的产业集群。

（4）科技资源衍生型产业集群

这类产业集群是以科研机构为核心的产业聚集，受科研资源聚集的影响，众多企业以科研资源为依托，将科技创新作为市场竞争优势的资源，以技术推广和运用为经营内容，将科研成果快速转化为符合市场需求的应用型产品和服务，以此形成高新技术产业集群。

（5）大企业裂变型产业集群

这种产业集群是以一家大型企业的专业化分工为基础形成的，这是我国产业集群发展中的一种特殊表现。随着国有企业改革，以往的大而全的国有企业，通过资产组合、专业化分工、剥离非核心业务等改革手段，使得以往的大而全的国有企业，逐渐分裂形成众多的企业群落，这些企业群落，或者以控股与被控股、投资与被投资、配套与被配套、合作与协同等多种形式紧密联系在一起，随着市场竞争中的专业化水平越来越高，很多大企业专注于产业中某一环节的能力建设，缩减或者外包自身不擅长的业务，分化形成或者吸引众多的中小企业承接相关的业务，这些众多的中小企业依附大企业，为之配套，通过产业合作，提供产业服务，从而形成全产业链的产业集群。大企业分裂后所形成的众多企业以及吸引来的企业与原有的大企业之间的关系发生变化，分裂后的相互之间的联系与以往的相互之间联系最大的区别在于，以往的联系是一个组织体系内部不同部门之间的工作协调和组织分工，其联系的基础是科层体系和计划体系，裂变以后的联系基础是平等合作、互惠互利的市场体系。

（6）产业转移型产业集群

随着经济发展和对外开放水平的不断提高，一些发达国家和发达地区将劳动力密集型产业、技术含量相对低下的产业转移到土地租金相对低廉、劳动力供给较为丰裕的地区，那些在土地、劳动力、自然资源等方面具有相对优势的地区，出于促进地区经济增长的考虑，会积极主动地、有计划地承接较为发达地区转移出来的产业，形成产业集群，这些产业集群主要以劳动力需求量大、土地资源依赖程度高为主要特征。

对产业集群的分类，基于不同学科的视角以及研究主旨，分类的结果，也会有所不同，分类方式的差异，在一定程度上影响研究的深度和广度，在实践中则会影响政策制定和执行的效果。有鉴于此，产业集群的分类，应该遵循两个原则：一是现实性原则，从促进集群形成和发展的视角出发，重视集群分类的应用价值和现实意义，避免坐而论道，为研究而研究，华而不实。二是客观性原则，客观分析产业集群的形成和发展的影响因素以及带来的经济效应，不能把不属于产业集群的经济现象强行纳入产业集群范畴来研究。

第五章　知识在产业集群形成与发展中的作用

第一节　产业知识是企业获得市场竞争力的源泉

对于产业集群的形成和发展，视角不同，所产生的结论也有所不同，但都一致认为企业之所以能聚集成群，形成产业集群，是因为企业参加到集群中来，能够获得更多的收益，包括获得更多的利润、降低经营成本、提升市场竞争能力等。如果单个企业能够独自经营，就难以获得上述的收益，而只有在地理空间上集聚成群，形成企业群体，形成聚合效应，才会带来这些收益。聚集成群形成聚合效应，聚合效应能够带来额外的收益，主要是由于企业在地理空间上聚集成群，通过分工合作、商业往来等活动，建立以信任为基础的经营网络，有效降低交易费用，通过聚集成群，能够在更大规模和更大范围内实现产业分工，实现规模经济和范围经济效应，但之所以能形成经营网络，实现产业分工协作，追根究底，是因为产业知识的共享、运用和创新，换言之，产业集群的形成和发展，既依赖于产业集群中的经济行为主体，对产业知识的共享和运用，也依赖于产业集群中产业知识的不断创新。

一、对企业本质的重新认识

自科斯从交易费用角度探索企业本质以来，以交易成本概念为分析框架的企业理论研究与实践，取得了很多重大进展，并成为企业理论的主流。随着知识经济时代的到来，对企业本质的理论探讨，开始由交易成本为基础的企业理论，向以企业知识和能力为基础的企业理论转变演化，使得企业理论研究进一步贴近现实，贴近实践。

（一）企业知识理论的提出

主流经济学基于理性人的假设，着重研究企业内外的竞争与合作关系，形成广为人知的委托代理理论，但在现实中，人的理性是有限的这一现实，削弱了该理论的解释效果。在非主流经济学领域，科斯在1937年发表《厂商的性质》一书，初始并没有得到学界的重视，随着实践领域不断出现新的现象、新的问题，当时的主流经济学对新事物、新现象、新问题的解释显得力不从心，迫切需要新的理论或者新的视角作为补充，在此背景下，20世纪60年代，科斯首创的交易成本理论逐步被学界认知和推崇，得到迅速发展。该理论打破传统的经济学的“理性人”“无限理性”等前提假设，从现实出发，认为人的理性是有限的，在此基础上开启了一系列的探讨，得出相关的结论，这些结论能够较好地解释企业产生以及存在的合理性，受到学界的青睐，逐步演变为企业理论的主流。然而，交易成本理论学派注重交易行为，却忽略了企业内部的生产经营行为，并在企业知识的使用方面，隐含了这样一个假设：企业的知识是外显的，一旦被某一家企业或者其他组织创造出来，其他企业或者组织就能够以边际成本为零的代价取得，运用于生产经营过程中。但在实践中，企业外显的知识仅仅是企业知识的一部分，甚至是很少的一部分，大部分的企业知识是内隐的，内隐知识是在实践中运用显性知识的个体经验总结而成的，来源于实践，同时，又只能在实践中体现其价值。在转移方式上，内隐知识与显性知识也存在显著差异，隐性知识不能通过书面的、文字的或者非人际接触方式获取，相较而言，显性知识转移途径多，转移速度快，一旦完成转移，使用成本接近于零，而隐性知识的转移途径少，几乎完全依靠人际交往接触，转移速度慢，使用成本高，使用效果具有很大的不确定性。在知识经济时代，知识成为企业最重要的生产要素，知识通过改变其他生产要素的使用途径、方法和模式，使得其他生产要素的使用效率得到大幅提升，而决定企业之间差异，不仅是企业所拥有的显性知识总和，更取决于隐性知识的总和，由于显性知识与其载体的分离和结合，可以通过外在学习、市场购买来实现，而隐性知识与其载体的分离与结合，在短时间内难以通过外在学习和市场购买来解决。

在现实中，相同产业中的大致类似的企业，有的能够获得成功，有的却失败了，经营结果大相径庭，交易成本理论难以对这种现象进行合理的解释，需要一种新的理论和视角来探讨问题的答案。在这种背景下，以能力为基础的企业理论（Capability Based Theory of The Firms）产生了，该理论能够很好地解释企业竞争力的来源以及企业间的异质性。企业能力理论将能力界定为一种方法性的知识，这些知识中，有的知识内容模糊，范畴难以界定，难以在短期内传授。即便如此，在实践中，知识载体却能运用自如，相互配合默契，这些知识，虽然错综复杂、模糊不清，但又能自成体系，这就是隐性知识的外在表现，隐性知识构成企业知识整体的一部分，企业知识规模及其水平，对企业能力产生重要影响。企业能力决定企业的市场竞争优势，是企业在市场上的竞争优势来源。构成企业能力的是企业知识，包括隐性知识和显性知识，所以企业能力理论，又被称为企业知识理论。

（二）企业知识理论对企业本质的阐释

企业知识理论从四个方面，对企业的本质进行重新的认识和解释。

企业知识理论认为，将土地、设备、人员和资本等企业生产要素串联起来，使得这些生产要素组合运用形成产品和服务的，是企业知识，企业又是关于这些知识配置和运用的制度总和。企业的生产经营活动就是将拥有不同知识的主体，根据“团队生产”的组织生产形式，构建知识使用、交流、转移和共享的环境，创造市场需要的产品，提供满足市场需要的服务。

企业之间的异质性是指企业与企业之间存在差异，各有不同，即使行业、规模、设备等方面相同，但各自的市场竞争能力、生产经营过程、生产要素组合方式等也一定会存在差异，导致企业之间异质性的根源在于企业在生产过程中的知识积累和知识水平的差异。在企业的生产经营过程中，员工的知识背景、个性、交流方式等不同，导致员工在工作中，将自身所拥有的知识运用于工作的数量和方式也有所不同，影响个体知识转化为组织知识的程度和方式，企业由此而积累的知识总和、知识配置模式、知识使用方式也会各有差异，最终导致企业之间的生产成本、市场竞争优势、利润水平的差异，这就是产生企业异质性的根源所在，有些企业的知识交流、运用的环境能够有效促进知识载体相互之间进行广泛交流，相互糅合，有效整合成更具创新性的企业知识，降低知识使用成本，提高知识使用效率，有助于形成独具特色的、且具有市场前景的技术、产品、服务，形成企业的核心竞争力，取得市场优势地位，在市场中逐步成长壮大。

企业的显性知识和隐性知识构成企业知识总和，显性知识由于其外显特征，容易通过模仿学习和书本学习获得，相同规模的企业之间，在显性知识拥有与运用方面，很难形成差异，所以，很难通过显性知识的差异来区分企业竞争能力。但在显性知识运用过程中形成的经验总结、心得体验等隐性知识，却存在很大的差异，由此差异导致企业竞争力的差异。依照企业知识理论的观点，知识是企业在生产过程中投入的首要因素，投入的知识专业性多而复杂，决定了企业在经营活动中，需要各种不同类型的知识主体共同合作和努力。将不同类型的知识主体协调起来，共同致力于企业生产经营活动，不是市场，而是企业。市场不具备这种协调能力，是因为在市场协调过程中会因知识的隐含性和不可分割性等原因而失败，而对于企业而言，作为一种生产产品和服务的制度安排，能够有效规避市场在协调知识合作方面所存在的不可分割性的缺陷，能够有效解决知识在运用过程中的隐含性带来的弊端。企业这种组织形式，为不同类型的知识主体进行知识运用创造了专业知识的氛围，提供了知识运用的环境和场所。换言之，企业是生产活动所需知识的获得、运用和积聚的有效制度安排，由于企业中的知识积累是拥有各种专业知识的多个知识主体在经营过程中相互作用的结果，所以由此形成的有关知识资产，便是由企业拥有而非企业中单个知识主体所拥有，这就使得企业具有比企业各类知识主体所拥有的知识之和还要更多的知识，这些额外的知识存在于企业的经营体系中。企业知识理论将企业看作一个知识运用、知识整合、知识创新的实体，在这个实体中，知识在整合中运用，在运用中创新，是企业能够获得长期超额收益、产生长期收益的机制的深层原因。如果企业是为了协调不同类型知识主体的知识运用、整合和创新而存在，那么，由什么来决定企业的边界呢？制度经济学家德姆塞茨是这样解释企业的垂直边界的：在市场能有效地转换产品但不能有效地转移知识这一假设前提下，如果在生产阶段 B 需要使用阶段 A 所利用的知识，则生产阶段 A 和生产阶段 B 将被垂直整合在同一家企业中。此外，如果阶段 B 不需要使用阶段 A 所利用的知识就可完成生产任务，则阶段 A 和阶段 B 就能有效地通过市场交换相联系，换言之，生产阶段 A 与生产阶段 B 可分为两家独立的企业。

其他的企业理论在探索企业内部的协调和默契问题时，主要关注协调企业成员形成统一的工作目标，减少机会主义、道德风险等现象。企业知识理论更多的是关注企业内部不同类型知识主体如何进行知识一体化合作，实现相互之间的协作，形成默契的分工合作关系。企业知识理论认为，企业的日常生产经营过程，从本质上看，是各种知识载体的知识交互使用的过程，在这个过程中，维持并提升企业的生产经营水平，需要各种知识专业人员的知识分享、交流和整合。而知识专业人士对知识分享、交流和整合也存在需求，因为在分享、交流和整合过程中，能够增加自身的知识存量，提升自身的知识使用效率，提升自身的工作技能和工作效率。当知识载体的员工具有知识分享、交流和整合的意愿时，机会主义和道德风险就会有效化解，相互之间因为工作配合而形成的默契关系就此形成。但是，由于组织成员个体知识的内隐性、专业性以及难以转移性等属性，企业内个体即使具有知识一体化的意愿，也未必能实现知识一体化的愿望，其结果就是难以形成协调和默契，轻则影响企业经营效率，重则导致企业经营失败。就企业决策权而言，由于决策质量取决于其赖以做出决策的相关知识，决策权的配置，必然要与企业的知识配置情况相一致，如果与决策相关的知识能够集中，企业决策就可以随之集中化，进行集权化决策。但企业知识转移和知识积聚的能力，随知识类型不同而有所差异，因此，与集中化决策权配置相一致的知识集中化于一点，在现实中很难实现。更多的情况是决策所需要的知识，分散在企业的不同地方和个体，很难集中和转移到某一点，此时，决策权配置就应该与决策所需要的知识配置状况相一致：将基于隐含的和复杂的知识所进行的决策权分散化，分散到拥有这些知识的地方和个体。

二、企业知识的特性

企业知识理论揭示了企业能力的本质，认为企业能力来源于企业知识，企业知识的存量、运用和知识创造，决定企业的市场竞争优势。与主流经济学理论一样，企业知识理论从赫伯特·西蒙（Herbert Simon）提出的有限理性假设出发，在彭罗斯的企业成长理论（Penrose’s Firm Growing Theory）基础上，借鉴理查德·R. 纳尔逊（Richard R.Nelson）和悉尼·G. 温特（Sideny G.Winter）

经济演化理论的企业成长变迁过程中的路径依赖分析，经过众多学者的努力和研究贡献，得以在 20 世纪 90 年代形成，企业知识理论一经形成，便以此很强的解释能力和实践指导能力，得到学界和企业界的广泛推崇。企业理论的研究，是基于知识特性的探讨而展开的，对于决定企业竞争优势的企业知识，具有如下几个特点：

（一）企业知识的内隐性和外显性

《韦氏大词典》将知识定义为对人类在生活、工作与学习中形成的经验加以总结，是被人类理解、知悉的一种状态或事实。未来学家阿尔文·托夫勒（Alvin Toffler）将知识的含义拓展为信息、数据、图像、想象、态度、价值观，以及其他社会象征性产物。1996 年，世界经济合作与发展组织（OECD）在知识经济报告中，将知识划分为事实知识（Know-what）、原理知识（Know-why）、技能知识（Know-how）和人际知识（Know-who）四种类型。其中，将事实知识和原理知识统称为显性知识（Codified / Explicit Knowledge）。所谓显性知识，就是以一定的形式记录下来的、经过人类编码的、可以通过非人际接触方式广泛传播的知识。相应地，技能知识和人际知识统称为隐性知识（Tacit Knowledge），就是不成体系、未经编码的、非结构化的知识，只可意会，难以从书本获得，非经言传身教而不得，与哲学家罗素所讲的“内省的知识”大致相同。

（二）知识可转化性和可转移性

隐性知识和显性知识，可以相互转化，并在相互转化过程中使知识得到创造和提升。对隐性知识的认识，并非始于企业知识理论，早在 1938 年，开创组织管理理论研究先河、揭示了管理过程基本原理的美国管理学家切斯特巴纳德（Chester Irving Barnard），就已经注意到隐性知识的存在，他认为“以心交心”是一种重要的交流的方式，交流的内容是不便言说或者难以言说的内容。在特定的情境下和共同的认知前提下，可能不需要语言，只需要一个动作、一个语调、一个姿态等，就能够达到“你不说，我也懂”的效果。在企业知识中，显性知识只是其中的一部分，是企业知识冰山之一角，企业知识的相当一部分是隐藏在工作实践中，非经实践而难以展示的隐性知识。从认知角度比较来看，隐性知识的获得是靠个体的观察和体验、直觉和洞察力、内省和领悟等个体性的模式及方式方法；显性知识则是通过书本、文件、资料等书面材料来获取。显性知识和隐性知识二者关系方面，隐性知识的产生往往是学习获取显性知识之后，将个体的特征糅合到显性知识的运用过程中时，所获得的个体性的运用体会和运用模式，久而久之个体就形成了使用显性知识的个体化的经验和心得，形成隐性知识。当众多的个体在使用显性知识后，相互之间交流沟通，将各自的心得体会充分沟通后，形成较为一致的感悟，把这些较为一致、共同的领悟和感受，升华为能够用书面文件方式表达出来的、具有一般性规律的经验总结和心得总结，那么，隐性知识就完成了向显性知识转变的过程，称为显性知识，显性知识和隐性知识二者相互转化，螺旋式上升演变，在这些知识演变和上升过程中，就完成了企业知识使用和创造过程。

（三）专业性和专用性

企业知识的运用和价值发挥，是建立在分工合作基础上的，相互之间有分工，有合作，企业内拥有企业知识的个体，以其拥有的企业知识数量和类型，定位于某一工作环节，实行专业分工，注重于某一特定领域，不同分工和不同领域的知识，围绕企业生产的产品，密切合作，相互衔接，相互融合。企业知识的专用性主要体现在隐性知识方面，隐性知识主要通过企业内部学习和经验积累获得，具有很强的个体化和特定情境化的特征，具有很强的依赖性和附属性，依赖和附属于特定的个体和特定的工作情境，一旦脱离了特定的个体和特定的工作情境，隐性知识的价值就可能大幅降低，甚至消失。

三、企业是产业分工协调一体化的知识集合体

当现代社会进入知识和信息广泛生产、分配、传播和使用的时代时，人们对企业本质的认识也提高到了一个新的阶段，以往把企业看成有形物质资本集合体的观点，已经难以适应企业理论的发展，也不能全面解释企业的经营过程和实践活动的本质。随着知识经济的到来，知识在企业生存和竞争中的作用越来越大，人们越来越觉得，企业不仅是物质资本的集合体，更是知识的集合体，知识是将物质资本结合在一起的黏合剂，没有知识，物质资本

的价值就得不到充分发挥。如果物质资本不能发挥出应有的价值，企业经营就难以为继，经营也失去了意义。在物质资本的开发、使用和价值发挥过程中，知识的作用无处不在，从表面上看，企业的经营行为，都是围绕物质资本的获得、使用和价值增值等活动而展开，但对这些活动的开展方式、活动的价值增值起着重要作用的，却是隐藏在这些活动背后的、看不见摸不着的知识。从表面看，企业是物质资本的集合体，实际上，是知识的集合体，是知识集合、协调、分工的产物。

企业知识理论将企业看作知识集合体，企业知识并不仅因为具体的实在、有形物聚合而存在，更是因为分布在组织部门、组织成员、组织流程之中，渗透在组织、部门和个人中的知识聚合而存在，企业知识是企业经营过程中，最重要的生产要素，企业知识分布在不同成员、部门和流程之中，并经由这些知识载体投入生产经营之中，专业化于某一特定工作和事务，这些具有不同专业化知识和分工的主体，相互之间协作和努力，达成企业的经营目标。企业的价值首先在于将分布于不同主体的知识进行一体化整合，在一体化整合的基础上，进行专业协调分工。在企业对各知识主体所拥有的知识进行整合以及各知识主体将知识运用于各分工环节时，知识主体之间会建立多种多样的契约，包括以规则制度形式存在的显性契约，也包括以惯例、企业文化等形式存在的隐性契约。知识主体之间众多的契约相互关联，相互影响，形成知识主体的知识传播、运用的企业知识网络。在企业知识网络中，随着知识的投入与运用，特别是知识主体将有价值的隐性知识贡献出来，并促使这些隐性知识转化到提升产品质量、改善产品、优化工艺流程方面，有利于提升企业经营整体效率。

第二节　知识网络视角下的产业集群形成及其运行逻辑

产业集群是在特定的空间领域内，相互之间有着经营关联和产业分工的企业聚集而成的企业群体，具有地理集中和产业关联的特征，产业集群是介于企业科层与市场之间的一种产业组织形式，从产业集群的形成和演变情况来看，地理空间上某些优势因素的诱发形成产业集群，产业集群兴起，能够有效推动区域经济的发展。随着知识经济时代的不断深入发展，企业知识理论为企业的本质提供了一个全新的解释体系，为企业的形成和发展开创了一个新的研究范式和框架。文献表明，企业形成以及在市场上取得竞争优势，其根源在于拥有、使用和创造知识，这些知识又能够形成企业能力，企业通过使用能力，提供市场需要的产品和服务。文献还表明，产业集群中的主导企业，会自发形成产业集群知识网络，继而形成以核心企业为产业知识集散中枢的分工知识网络，产业知识网络形成于产业集群，既是产业集群形成肇始因素，又是推动产业集群发展的动力，产业知识、产业知识网络和产业集群的发展三者之间，互为因果，相辅相成，相互促进。

一、基于知识要素的企业边界选择

企业知识理论将知识看成企业最主要的资源，是企业能力和企业竞争优势的最终来源。德鲁克（Drucke）在《后资本主义社会》中指出，在现代商业社会中，知识绝不是众多普通资源中的一种，而是唯一有意义的资源；阿尔文·托夫勒（Alvin Toffler）在《权力转移》一书中，将知识视为世界经济中竞争力的最终源泉；詹姆斯·奎因（James Quinn）在著作《智能企业》中写道，企业的竞争优势越来越取决于基于知识的不可见资源，如顾客信息、技术诀窍、产品工艺等。这些相关理论论述和实践，解释了世界范围内对知识和知识创新的重视，以及对知识传播和沟通渠道的竞相争夺。

组织的存在以及存在方式，取决于组织赖以生存和发展的关键性和决定要素，企业知识理论认为，知识是企业至关重要的要素，企业知识状况决定企业存在模式，决定企业边界的选择，不同企业拥有的知识数量和质量不同，企业的能力也有所不同，这导致企业的异质性，不存在完全相同的企业。不同的企业为社会提供产品数量和质量的能力是不一样的，因而从市场获取收益的能力也会不同。企业是追求利润的组织，出于利润追逐的考虑，必然会以尽可能低的成本向市场提供可接受的产品。一般而言，如果企业在产业链上某一环节具有生产优势，享有更低的生产成本，则会选择自身生产，将该环节的生产工艺和生产组织，作为本企业组织的一部分，采取纵向一体化的生产行为。相反，则会选择市场购买的方式，获得该环节上的部件，将该生产环节市场化，采取外部化的策略措施。但是，因为新知识首先肇始于少数甚至单一个体的企业之中，其他企业为获得这些知识，必然会付出一定的代价、借助某种途径而获得，如果获得的成本高于企业自身研制，则会选择自己生产这些知识，反之，就会选择外部获得方式，由此而产生企业边界的不同选择。基于这种分析，知识要素影响企业边界选择的要素是知识属性。知识属性包括知识的隐秘性、复杂性和标准化程度，隐秘性高、复杂性强、标准化程度低，会导致知识转移难度增加，会使得企业对这些知识的生产过程采取内部化方式，实行纵向一体化模式，扩大企业边界。比如，蒙德韦德（Monteverde，1995）在研究中发现，由于电脑主机的设计离不开集成电路的知识，若从外部采购集成电路，就不得不在采购集成电路的同时，从外部获得集成电路的知识，这些知识转移难度大，成本高，因而，在 20 世纪 60 年代和 70 年代，电脑生产一般都采取后向一体化的方式，将集成电路和电脑的生产与设计纳入一家企业之中，沿着产业链的方向，扩大企业规模。反之，知识转移难度小，成本小，企业边界会缩小。例如，尼克森（Nickerson）和曾格（Zenger）在研究中发现，企业面临的问题复杂程度影响与外部进行知识转移的状况，当问题复杂程度低，不需要与外界发生太多的交互就能解决时，对于外部知识的获得，往往采取市场化的方式来进行，反之，则适宜采用一体化的方式，将解决问题所需要的知识部门，纳入企业边界之内，通过企业内的权威性层级制替代市场化交换方式，是较好的选择。

二、知识网络视角下的产业集群形成机制

如果将具有相互影响的企业之间创建的联系关系总称为企业网络，那么也可以将在知识运用、传播和创造等方面形成联络的各种组织总和称为知识网络。知识网络的概念，最早形成于 20 世纪的瑞典工业界，知识网络被描述为进行科学知识生产和传播的机构与活动网络总和，区域创新体系（Regional Innovation Systems）理论认为区域创新体系主要是在地理上相互分工和关联的生产企业、研究机构和高等教育机构等构成的区域性组织系统，该系统支持并产生创新，并阐述了网络在创新体系中的作用和功能。该理论将网络分为三种类型：信息网络、知识网络和创新网络。信息网络主要是指便于信息

交流的物理基础设施，创新网络是网络中活动主体之间信息连接的结果，是特定专业知识和知识诀窍的创造性整合。知识网络处于信息网络和创新网络二者之间，主要承担利用信息网络进行知识传递和运用的功能。根据产业集群的地理空间关系的毗邻性以及经营关系的接近性，可以将产业集群知识网络看成在地理空间上聚集的集群企业在相对稳定的、持续的产业知识交换、产业知识传递过程中，形成的正式和非正式的网络关系联结，包括正式活动形成的正式联结，也包括非正式活动形成的非正式联结。

从前述分析可知，企业知识内隐性和复杂性程度影响企业的边界选择，企业在生产过程中，所需要的生产经营知识内隐性程度越高、复杂程度越高，知识转移成本就会越高，使得企业越趋向于将使用这类知识的生产环节纳入企业边界之内，通过权威性的科层制来配置知识，而非通过市场方式来获得知识。在知识标准化程度高，内隐性比较低的情况下，企业更愿意用市场购买方式，而非科层制权威配置方式来获得。知识标准化程度高，有助于大批量的生产，获得规模化生产效应，降低单位成本，企业更多地选择外包。对于处于企业边界外而又必须使用的知识资源，可以通过契约关系或者建立组织间的合作关系来解决。对于相同产业或者相近产业的企业而言，随着生产经营知识的标准化提升，企业纵向边界越来越收缩，企业越来越聚焦于自身最擅长的某一环节进行生产，并不断追求进步，以维持在该环节的市场优势地位。这样一来，产业知识在不同环节上的运用，逐步形成各自独立的企业，这些企业在市场上相互独立，但又相互依赖，形成了知识在企业之间的分工协作关系，知识在产业链上的传递、运用、转化，形成产业知识网络，共同完成产业生产和服务，向消费市场提供最终产品和服务，共同创造产业价值。围绕着产业链分工的众多企业，通过分工协作，形成以知识分工为基础的企业网络以及产业集群。同理，根据知识的复杂程度和转移难易程度，在横向和多元化上，也会形成知识合作关系，在产业链相同层级的经营环节上，不同类型的企业通过分工协作，建立起产业知识网络，这样就形成了纵横交错的知识网络，每一家企业都处于产业知识网络的某一个节点。处于产业知识网络中的企业，自然就会聚集成群，形成产业集群。

知识经济时代下，市场竞争日益激烈，企业知识资源的重要性就显得更加突出，获取并使用知识资源，成为促进企业发展，使企业赢得市场优势地位的关键所在。对于企业外部有价值的知识，可以通过一次性的合约方式转让取得，也可以通过在企业间建立合作关系，相互之间进行知识共享、共同使用、共同开发等方式取得，通过这些方式，使得不同企业之间的产业知识在产业链上的分布更合理、更有效。企业通过产业知识在产业链条上的传递、转化、使用、创新等活动，密切联系在一起，形成产业知识网络。由此看出，产业集群可以围绕产业链条分工，将众多的企业聚合在一起，这种聚合，既可以是企业下意识的、出于利润追逐的自发行为，也可以是由外部力量主导，如产业政策所致，形成以产业知识分工为基础的产业网络以及产业集群。在产业集群网络中，有少数几家大企业，在产业集群形成过程中，起着主导和引领作用，被视为产业集群的核心企业，核心企业与周边企业的关系、与产业上下游企业的关系、与技术研发机构的关系，以及其他与产业相关的组织关系，也是在企业知识资源的获得与运用的过程中缔结而成，构成产业知识网络的一部分。综合来看，产业集群中的知识网络关系，大致包括以下几类：一是产业知识交流和交换关系。产业集群内的不同组织之间，通过较为松散的合作网络关系，如采购与供应、生产与销售、技术转让、许可经营等多种关系，进行产业知识的分工、分享、交流、转让等活动。二是产业知识联盟关系。处于产业链条不同位置和不同环节的组织之间，相互拥有的产业知识之间，具有或强或弱的互补关系，具有较为紧密的知识交流与合作的可能和必要，进而构建产业知识联盟。三是产业知识一体化关系。产业集群中的企业之间，出于市场竞争的需要，结成更紧密的合作关系，这种紧密的合作关系以产权为纽带，形成相互持股、母子公司、合资企业等组织形式，沿着产业链的方向，形成一体化的企业关系。

三、隐性知识转移对产业集群的影响

知识经济背景下，市场竞争优势不仅取决于资源和技术，更取决于利用资源和提升技术以适应市场需求的能力，企业如此，作为企业集合体的产业集群也是如此。产业集群的竞争，最终归结于产业知识的竞争，取决于产业知识管理绩效的竞争。所以，产业集群形成于产业知识的共享和运用，其兴衰也取决于产业知识的共享和运用。产业知识的共享、使用与创造，是建立在产业知识转移基础之上的，缺乏有效的知识转移路径，产业知识的共享、使用和创造的效率就会下降，从而影响产业集群的竞争优势。因此，重视产业知识的转移，探索产业知识转移路径，可以更好地把握产业集群的形成和发展机理。知识转移的研究始于20世纪末期，知识转移可以使得企业积累大量的跨越企业边界的应用性知识，知识转移既可以在组织内部发生，也可以跨越组织边界进行知识共享，是知识以不同方式在不同组织之间、个体之间或者组织与个体之间的传播，是一种有针对性的知识共享活动，企业的知识转移能力，包括对外扩散知识和从外部吸收知识的能力，是企业的基本生存能力之一。知识转移的目的在于吸收并有效利用新的产业知识，有效率地使用那些能够使得组织从中获益的新知识，从而使得组织通过快速获取有价值的产业知识，有效提升核心竞争优势。

在产业集群中的知识转移，主要发生在主导企业、相关企业、科研机构、高等院校、行业协会、中介组织、政府部门等产业集群内部成员之间，这些组织以知识为纽带，聚合在一起，相互作用，相互关联，形成一个混杂的、网络式的知识转移系统。产业集群知识转移机制包括三个要素，分别是知识转移动机、知识转移氛围和知识转移激励。在产业集群知识转移体制中，无论是知识转移动机、知识转移氛围还是知识转移激励，都是围绕提升市场竞争能力而发生的，具有很强的功利性。产业集群中的知识转移主体主要是企业，知识转移的对象主要是企业隐性知识。因为企业隐性知识是形成企业创新和企业核心竞争力的重要基础，一旦某家企业在市场上获得了竞争优势，必然会吸引其他企业效仿和学习，于是就催生了产业知识转移的可能。产业集群在企业共同利益的基础上，通过集群内企业之间的相互作用，使得隐性知识从单个企业溢出，在产业集群内转移、分享和转化，提高了产业集群内的产业知识效率。一方面，产业集群内的企业网络关系本质就是基于产业分工的知识网络关系，在产业链条上的知识分工提高了市场效率和产业效率，产业分工则产生了规模报酬的递增效应，报酬递增的本质源于技术变迁，而技术变迁则是产业知识的运用和积累的结果。另一方面，在分工促进产业知识积累的同时，产业知识的积累也反过来推动企业进行合理的分工协作，形成各具特色的企业组织形式和聚集形式，促进产业分工的动态演变。

第三节 知识竞争力是产业集群创新的根源

在知识经济时代，无论是企业个体还是产业集群这一群体，创新都是赢得市场生存、获得持续发展的根本要义。对于创新的界定，自1912年约瑟夫熊彼特提出创新理论以来，学界与产业实践界从不同角度来界定和研究创新活动。研究视角不同，所得出的结论也会有所不同，各有各的特点。尽管研究视角不同，结论有所差异，但对创新概念的界定，具有基本的、共同的认知，其中以我国学者王缉慈教授对创新的概念界定较有代表性。她认为创新的实质是创造新产品，并实现其市场价值，以此概念为依据，可以将创新分为两个阶段：提出创新的创意和实现新创意的市场价值，二者结合起来就是创新。一家企业创新能力越强，创新速度越快，越能占据并保持市场竞争优势地位，企业个体如此，作为企业聚集的产业集群也是如此。创新对于企业和产业集群如此重要，那又是什么支撑起创新活动呢？答案很简单：产业知识。产业集群的创新能力取决于产业集群的产业知识，越是稀少的产业知识，越能凸显创新的价值，越是创新的知识，越能凸显知识的市场竞争力。

一、创新与知识竞争力的关系

国际竞争力中心（WKCI）将知识竞争力定义为"创造和革新产生新的主意、思想、程序和产品，并把它们转化为经济价值和财富的能量和能力"。通过对创新和知识竞争力的概念进行比较，可以发现创新和知识竞争力二者是密切相关的，二者之间是本质和现象的关系，知识竞争力是通过创新而获得，知识竞争力的价值取决于创新在市场上实现的价值；创新是知识竞争力的本质内涵，知识竞争力是创新的表现形式，将创新和知识竞争力的概念放在产业集群中进行观察，可以将产业集群竞争力看成产业集群创造出的新创意、新想法、新工艺、新产品等新事物，并将这些新事物转化成产品和服务，投放市场，实现市场价值的能力。

研究和实践均表明，单个企业内部的知识具有单一性、封闭性和有限性等特征，不利于创新。成功的创意和创新，多数来自企业外部，是在内部企业知识运用的基础上，吸收外部异质性知识，糅合后激发出来的结果。产业集群内数量众多的企业和相关组织机构毗邻而居，沿着产业链的上下游方向，进行专业分工，形成产业合作关系，相互之间联系密切，利益攸关。一般而言，创意决策一般产生于科层制的企业内部，经由研发、生产、策划等某一环节提出，经过企业主的认同后执行，企业主一般具有企业家的本能特征，具有强烈的追求卓越和冒险精神，对于创意的效果具有很强的偏好，并对创意的市场价值具有一定的预判能力。如果创意在某一企业个体实施，实现了创意，并使得创意的市场价值得以实现，取得了市场比较优势，创新成果和收益会刺激产业集群内其他企业的跟进。产业集群内的企业个体一旦产生形成了新的创意，集群企业通过相互之间广泛而深度的接触和合作后，创意就会在产业集群中非常便捷和快速地传播与推广，受到这些新创意的刺激和影响，出于分工协作的需要，也迫于市场竞争的压力，其他集群企业会快速跟进，消化吸收这些新创意，并由此改进自身的设计、流程、工艺等，实现被动创新。依此循环，创新就在产业集群内不断地得以持续更新，知识在产业集群内的流动速度越快越频繁，产业集群内产生创意的可能性和机会就越大，产业集群的创新能力要远远大于单个的科层结构的企业个体的创新能力。

二、产业集群知识竞争力要素

产业集群的产生和发展，有赖于其拥有的产业知识规模、运用和使用效果。产业集群中的知识积累、运用和使用效率构成产业集群的知识竞争力，产业集群知识竞争力，体现在集群知识经济产出和产出绩效两个方面。首先提出知识竞争力的英国咨询机构罗伯特·哈金斯协会（Robert Huggins Associates）编撰出“世界知识竞争力指数”，用以衡量世界各主要地区的知识发展报告。报告认为，知识竞争力的构成要素包括知识的经济产出、人力资本、知识资本、知识性金融资本、知识性基础设施等指标，参照该报告以及测量知识竞争力的要素指标设置，可以对企业聚集而形成的产业集群，进行知识竞争力的评估，对产业集群知识竞争力的评估，从考虑产业集群的聚集性合作角度出发，设置特定的评估指标，这些评估指标可以包括产业知识需求要素、产业发展需要的高级投入要素、产业配套的基础设施要素、竞争与合作水平要素、学习与创新氛围要素、政府的创新政策支持要素等。

（一）产业知识需求要素

需求决定供给，供给创造需求，一般产品如此，特殊产品也如此。知识作为有价值的资源，同样受市场价值规律的约束，有产业知识需求，就会有产业知识供给。产业知识需求是在产业市场上，包括终端市场的产业知识需求、中间市场的产业知识需求和产业集群企业对产业知识的需求，产业知识的市场需求，能够促进产业市场出现更多的创意，并将这些创意有效转化为符合市场需求的产品和服务，实现市场价值。对于产业集群来讲，旺盛的产业知识需求，意味着产业集群内的创意潜能大，创新意识强烈，能够使得集群更早、更快地对市场需求做出反应，市场对知识的需求越旺盛，对产业知识形成的产品需求就越挑剔，产业集群的知识竞争就越激烈。

（二）产业发展需要的高级投入要素

高级投入要素是构成产业知识竞争力的另一个重要因素。迈克尔·波特在《国家竞争优势》一书中，将影响产业优势的因素分为两大类：一类是天然性质的、非经人为加工的、只能被动接受的初级投入因素，包括自然环境、气候、地理位置、劳动人口等；另一类是通过人类加工而形成的因素，需要人力资本、物质资本投入才可以得到，称为高级投入因素，包括人力资本、知识资本、知识性金融资本、知识性基础设施等。具体而言，高级投入要素包括以下几个方面：①人力资本。人力资本理论表明，技术和经验可以通过对个人进行教育和培训获得，人力资本的快速积累，能迅速提升知识竞争力，内生型经济增长理论，把人力资本看作经济增长的重要资源，并且认为企业通过熊彼特竞争创造新知识，是经济增长的内生因素，既是经济增长的原因，又是经济增长的结果。②知识资本。知识资本是知识经济的原材料，即产生创意的能力，创意不一定产生于产业集群或企业，也可能产生于科研院所和其他组织，在将创意转化为商业价值的产品或者服务过程中，知识资本是一种生产力中介。知识资本的本质是创新，而产业集群的创新能力通常取决于科研机构素质、研发投入规模等，通过大量人力、物力投入而形成的知识资本，具有很高的市场价值，是企业资产重要构成要素，需要在法律、政策和规则上对其进行保护，形成具有私有属性的知识产权，知识产权是构成知识资本的重要内容。③金融资本。高级投入要素还包括金融资本，创新是一项高风险、高投入的经营活动，成功概率低，一旦成功，获得的收益也是巨大的。对于单个企业而言，如果一项高风险的创新项目失败了，很可能会拖累整个经营活动，企业甚至一蹶不振。一旦成功了，企业发展就可能呈几何级数增长。总体来看，单个企业，特别是规模不大的企业，既承担不起创新活动失败带来的打击，也可能承受不起创新成功带来的经营转向的考验。所以，特别需要金融资本参与，可以说，一个地区即使拥有人力资本的高储备和创新能力，但将这些因素转化为创新现实，还得需要金融资本的参与，金融资本参与的创新活动具备风险投资的特性。创新活动引入风险投资的通常做法是私有股权融资方式，私有股权融资可以发挥创新要素的融合功能、风险投资功能和创业投资功能，使得具备创新潜能的企业，获得丰厚的创新资本、人力资本和知识资本投入，分担风险，共享收益。④知识型基础设施。产业集群知识竞争力离不开知识型基础性设施的支撑，比较有代表性的知识型基础设施包括通信网络设施、教育、培训，发达的通信网络设施为传播新技术、新知识提供了物质和技术保障，教育和培训则是提高人力资本质量的有效手段，高质量的人力资本是产业集群科学发展的根本保证。

（三）产业配套的基础设施要素

产业集群配套状况对产业集群知识竞争力有着重要影响，是产业集群知识竞争力的组成要素之一。产业集群配套一般是指沿着产业链上下游的方向，为产业链上的主导企业提供产业中介服务、产业服务咨询、小批量的试制试验等内容，产业集群中拥有健全完善的产业配套设施，往往有助于集群企业较快识别市场需求以及需求变化趋势、特征，从而对市场需求及其变化做出及时应对，开展创新创意工作，开发新产品，有效实现其市场价值。产业集群内的产业配套状况对产业集群发展的影响，还会表现在降低交易成本方面，完善的产业配套，缩短了企业交易过程中的物理接触距离，降低了运输成本和仓储成本，从而节约交易成本。同时，通过近距离的接触和业务合作，使得集群企业因为反复多次的合作交往而建立起信任关系，形成根植性的社会关系资源。

（四）竞争与合作水平要素

产业集群的知识竞争力要素还包括产业集群内企业竞争状况。在产业集群内，创造价值需要合作，合作才能共赢，企业之间既需要规范有序的市场竞争，又需要合理良好的竞争关系。在合作中提升竞争能力和竞争质量，在竞争中注重培育合作关系，通过合作，共同开发更加广阔的市场，拓展既有的市场规模和市场容量。如果产业集群中的企业缺乏必要的约束，产生过度竞争，就会使得竞争走向恶性竞争的局面，如价格战、掠夺性经营等，恶性竞争会严重消耗产业集群的整体竞争力。相反，如果产业集群中的企业之间，有序而适度竞争，使得各自的存在能够为其他企业经营提供警醒：不竞争、不努力、不创新就可能被同行取代，强化产业集群中的企业危机意识，促进企业不断进步，促使整个产业集群的竞争力得到提升。

（五）学习与创新氛围要素

影响产业集群知识竞争力的还有学习和创新网络要素。产业集群学习是集群企业之间、集群企业对集群之外的产业知识学习活动及其活动方式，是集群企业为了应对市场变化的不确定性和技术创新的不确定性，相互之间树立共同目标、采取协调一致的经营行动时，所产生的知识交流和运用的社会化过程，这个过程包括知识积累活动和知识转移活动。产业集群学习包括两个方面：第一方面是产业集群内部企业之间相互学习。集群企业学习热情高，相互之间的知识交流频繁，有助于提高产业集群的学习能力，在产业集群范围内形成一个互联互通的知识共享网络，在知识共享网络中，每一个集群企业都扮演着知识中心的角色。在互联互通的知识网络支撑下，集群企业既可以便捷地从其他集群企业那里获得自身想要的产业知识，也可以向其他企业提供自身的产业知识。通过产业知识供给和需求活动过程，集群企业各自的产业知识资源配置效率得以提升。但是，如果一味地强调集群内部的学习，则可能会使得集群陷入“信息孤岛”，形成技术路径锁定，不能及时对市场需求变动做出反应，偏离市场发展趋势，最终，损害产业集群的竞争力，因此，产业集群学习不能只注重集群内部的产业知识积累、交流和运用，还要注重产业集群的外部学习，与产业集群外部机构、组织进行知识交流，这是产业集群学习的第二个方面：向产业集群边界以外的企业或者其他机构学习。

产业集群是否能有效地获取外部产业知识，乃至与产业相关的其他领域知识，直接影响产业集群的竞争力。随着科学技术发展的不断深入，不同产业的产业知识相互渗透、相互影响，形成了你中有我、我中有你的产业知识融合汇通的现象，这就使得产业知识的学习、使用和创新不仅是一个技术过程，更是一个社会过程；不仅要注重本行业内的知识学习，还要注重行业之外的知识学习。

集群中的企业、产业中介服务机构、产业知识生产者、政府等诸多基本行为主体，相互沟通、相互影响，创建新型的创新合作网络，共同推进创新活动的开展，才能有效提升创新水平和创新成功的概率，增强区域集群的竞争优势。在产业集群创新网络中，高等院校和专职科研机构是不可忽视的产业知识创新源，它们或者纯粹地从事科研活动，而创造可运用于生产经营的产业知识，或者通过产学研相结合的路径，直接或者间接地参与产业知识的生产、传播和运用。在生产经营活动中，集群企业与产业集群内外的组织机构进行分工协作，在分工协作过程中进行产业技术、产业政策制度、产业氛围等方面的交流与合作，或借鉴，或模仿，或购买，等等，最终实现产业知识的转移，最大限度地降低产业链上不同环节的成本，提高产业竞争力，强化市场竞争优势。

（六）政府的创新政策支持要素

产业集群的形成和壮大，基本方向和力量来自市场，但产业集群要持续稳定发展，离不开政府的扶持和引导，政府对产业集群的作用，体现在两个方面：第一个方面是维持产业秩序的功能，为产业集群的形成和发展提供稳定的社会、政治和法律环境；第二个方面是引导产业集群发展的功能，积极参与解决产业集群形成和发展过程中的问题，主导产业集群发展方向，提供信贷、政策和技术等方面支持。政府的这两方面作用，主要体现在产业集群的知识网络运行中，政府部门利用法律法规、政策制度等方法、方式，推动产业集群创新网络更好地运转，引导产业创新方向，激励产业知识生产者和产业经营者之间的协同创新，协调不同创新主体之间的冲突和矛盾。所以，产业集群知识竞争力需要市场这只“看不见的手”和政府这只“看得见的手”共同作用，才能得到很好的培育和提升。

三、产业集群知识竞争力测评指标及模型

根据产业集群知识竞争力模型，可以设置相关指标，用来测定和评估产业集群的知识竞争力状况。对于产业集群知识竞争力衡量指标的选择和设置，要遵循科学合理性和数据获取性原则，唯有如此，才能建立可以实际操作的产业集群发展优劣的评判标准。确定和选取产业集群知识竞争力的方法时，首先要设定主要指标，分析主要指标变量之间的关系，然后采用一组投入、产出和结果等次级指标，将变量指标联系起来，以此来客观呈现出产业集群发展状况和产业集群知识竞争力的来源，包括知识、创新精神、科技以及信息基础设施、金融资本等，在选取合理的变量时，还应该考虑这些指标的总体价值和相应的有效性。据此，出于简洁而又不失参考意义的考虑，将产业知识竞争力的考察指标设定为五类：人力资本、知识资本、金融资本、产业集群的经济产出、知识的持续性。

在人力资本指标方面，可以设立二级指标包括：①产业集群中每千名就业者中专业知识人员的数量；②每千个就业者中从事研发工作的人数；③每千名就业者中从事工艺流程编制的员工人数；④每千名就业者中从事高技术服务的人数。在知识资本指标方面，可以设定的二级指标包括：①政府在科学研究与试验发展上的人均支出；②集群企业在科学研究与试验发展上的人均支出；③产业集群中每万人的专利数量。在金融资本方面，具体的观察指标可以设定为产业集群中人均私人股权（资本）投资。产业集群的经济产出（绩效）的二级指标可以设置为：①产业集群的劳动生产率；②产业集群的平均利润率；③产业集群中员工平均薪酬；④产业集群中员工流失率。在知识竞争能力可持续性方面，二级指标包括：①产业集群中人均教育培训支出；②产业集群中每万人的专业技术培训机构数；③产业集群中员工年平均专业技术培训天数；④产业集群专业技术培训费用在营业额中的占比；⑤产业集群中的专业技术人员增长比率。

第四节　知识网络对集群企业竞争优势的作用和影响

产业集群的兴起及其对区域经济增长的巨大影响作用，吸引了不同领域的众多学者的关注和兴趣，纷纷探讨产业集群对区域经济增长的作用方式和作用能力。在研究中发现，产业集群能够显著推动区域经济增长，但不同类型的产业集群在推动经济增长方式和能力上，有着一定的差异。特别是硅谷产业集群和“第三意大利”产业集群所激发出的科技创新力和经济增长的引领能力，与其他产业集群相比而言，格外引人关注，引起了人们对“集群企业间绩效为何存在差异”这一核心问题的关注，学者们从不同角度，给予了不同的诠释。大量研究表明，聚集于产业集群之中的大量企业及其他组织，在产业集群中的相互作用方式对产业集群能力产生极大影响，集群中的企业和其他形态的组织在相互作用的基础上，形成一定的网络形态的组织形式，这种网络形态的组织形式的运行方式和运行效率，决定产业集群对区域经济的推动能力。集群企业间形成的网络组织形态，越来越受到业界和理论界的关注和重视，并逐步将网络组织形态引入产业集群研究中。从集群网络组织形态角度分析产业集群的形成、运行以及演化机制，不仅能够更全面理解企业聚集成群的战略行为，更能全面把握产业知识在促进企业成长、产业集群凝聚力方面所发挥的作用。企业之所以愿意在地理空间上聚集成群，是由于在产业集群中能够获得聚集的效应，而聚集带来的效应，是建立在对产业知识的获取和运用基础上的，并由此产生市场竞争优势。如果身处产业集群中，更易于获得关键的产业知识，并衍生为市场竞争优势，那么企业会愿意加入其中，自发聚集成群，促使产业集群的规模进一步扩大，产业集群的实力进一步增强，产业集群的市场影响力也会随之增加，沿着这个思路出发，探究产业知识对产业集群的促进作用，必然要探究产业集群中的企业如何在产业集群的知识网络中获得竞争优势，这也是学界关注的热点。

一、组织学习能力对企业的竞争优势的作用

企业知识理论将企业的竞争优势归结为企业拥有的独特性知识，本质是企业资源、知识和能力的积累。在产业集群中，企业知识的交流和相互学习，促进产业知识在企业间转移，通过企业组织的学习，企业拥有的知识储量将不断提升，企业知识不断积累，生产经营效率会随之提升。尤其是企业的隐性知识，具有黏性、难以复制和难以编码的特点，只有具有信任关系的企业才可以实现企业隐性知识的有效转移，从而有效提高作为知识吸收一方的企业的经营效率。

强化技术创新能力，提升技术水平，是企业获取经营竞争力、取得市场竞争优势的有效途径。技术水平和技术创新能力，既是企业知识体系的一部分，也是促进企业知识增长的源泉，具有独特性、黏性和难以模仿性的企业知识体系，是企业能力基础。在产业集群中，企业市场竞争优势取决于企业知识的创造能力和运用能力，而企业知识的运用和创造能力，取决于企业知识的学习和获取能力。因此，要提升企业的市场竞争优势，就必须提升企业的知识获取和创新能力，而企业知识获取和创新能力背后的决定因素，是企业组织的学习能力。企业成长的过程，本质上就是企业获取、吸收、整合、应用、创新知识的演进过程。在不断演进过程中，企业逐步具备了持续的市场竞争优势。美国管理学家杰恩·巴尼（Jay B.Barney）认为，企业要具备持续的市场竞争优势，就必须拥有与之匹配的企业知识体系，能够支撑拥有持续的市场竞争优势的知识体系必须具备四个特性：价值性、异质性、难以模仿性和难以替代性。另一位美国社会经济学家马克·格兰诺维特（Mark Granovetter）也曾就此提出衡量企业持续竞争优势的企业知识应该具备四个条件：可占用性、持久性、可转移性和可复制性，满足上述特征的企业知识都可以纳入企业的战略资源的范畴，之所以这些企业知识能够演变为市场竞争优势的战略资源，是因为这些企业知识具有隐含性、积聚性、专用性和专业性等特征，使得竞争对手在短期内难以获得，但值得注意的是，这些知识只能在短期内让企业保持市场竞争优势而非长期获得市场竞争优势，由于在知识学习、转移和运用过程中，隐性知识被不断地提炼、整合，加速那些导

致市场竞争优势的隐性知识明晰化、书本化，一旦隐性知识演变为显性知识，凭借隐性知识获得的市场竞争优势就会消失。如果企业不能从外界获取新的知识，缺乏持续的知识创新活动安排，新知识增长缓慢，甚至停滞，就很难使自身知识状态演化到一个更高层次，最终会使得竞争优势丧失。从这个意义上来说，集群企业的持续竞争优势，从静态角度来看，应该拥有有别于其他企业的独特性的隐性知识；从动态角度来看，应该使得自身具有的隐性知识不断升华，从隐性知识升华为显性知识，再从升华得到的显性知识中，提炼出隐性知识，保持动态演变和更新。保持知识的动态更新和演变，就必须保证企业处于不断的学习中，通过学习，汲取新知识，通过新知识的应用，实现知识创造和更新，维持与竞争对手的知识差异和差距，形成知识异质性态势。组织学习能力是企业获取企业知识，并将之运用到生产经营过程中，赢得市场竞争优势的源泉，通过组织学习增加自身知识存量、改善知识状态，是企业取得持续竞争力的不二法门。

二、产业集群中的知识网络对组织学习能力的影响

在产业集群中形成的产业知识网络，在组织形式上大致可以分为三种模式：第一种是企业知识管理战略模型（Business KM Strategy Model），其特征是基于企业战略以及战略实施的需要，形成与战略相匹配的知识网络，可以看作战略驱动形成知识网络；第二种是能力与目标相匹配的类型（Goal and Capability Matching Model），其特征是创建组织的目标和任务与组织的知识能力以及人之间的映射关系，是目标导向型的知识网络；第三种是业务流程型知识网络（Business Process Model），是基于业务流程而形成的知识网络。三种类型的知识网络没有明确的界限，彼此相互融合，相互依存，三种类型的知识网络相互交错，对存在于产业集群中的企业或者其他组织产生不同程度的影响，集群企业主动或者被动地从知识网络中汲取产业知识，并将获取的产业知识运用到市场经营中去。集群企业从知识网络中获取的知识收益的能力和学习效率，受很多因素影响。在客观因素，主要包括两个方面：一是知识网络的结构维度对组织学习能力产生影响。结构维度是产业知识网络成员之间的联结方式，产业集群中的企业或者其他组织在网络结构中的位

置，会显著影响集群企业从知识网络中获取知识的能力。居于集群知识网络中心位置的集群企业，由于与其他网络成员的联系，扮演着一个信息和知识交汇点的角色，也扮演着一个中介的角色，既有利于把握产业知识发展动态，也有利于产业知识的获得和学习，还可以在接触交往中，获得其他企业更多的支持。研究还显示，集群企业在产业知识网络结构中的位置，影响其组织学习能力，越是处于网络结构的中心位置，知识获取能力、知识吸收能力以及知识创新能力往往会越强。产业集群中的产业知识网络规模以及异质性，决定了知识网络的产业知识资源的规模及异质性。在产业集群中，以本企业为中心而形成的知识网络规模越大，企业就会有越多的机会，在更大的范围内吸收到新知识，了解产业知识的动态，在此基础上，结合市场动态和企业状况，对新知识进行吸收、整合，创造出新的产业知识。

在产业集群中，影响企业学习能力的另一个主要客观因素是关系维度。关系维度是指集群企业在长期交往活动过程中，演变生成的各种关系，这些关系主要包括规范与制裁、义务与责任、身份识别与认同、信任与规则等。如果企业在产业知识网络中创建良好的组织信任关系，互相了解、积极互动，那么就会更有动机去传递和巩固一种团体概念和规范，更有积极性去监督和约束彼此的行为，以顺应群体规则的要求。群体中的规则是对成员行为的规范，通过规则可以预期群体成员的行为决策理念和决策意图，能有效降低彼此交往过程中的不确定性，减少市场交易过程中的风险性。更进一步来说，在产业集群知识网络中，具有良好的关系维度，会促使知识网络中的企业更愿意去承担义务，提供帮助，从而增强产业集群知识网络的凝聚力，维系知识网络的生命力，也有利于挖掘隐含在知识网络中的更多的潜在资本，美国社会学学者 Uzzi 研究显示，知识网络关系联结中具有信任、优质信息交换及共同解决问题三个特征，这些特征有助于隐性知识的学习和转移。概括来说，集群知识网络中存在信任关系，存在合作意愿和交往的积极性，能够有助于构建起企业间独特的知识分享路径，在知识分享的过程中，又强化了彼此之间的信任和合作意愿。

三、产业集群内产业知识共享的价值分析

产业集群是世界普遍的经济现象，已经成为全球重要的经济发展模式，在促进地区和国家经济发展方面，起着至关重要的作用，随着知识在经济发展中的作用越来越大，对产业的影响达到前所未有的程度。产业集群内知识运用效果和知识创新的效率，直接制约产业集群的市场竞争能力和生死存亡，基于产业集群知识运用和创新的需要，产业集群内各行为主体之间的知识传播、共享和创造，成为产业集群运行的重要内容。

（一）知识共享是产业集群发展的必然要求

当代企业面临的市场环境已经发生了重要变化，知识在市场竞争中的作用更加突出，企业凭借独特的、充足的知识资源而取得市场竞争优势。企业对知识的需求变得更加迫切，出于知识积累和知识创造的需要，企业内部之间以及企业相互之间的知识共享显得极为重要，有研究表明，企业知识管理的目标就是，对内实现知识共享，对外实现企业间的知识交流。集群企业的知识管理目标表现为集群企业在知识网络中的显性知识和隐性知识的共享和利用。所谓知识共享，是指员工彼此之间相互交流知识，使知识由个人的经验扩散到组织的层面。知识作为特殊的经济资源，其价值发挥不仅取决于自身，还取决于与其他相关知识的匹配和综合，取决于知识共享的程度。通过知识共享活动，集群企业中的部门和员工个体，可以通过查询组织知识获得解决问题的方法和工具。反过来，集群企业中的部门和员工个体拥有好的方法和技巧，通过反馈系统可以扩散到组织知识体系中，使得更多的组织部门和员工个体可以在工作中采纳和使用，从而提升组织的效率。产业集群在本质上是由产业相同或相关的众多企业在地理空间上聚集而成，集群企业的知识总和构成产业集群知识，集群企业相互之间在来往交流、借鉴学习的基础上构建起来的产业网络关系总和，就是产业集群的产业知识网络，产业知识网络中的知识共享，并非集群企业外部强制性的要求，而是集群企业出于自身利益考虑而做出的理性决策行为，在产业集群知识网络中，没有任何机构或者组织会强制其他企业或者组织进行知识共享，产业知识网络中的知识共享是企业或者组织的主动性、自发性行为，在合作中将各自的产业知识融合在一起。只有实现了产业知识的融合，才有可能实现专业分工和产业合作。

产业集群的知识共享，既是集群企业提升市场竞争能力，强化市场竞争优势的要求，也是产业集群适应资源环境变化的必然要求。从资源环境角度来看，社会对环境保护的要求越来越强，越来越强调人与自然和谐发展的理念，这使得传统的土地、原材料和资本等资源环境类的生产要素将变得更加紧张，经济增长将难以继续寄望于自然资源的大量供给。经济增长将转向知识的投入和运用，建立在产业知识不断创新的基础上。随着科学技术的进步，与土地、自然资源、资本等实物资源有限性不同，产业知识资源将会越来越丰富，而且知识生产的速度也会越来越快。借助信息技术的发展，知识传播的广度和深度前所未有，这为知识价值的发挥提供广阔空间，也会越来越合理化。可以说，越是能够发挥知识价值的地方，就越能够吸引知识聚集，知识聚集又反过来促进知识价值的更好地实现，知识经济时代下的产业集群，扮演的就是知识汇聚、知识运用和知识创造的角色。

（二）产业知识共享的积极效应

在产业集群中，产业知识共享的本质是打破知识所有者的身份壁垒限制，使得产业知识在产业集群中实现自由流动和使用，降低产业集群内的产业知识获取成本，促进产业集群内的产业知识应用于创新，提高产业集群的市场竞争优势。从这个角度来看，产业集群内的知识共享具有显著的积极效应。知识共享能够有效提高企业获取知识的效率。在产业集群中，尽管企业本身内部知识或者外部的知识很重要，是企业形成新的市场竞争优势的来源，但是企业仅仅凭借自身吸收外部知识是不够的，由于某家企业能够从外部获得产业知识，其他企业也同样可以获得产业知识，待众多企业获得的产业知识具有同质性和同等机会性时，建立在这些知识上的市场经营能力便能演变为企业的市场竞争优势。相较而言，企业内部知识具有私享性和隐秘性特征，很难被其他企业获得和使用，因此能构成本企业的竞争优势来源。具体而言，企业内部的知识共享，具有以下几个方面的经济效应：

一是企业内部知识共享能够提升企业获取知识的有效性。企业获取市场机会、提升竞争能力，离不开足够的企业知识支撑，集群企业获取知识，既可以通过内部的科学研究与试验发展研发等创新活动方式取得，也可以通过与外部交流合作等活动方式获得。由于从外部获取的知识，难以形成独特性和稀缺性，虽然可以提高企业技术水平，但难以有效形成和保持企业的市场竞争优势，因为外部知识可以自己获得并加以利用，也可以被其他企业获得而加以利用。与外部获得的知识比较而言，内部知识属于独享的、私有的，没有被其他企业所掌握和知悉，具有构建企业独特竞争优势的基础，并有能力维持企业的竞争优势。英国科技政策研究的先驱者帕维特（Pavitt）认为，在企业知识创新中，企业内部知识的作用要远远大于企业外部知识。

在企业范围内，将知识从一个部门转移到另一个部门，可以增进知识的运用，扩大知识的匹配范围，强化知识的匹配效果，提升知识资源的匹配效率，企业可以借此充分发挥知识的价值。因为知识的内部转移比外部转移较少受到保密性、合法性等规则制约，在相同条件下，产业知识在企业内部转移，速度快、障碍少，所以，在快速变化的市场竞争中，企业必然会越来越转向构建内部共享知识的能力。

二是强化企业内部的知识共享水平，有效防范企业知识流失。有调查显示，集群企业知识中，能够被轻易获得和使用的知识，约占知识总量的一成；企业知识五成以上是以书面文件、电子文档的形式存在，虽然在理论上也容易获得和分享，但由于多种因素的制约，难以做到真正意义上的知识交流。另外，约占知识总量四成的知识，存在于企业成员的头脑之中，在知识型和科技型的企业中，存在于员工大脑中的知识比例要更高一些。这意味着，企业中那些既有较高专业知识水平，又有丰富的实践工作经验、能够独当一面的专业知识人才，一旦选择离开，会使得企业知识外泄，会造成本企业所拥有的、独特性的产业知识外泄，削弱企业的市场竞争能力，通过知识共享，激励员工将自身的经验和诀窍与他人分享，将产业知识的存储从个体的大脑转到企业的知识库中，将单个员工掌握的知识演变为群体掌握，将个体知识演变为企业知识，成为企业随时可以调用的知识，这样可以有效规避知识的个体独专性，避免因为个体行为而导致企业损失。

三是知识共享是优化企业知识资源配置的有效手段。知识作为经济资源的一种，也存在配置效率高低的问题，只有被掌握和使用的企业知识，才能够创造出市场价值，知识资源配置效率越高，创造出的市场价值就越高。在现实中，企业知识分布与企业知识需求二者之间的匹配程度不高，企业知识在工作岗位、组织部门中的配置常常处于非优化状态，具有改善的空间。提升员工工作岗位、组织部门和产业知识的匹配效率，可以通过两种手段来实现：一是人员流动，随着人员的流动，人员所掌握的知识也会随之流动，使得知识在不同岗位、部门之间进行扩散，提高知识资源的匹配效率；二是知识流动，知识共享是知识流动最有效的方式之一。通过员工流动来实现知识流动速度快，但工作岗位上的员工流动，容易造成该员工在之前岗位所积累的专业知识失效，同时，面临着在新岗位上知识积累的重新开始。通过知识共享等方式推动知识流动，速度相对较慢，成本比较高，但知识在不同员工和工作岗位上的交流共享，可以有效促进企业不同类型的知识之间相互融合，使得知识资源匹配更具有针对性、匹配性和持续性。从企业层面来看，可以从企业整体利益角度考虑，更好地根据知识匹配效率的要求，强化员工相互之间的学习和知识共享，更好地获取、整合和运用产业知识。

四是知识共享可以提高组织的核心竞争力。在知识经济时代，面对经济全球化的趋势，企业要想在市场竞争中获得生存和发展，必须跟上市场上的技术发展潮流，对市场上的技术具有很强的知悉能力、接受能力和运用能力，在知悉、接受、整合和运用的基础上，创造属于自己的、符合市场需要的技术。而实现此目的的有效办法就是通过知识共享，充分利用群体知识优势。在知识共享过程中，不同思想、技术、工艺和规则相互碰撞和糅合，一方面，能发现这些知识更有价值的使用方法，另一方面，也能找到不同知识之间的最佳配置，提升知识资源的配置效率。

（三）集群企业知识共享的路径分析

集群企业知识共享，具有多种方式可供选择，具体来讲，可以从以下几个方面着手：首先，营造倡导知识分享的企业文化氛围，建立相应的组织机构，推动知识在组织内部的共享。例如，可以利用网络信息技术，搭建网络学习平台，为员工提供全面的学习解决方案，甚至为了激发员工的学习积极性，推行多种多样有趣味性的活动，将知识学习融入趣味活动中，包括签到积分、学习游戏类型的升级、抽奖等，营造一个良好的学习氛围。其次，鼓励和引导集群企业在内部构建学习型组织，学习型组织的特点，在于整个组织弥漫着学习的氛围，在这个氛围影响和激励下，组织的员工主动参与识别和解决问题，将获取的知识不断地投入到实践工作过程中去，促进组织能够进行不断的尝试，改善和提高工作效率和组织能力。学习型组织的运作特色在于为员工提供一个充分发挥创造性思维能力的机制和平台，以此多方位地寻求解决经营中的问题，提升组织运营效率，是学习型组织的价值所在。通过设计合理的组织结构，让企业员工在企业内的各个层面都能接触到企业知识，并在企业内营造知识分享的氛围，使得员工乐于进行知识交流活动。企业知识，尤其是隐性知识，通过正式网络推动知识扩散的效果并不理想，只有借助信任关系建立起来的紧密的人际交往网络，才能更有效地促进知识扩散和流动，也只有在具有良好的信任关系和愿意的基础上，才能更有效地实现隐性知识的有效转移和有效共享。通过以信任为基础的知识网络，把属于个人在工作中积累的经验与心得挖掘出来，在组织中进行转移和传递，从而达到知识共享的目的。构建产业知识共享的技术体系，创建知识共享的信息网络，在技术上为编码化知识远距离传输提供技术支撑，为知识的需求方和供给方创造接触的机会，促进知识交流的广度和深度。最后，构建知识共享的激励机制，一项活动的有效开展，固然少不了活动参与者的志愿和热情，但仅仅依靠热情还不够，必须还要具备有效的激励机制，知识共享这项工作也是如此，设计知识共享的激励机制，可以形成导向作用，明确向外界宣示鼓励知识共享的意图，对参与知识共享活动的参与者予以物质、精神上的奖励。在这方面，典型的案例包括：总部位于美国马萨诸塞州的 Lotus Software 软件公司（被 IBM 收购前名为 Lotus Development Corporation）是一家著名的软件公司，为了引导和激励员工进行知识共享，将其收入的 1/4 用于奖励在知识分享中有突出贡献的员工；有的公司在招聘时，优先录用那些有分享意识的员工，对那些在知识共享中做出贡献的员工，在升职、额外休假、物质奖励等方面，进行给予。

第六章　产业集群中的知识资产属性与价值效应

在科学技术快速发展的知识经济时代，如雨后春笋般涌现出来的新知识、新技术，被运用到产品和服务生产过程中，极大地改变了人们的生活方式，提升了人们的生活水准，科学技术的发展改变人们的生活，是通过企业来进行的，企业运用新技术和新知识，向市场提供具有新知识、新技术支撑的产品和服务，改变社会，改变人们生活，也改变企业自身。善于运用、吸收和创造新知识的企业，越来越成为市场的宠儿，反之会被市场逐渐淘汰。特别是随着计算机网络等信息科技水平的提升，企业的成功已经远远不能简单地依靠资本、劳动和原材料等资源上的投入，影响企业生存和发展的至关重要的资源是企业知识。企业知识作为一种特殊的生产要素，不是独立地存在，而是附着在员工的头脑、企业生产经营流程、企业组织结构等载体中。企业知识是无形的，但它的载体隶属于企业，又因为企业知识能够给企业带来价值，一旦流失，会给企业造成损失，具备价值性特征，可以称之为“知识资产”。随着科技进步和技术发展，知识资产的作用已经远远超越其他资产，成为最重要的企业资产之一，构成企业重要的战略性资源。

第一节　企业知识对生产要素的影响作用

知识是一种资源，具有价值性特征。随着新知识的不断出现，知识所发挥的作用日渐增强，知识资源的价值特性，越来越受到人们的重视，这种价值性，既体现在生活中，也体现企业经营中。只有把资源的价值用于生产经营，用于价值增值，才可以称之为资产或者资本。生产经营和价值创造过程，本质上就是知识的运用过程，将知识资源用于价值创造和生产经营的现象，很早就发生了，但把知识作为单独的资产形态提出来的，是美国经济学家加尔布雷思（J. K. Galbraith）。在他看来，知识资产是一种动态的而不是静态固定的资本形式，此后，知识资产和知识资本理论研究和实践在学界展开。1991 年美国《幸福》杂志编辑托马斯·A 斯图尔特（Thomas A. Stewart）在其经典论文《知识资本：如何成为美国最有价值的资产》中较为系统地提出知识资本概念，长期以来被人们习以为常而又忽视的知识资本的重要性被明确地提出来，其重要性表现在，虽然知识资产不是独立地存在，而是以附在载体上的形式存在，虽然无法触摸但却客观存在，企业员工的技能、顾客的忠诚以及企业文化、制度和企业经营过程中所包含的流程等背后都是企业知识在支撑，都是企业知识在发挥作用，知识对于企业如此重要，对于国家也如此重要，知识是员工、企业和国家最重要的资产。

一、产业知识对物质生产要素的影响

知识经济时代并不改变企业的价值构成，企业价值构成仍然由活化劳动和物化劳动组成。但这并不意味着知识对企业价值构成没有产生影响，恰恰相反，知识对企业价值构成的影响是重大的，不仅表现在形式上，更表现在内涵上。知识可以直接作用于劳动，使得劳动在本质上得以提高。以体力为基础，从简单操作为特征的劳动，在知识的作用下，演变为以知识为基础，从精细复杂化的劳动为特征的脑力劳动和智力劳动，甚至直接演变为人工智能对人的劳动替代。知识不仅可以作用于劳动，本身也可以成为劳动对象和劳动资料。在市场经营过程中，知识可以促进新生产资料的运用，是企业生产创造价值的日益重要的条件。在传统理论中，劳动资料主要包括以厂房、土地、矿产、机器设备等物质形态的企业资源等为代表的劳动工具和劳动对象，但随着生产力的不断发展，在土地、物质资本投入和自然资源消耗基本不变的情况下，经济仍然可以持续不断地增长。这种现象超越了传统经济理论的解释范畴。于是，人们通过研究发现，在传统经济理论之外，以高科技为代表的知识在生产中发挥了巨大作用，物质形态的资源、产品等生产要素价值的体现，不仅依赖于其自身的稀缺性，更有赖于其蕴含的知识含量，单纯的物质形态的生产要素在生产经营过程中的价值越来越式微，知识成了生产经营利润的主要来源，生产知识产品比生产物质产品在经营上显得更加有利可图。之所以如此，是因为随着工业化的进程加快，人们日常所需要的物质产品更易于被大规模地快速生产出来，生产成本越来越低，物质资源虽然稀缺，但通过科学技术的运用，更多的自然资源被开发出来，用于人们的日常生活。在物质资源的稀缺被科学技术的快速进步所解决，并且物质产品的生产成本降低的情况下，提升劳动生产率，提升物质产品的性能，为人们提供用于发展和享受的知识，成为最有市场潜力的策略选择，而能选择如此经营策略的，必然有雄厚的知识资源作为支撑，知识资源的边际效应，远远大于传统的物质资源。市场竞争和市场实践表明，将产业知识资源充分而又大量地运用到生产经营活动中去，获得的利润回报比投入物质资源要高得多。于是，企业以及其他经营主体有意识地运用知识资源，通过知识运用制造新的劳动工具，并以知识为劳动对象，如在知识的催生下，电脑、网络、各类软件成为企业普遍的劳动工具，从事市场调研获取顾客信息、开发新的技术、创立新创意等，这些信息、技术和创意本身就是知识，它们是劳动对象，是无形的，不能独立存在，而是附着于某种载体，有别于传统物资资源的劳动对象。衡量一个社会的生产力先进与否，往往是以这个社会的劳动工具和劳动对象的先进程度为标准，知识经济时代的主要劳动工具和主要劳动对象，主要是知识及其知识产品，这意味着潜在的生产资料是无限的，可以打破物质资源稀缺的限制，促进经济持续增长，打破经济增长极限的魔咒。可以说，产业知识成为生产资料，既是知识资本化的结果，也是知识资本化的动力来源。产业知识资本化，本质上是产业知识的价值属性使然。

二、产业知识对劳动力生产要素的影响

产业知识的价值属性还表现在对劳动力的塑造上，产业知识资本强化了劳动者的专业技能，提升了劳动者的专业素质，改变了劳动者在生产经营中的地位。在传统生产经营方式中，市场竞争优势取决于企业所拥有的物质资源，企业拥有的土地、厂房、设备和生产物资越多，企业的经营实力就越强，就越容易获取市场竞争优势，投入越多，利润就越大。在这种生产经营范式下，劳动者在很大程度上附属于物资资本，生产经营的规则、流程和制度均以物质资本为中心而创立，劳动者在很大程度上，只是获取利润的工具而已。而

在知识经济时代，产业知识大大提升了劳动者的地位，当劳动力获得了大量产业知识，或者说，产业知识促使资本与劳动力结合起来，对劳动力进行投资，劳动力演变为人力资本时，物质生产要素和劳动力生产要素的重要性发生了变化，劳动力取代物质生产要素，成为最重要的生产要素，成为企业获得市场竞争优势的源泉，也是企业生产经营利润的主要源泉。在这种情况下，为了充分发挥劳动力生产要素的价值，生产经营的流程、规则和制度不再围绕物质生产要素而创建，而是围绕劳动力生产要素而建立。

产业知识不仅改变了劳动力在生产要素中的地位，还改变了劳动者的就业结构。一方面，随着科学知识的发展以及在生产经营中的运用，劳动工具的科技含量越来越高，自动化生产以及人工智能在生产经营中开始得到广泛运用，“无人售卖”“无人车间”等现象越来越普及，这种现象使得人们从直接物质生产过程中解脱出来。另一方面，从事知识生产以及运用先进知识进行经营，从市场获得的回报将越来越大，产业知识的市场回报率要远远高于其他生产要素，激励企业和其他经济活动主体更加积极地从事产业知识的生产和运用，对于劳动者而言，拥有知识技能的劳动者获取的劳动报酬要高于知识技能低下的劳动者，这就会激励劳动者自发地提升自己的专业技术素质，激发人力资本投资的热情，在一些发达国家，从事专业技术工作的脑力劳动者人数，已经超过了体力劳动者。因为知识生产和运用，能够从市场上获得更高的回报，政府、企业和劳动者个人都愿意进行人力资本投资，增强劳动者的专业素质和创新能力，相当多的国家，特别是政治稳定、经济发展良好的国家，已经在政策、教育、市场和制度等方面积极推动知识的资本化，激发人们的学习和创新热情，知识型劳动者在生产经营中发挥更为显著的作用，成为企业获取市场竞争优势的重要砝码。

三、产业知识促进新产业的形成

从三次产业划分来看，人类社会的产业模式包括农业产业模式、工业产业模式和商业产业模式。传统的农业产业模式中，劳动对象是土地，劳动更多的是依靠手工操作，更多采用精耕细作模式；而工业生产模式，是知识发展到一定阶段并运用到人们的生产实践中之后，从农业生产模式中分离出来的新兴产业模式，其劳动对象是各种物质资源，主要以生产机器设备作为劳动工具。随着信息技术等新知识的不断出现，能够引领产业发展方向、改变产业发展模式的新劳动工具出现了，以电脑、智能设备为代表的新生产工具具备了一定的计算、分析和控制能力。智能化是新生产工具与传统生产工具的最大区别，通过具有智能化特征的生产工具在生产经营中的运用，劳动者一改以往借助体力来进行工作的模式，只要通过指令、编码、声音等信息就可以操作和使用相应的生产工具。生产经营过程中的智能化趋势，极大地提升了劳动生产率，拓宽了劳动对象的领域，有形的物质产品被以更快捷、成本更低的方式生产出来，从而导致物质产品的市场利润不断降低。与此不同的是，生产新知识、运用新知识的行业和领域却能获得丰厚的市场回报，刺激更多的企业和经济主体转向知识生产和知识运用，更多的有利于提高生产效率和开发新物质资源的知识被创造出来，不断满足人们日益增长的日常生活中的品质需求。将知识用于生产经营，是一个产业化过程，在这个过程中所获得的超额回报，刺激高新技术的创造及其广泛运用，于是，以知识生产、运用和分配为主要活动内容的新兴产业——高新技术产业就应运而生了，随着新兴技术层出不穷地出现，本来是高新技术产业的企业逐渐演变为一般企业，由其生产经营的产品也从新兴科技产品演变为日常普遍使用的物质产品。例如，在无线通信刚刚起步阶段，手机属于高新技术产品，生产手机所需要的产业知识属于高新技术行列，但经过十多年的发展，手机走进千家万户，已经成为日常必需品，生产手机的行业逐步由高科技行业演变为一般生产经营行业。而涌现出来的新技术、新知识又在开拓新的生产领域，这些新兴的领域又将引领新的产业形成。在新知识和新技术不断形成与运用于生产经营过程中，催生高新技术产业的出现。同时，非高新技术产业的企业生产经营并非与高新技术产业相互隔离，而是接受高新技术产业的辐射，吸收高新技术产业的技术和知识外溢，以此来提升自己产品的质量或提高工作、管理效率。此外，在高新技术产业的带动下，与高新技术产业相匹配的配套企业应运而生，如知识密集型的教育、通信、信息、商业、金融等服务部门的快速发展，拓展了知识产业的领域，从世界范围来看，传统工业仍在社会生产中占据主要地位。但在一些发达国家，以高科技企业为代表的知识产业正在取代传统大工业的地位，成为社会生产中最重要的生产部门。

四、知识资产是企业超额利润的主要源泉

知识通过对生产要素的作用，使生产要素在生产经营中的作用和价值发挥发生了颠覆性的变化，知识对价值创造的意义在于导致生产能力发生变化，最终表现为生产率得到大幅提升。知识作用于劳动力和其他生产要素，不仅提升劳动生产率，还能够生产出新的知识产品，如新工艺、新产品、新创意等。新的知识产品因为知识的作用，使得自身在性能、特征等方面具有一定的差异性、先进性，为使用者带来更好的使用体验和更高的使用价值，具有广泛的市场空间，这就意味着生产者可以从中获得更高的市场价值和投资回报，基于新知识的新产品带来的盈利水平和投资回报，要显著高于普通的产品，这是因为知识的运用和创新，能够创造更多的市场价值总量。从创新理论来看，供给的创新催生出市场需求的创新，而供给创新的前提是技术和知识创新，具体表现为工序创新和产品创新。每一种新产品和新工艺的出现，都会使得市场出现新的需求，形成新的市场，打破原有的市场需求格局，市场需求的扩大和延展，为企业供给、生产以及创造的市场价值提供了可能，特别是供给的非均衡性使得企业获得更大的市场价值增长空间，为企业带来较高附加值和较大利润空间。知识通过创新，创造新需求，提供新产品，实现新价值，带来超额市场利润。除此之外，知识为企业带来利润，还表现在知识资产能够降低既有产品的生产成本、提高企业经济效益等方面。传统的工业化生产模式，对自然资源的开采利用，往往处于较为低端的技术水平，随着生产规模的不断扩大以及自然资源的稀缺，低端技术水平下的工业化生产成本变得越来越高，使得传统生产工艺下的产品价格居高不下，市场规模难以扩大。但在知识创新时代，知识和创新具有无限增长的可能，知识进步带来的新技术新工艺，一举改变旧有工艺下的产品生产模式，不再依赖过度的自然资源的投入，而是依靠科技进步的方式来取得。换言之，相同的投人规模，采用新的工艺和新的技术之后，与旧有的生产工艺和生产技术模式相比，既能够使得产出更多，也能够提高产出效率，投人成本随着产出水平和产出效率的提升而被大幅摊薄，所以，会比传统生产模式下的竞争对手获得更为丰厚的超额的市场利润回报。

第二节　产业知识是企业获取市场竞争优势的核心资产

一、知识是企业核心竞争力的基础

美国学者普拉哈拉德（C. K. Prahalad）和哈默尔（G. Hamel）两人通过对佳能、本田等制造型企业的考察，发现组织中的积累性学识，特别是关于如何协调各种不同的生产技能和整合不同的技术流的学识，是赢得市场竞争优势的关键。他们将这一观点在1990年发表的《企业核心竞争力》中首次提出，并将之称为核心竞争力。他们认为核心竞争力是指具有企业独特特性的知识系统，能够给企业带来持续竞争优势，是企业在市场竞争中获得超额利润的依据。因为具有很强的企业特性，企业核心竞争力很难被其他企业所模仿，核心竞争力是一个动态的概念，不是静止不变的，随着时间的不断积累，企业核心竞争力的外在表现会随之改变，但本质不会改变，因为核心竞争力在本质上是一个知识学习和创造的过程，为了达到这样的目的，学习就成为核心竞争力积累提升的重要途径。在企业核心竞争力研究传人我国后，我国的学者也对此做出相应的界定，如将企业核心竞争力看成企业有效使用生产要素的能力，认为企业核心竞争力是企业特有的经营化了的知识体系，竞争力的本质是企业特有的知识和资源，无论国外还是国内学者，对企业核心竞争力的理解都离不开知识和知识运用，概言之，知识是企业获取竞争优势的基本因素，是形成核心竞争力的基础。

知识就是生产力，知识就是创新能力和竞争力，知识就是企业未来的价值所在，这些观点在当下的知识经济时代，已经成为学界和企业界的共识。在工业时代，物质资源和货币资本是企业参与市场竞争，获取市场竞争优势的利器，随着产业知识在企业经营中不断被开发出来，并投人经营活动之中，在市场竞争过程中，获取超越一般生产要素所能带来的丰厚回报，知识越来越成为企业所重视乃至最为重视的生产要素，与此相对应，企业的核心竞争力逐渐由物质资源、有形资产等演变为一系列的技术、规则和文化等所组成的非物质形态的资产，正如美国管理学大师彼得·德鲁克所言："真正控制资源和绝对是决定性的生产要素既不是资本，也不是土地，而是知识。"在德鲁克看来，知识是企业拥有的唯一独特的资源，知识不是企业核心竞争力，但知识是企业核心竞争力的基础，只有通过知识的运用和价值发挥，才能构建企业的核心竞争力。知识在企业中无所不在地发挥作用，有的企业知识比较先进，有的企业知识比较落后，知识先进的企业由于能获得更多的市场收益，所以更能为他人所注意和效仿。企业的知识存量影响企业资源的配置模式、配置效率，知识存量大、知识运用能力越强的企业，企业资源配置往往就越合理，配置效率就越高，越是能通过知识运用的途径获得较好的市场收益，并能从知识运用过程中，获得新知识，实现知识创新。经过知识运用、知识创新的不断循环，企业知识具有了特定的个性特质，使得企业知识与企业黏在一起，难以分离，使得知识使用和知识创造产生很强的路径依赖，一旦脱离了企业具体的情境，知识对资源配置模式的影响就失去了应有的意义，难以获得相应的配置效率，这决定了企业知识难以模仿，由此而形成的市场竞争优势也就具备了难以模仿性，一旦企业获得以企业知识为基础的核心竞争力，竞争对手或者其他组织在短期内难以通过模仿、复制的手段获得。

以知识为基础而形成的核心竞争优势，在企业经营中主要表现为产品供给的创新，以及由于创新而形成的产品供给垄断。由知识创新形成的新产品、新工艺，与市场现有的产品和工艺，存在很强的差异性，具有很强的独特性，从而在市场上形成"只此一家，别无分店"的垄断现象，企业知识的技术含量和创新性越强，形成的技术壁垒就越高，形成的垄断概率就越大，竞争者就越难进入，企业获得的市场竞争优势就越强。

二、产业知识是企业获取竞争优势的核心资产

企业知识是企业核心竞争力的基础，但并不意味着企业知识一定就会形成核心竞争力，并由此带来市场竞争优势。企业知识促进企业核心竞争力形成，并由此获得市场竞争优势的前提是：企业拥有知识并能控制和合理使用知识。形成企业核心竞争力的知识，不是静态存在状态下的知识，而是动态使用过程中的知识，唯有在企业经营过程中对企业知识的动态使用，才能形

成核心竞争力，才能借此获取市场竞争优势。在农耕时代晚期，由于科学技术的进步，知识在各个领域得到不同程度的推广使用，激发了工业革命，工业革命是产业知识在工业领域广泛使用的结果。自工业革命以来，知识对工业的影响速度和程度都呈几何级数增长。在早期的传统工业时代，产业知识的创造和集中使用过程，就是生产力得到大幅提升的过程，扩大具有知识含量的资产比例，进行知识产品的创新，是传统工业时代的企业获取竞争优势的主要手段。虽然企业主观上并不刻意追求企业知识，但在客观表现上却是如此，企业的本质在于追逐利润，在追逐利润的过程中，总会选取投入少而效率高的路径，通过对这些追逐利润的路径和模式归纳总结，发现知识含量高的路径和模式的资产回报率最高，从事知识创新活动的经营行为获得的市场回报率最高，促使企业追求市场回报、获取利润的手段高度趋同：追逐知识进步和知识生产，获得先进的知识并将之投人到市场经营体系中，就能获得更多的利润，利润回报率的高低，不再仅仅取决于投入规模，更多地取决于企业知识存量和知识创新能力。这就形成一种现象：在同一产业内部，一家账面资产总量庞大的企业，其盈利能力可能很低，而一家账面价值很小的企业，其盈利能力则可能很高，之所以如此，是由于二者的经营资产中，知识含量大的资产所占比重不同，拥有的知识水平和知识运用能力不同，最后导致资产规模与盈利水平出现反差的局面。

随着科学技术的不断进步，知识在产业界得到更为广泛的推广和使用，当早期的工业化生产时代进入现代工业化生产时代时，产业知识在企业获取市场竞争优势方面的作用方式发生了改变。在传统工业生产时代，先进的产业知识产生于生产过程，并作用于生产过程，使得企业获取市场竞争优势。而在现代工业化生产时代，先进产业知识发挥作用，不仅局限于对生产过程的影响，更注重将产业知识的创新从生产制造过程中独立出来，行业中的一些领先企业逐步将生产制造过程转移出去，分立出单纯从事生产制造的产业下游企业，构建并强化研发创新、品牌塑造、知识产权保护等知识含量要求的产业流程，强势掌控决定企业核心竞争力的知识要素，企业的生产经营形态发生了改变，由传统加工制造企业演变为知识生产和创造企业。例如，现实中的苹果公司、爱立信公司等企业把生产制造流程分立出去，甚至外包，退出生产制造流程，把更多的精力聚焦于核心技术与品牌的塑造。再如，福特、大众、通用汽车等公司，在本土之外大量投资设厂，从事整车生产制造，但研发和设计仍然集中于本土，这些企业虽然将部分生产制造过程让渡出去，但强化了对知识含量较高的生产流程的掌控，不仅没有削弱企业市场竞争力，反而进一步强化了企业的市场竞争优势，强化了对产业发展趋势的把控能力。

企业对利润和市场回报的追逐是无止境的，这一驱动，使得企业对应用和创造新的产业知识诉求也是无止境的，在产业知识使用和创造效用的激励下，企业的生产经营流程发生了改变，专门从事企业知识生产的流程被独立出来。出于知识运用和创造效率提高的考虑，企业生产经营流程也在不断的调整变换过程中，高新技术企业在这个变换调整过程中应运而生。产业知识对企业市场竞争优势的影响，发展出第三种形态：为谋取市场竞争优势，获得超额的市场利润，出现了专门从事高新技术运用和创造的企业，即高新技术企业，高新技术企业是指通过科学技术或者科学发明在新领域中的发展，或者在原有领域中革新式的运作，高新技术企业的形成和发展，大致都经历过这样的路径：首先从产业知识和技术的前沿和高端起步，研发出更为先进的、符合市场需求的产业知识和技术，取得产业知识和技术的突破，凭借产权保护等政策措施，形成大量的知识积累，带动企业的创新能力不断增强，与产业中的其他一般企业在能力上形成显著差异，在市场上形成技术壁垒，最终形成市场垄断地位。这种垄断形成的核心竞争力既难以通过市场购买方式获得，也无法在短期内通过内部知识积累和创造追赶，一旦在市场上形成技术壁垒，产生技术垄断现象，往往会形成“先入为主”“独霸市场”的产业格局。例如，计算机主板、CPU 主要由英特尔和 AMD 两家厂商垄断供应，微软的 Window 视窗操作系统则横行全球，不是其他企业不能生产出这样的产品，而是由于最早提供这些产品的企业在市场上形成了先人为主效应，经过企业自身努力巩固这种形象，最终形成了市场垄断格局，其他企业很难撼动它们的市场地位。

三、知识资产是企业内部的契约性制度安排

从制度经济学的交易成本理论视角来观察企业知识资产的性质，可以将之看成企业内部的企业制度性安排。交易成本理论体系的核心要义有两个：

一是产权；二是交易成本。明确产权归属，才能形成交易，交易费用影响产权归属的变更。在企业中，各种生产要素均是有价值的资产，企业以契约的方式从外部获得，这些生产要素的产权归属于企业，归属于企业控制和使用。特别是长期资产，其契约性更为明显。正如科斯在其著作《企业的性质》中所讲："为某种物品或者劳务的供给签订长期的契约是符合期望的，这可能源于这样一个事实，如果签订一个长期的契约以替代多个短期的契约，那么签订每一个短期的部分费用就被节省下来，或者，由于人们出于规避风险，宁愿签订长期契约，而非短期契约。"生产要素能否为企业所用，企业能否从生产要素中获得相应的价值增值，并不在于生产要素的自然属性，而在于生产要素与企业的归属关系，即使生产要素的价值很高，很重要，但不归属于企业，对企业而言，也是没价值的。越是归属于企业，乃至于长期归属于企业的资产，才是构成企业生产经营的关键要素和核心要素。实物形态的生产要素的价值具有独立性，能独立于企业而具体存在，能够在产权明确的情况下，进行市场交易，实现产权让渡和转移，企业对实物形态的生产要素的拥有、使用和处置，都是建立在契约的基础上，结合生产经营的需要，契约期限可长可短。然而，企业知识作为生产要素，与实物形态的生产要素不同，难以独立存在，具有很强的黏性，附着于企业、员工、经营流程或者作用于其他生产要素等存在，一旦脱离具体的经营情境，企业知识就失去了应有的价值，从这个意义上来看，企业知识是企业经营所需要的生产要素，其与企业的关系，也以契约关系的方式而存在，但企业知识只是附着于企业而存在，加之企业知识资产，具有可重复使用、非完全排他性等特征，使得企业知识与企业之间的关系，较一般生产要素而言，只能以契约关系的确定作为其存在并发挥作用的前提。

企业知识资产的契约关系，从本质上讲是以法律的形式规定知识资产所有者拥有法定的排他权，由于知识资产同其他形态的资产不同，知识资产一旦形成，就具备了非排他性的低成本，乃至零成本的重复使用特征，具备公共物品的特征，如果不以法律的形式规定知识资产的权利边界，就会使得企业难以通过使用和创造新知识而获取相应的收益。例如，某家企业通过大量的投入，进行知识创新，取得了知识创新的成果。但由于这些知识资产具有公共性特征，但凡使用这些创新知识获取市场收益的经济活动主体，均是知识创新主体的免费“搭便车”者，获取了收益，却未支付成本。长此以往，必然会打击知识创新者的知识创造积极性。反之，正如张五常所言：“近代经济学家都同意，若研究所能获得产权保障，研究工作就会因为可以期待市场的奖赏而增加。以法律的形式规定知识资产的使用范畴，形成知识产权，明确知识资产的产权界限，杜绝了企业契约之外对知识产权的使用，终结知识资产的使用、创新的部分公共性，确保知识创新者从知识创新中获得应有的市场竞争优势以及由此而带来的市场收益。这样，企业知识的资产性质，在法律框架内得到正式认可和保护，真正成为法律意义上的资产。而处于法律框架之外的非产权类知识资产，如商业秘密、隐形默会性知识，虽然没有采用法律形式以知识产权方式确定，但在现代法律体系下，这些企业知识的产生和运用过程，仍然是缔结契约关系的结果，表现为企业通过买卖合约或者内部规章制度、雇佣合同等方式界定企业知识的使用范畴，采用特定的保密条款对企业知识加以传播和扩散，使合约各方均可享受相应的权利，并承担相关的义务，法律对这些权利和义务的界定，予以认可，加以保护。比如，企业在生产经营过程中研发的技术创新和发明，事前通过契约规定属于职位发明的，其产权为企业所有，他人不得据为己有。即使向外泄露，也属于侵害企业权益的范畴。

在企业契约前提下产生的新知识、新技术，是契约的产物，由此而形成的或有收益权限也受到契约的约束，归属于企业或者契约明确规定的相关主体。另外，员工因为在企业工作过程中，尤其是从事知识运用和创新的过程中，积累了相应的知识技术技能，提高了人力资本价值，换言之，企业中从事知识生产和创新的员工，其工作过程，既是产品和服务的产出过程，又是人力资本价值增值过程，对于人力资本增值部分的占有和使用，也构成契约关系，是企业与员工之间通过契约关系而形成的企业对员工知识和智力的占有。企业与员工之间的雇佣契约确立企业对员工劳动的占有，从而间接地占有员工的知识和智慧，尤其是对于掌握企业关键知识岗位的员工，会以特别的方式对员工的就职、工作职位和离职做出规定，本质上是对工作中形成的人力资本增值部分予以占有，企业为了实现可持续性发展，必须尽可能地与人力资本增值能力强的员工保持长期雇佣关系，并通过契约限定双方在人力资本增值部分的使用权限和利益分配关系。人力资本及其增值在企业内部形成，是企业知识作用于劳动力这一生产要素的结果，企业通过契约形式来确定人力资本及其增值部分的价值归属和产权归属，但是员工在企业工作过程中，人力资本价值发挥程度的大小要受到员工主观态度的约束，如果员工主观不努力，附着于其身的人力资本价值就得不到实现，那么通过契约来分配人力资本价值及其收益，就成了一句空话。在企业与高人力资本价值的员工之间，如果没有建立起比较完整有效的长期契约关系，尤其是以信任为基础的长期契约关系，企业对劳动力生产要素的使用就是权宜的、短暂的，员工成不了企业的核心员工，在这种情况下，基于人力资本增值及其价值分享的契约关系就不复存在。

知识资产作为企业内部契约性制度安排，还表现在企业管理结构和社会关系结构方面。对于企业来讲，企业内部管理结构及其与社会关系结构对企业经营结果也会产生很大影响，企业内部管理结构以及与社会关系结构的形成，在本质上也是企业知识运用的结果，企业管理结构包括组织结构、规章制度安排、经营流程等方面，是企业在长期经营中形成的，具有很强的路径依赖性，是企业员工共同遵守的价值理念、企业目标、企业形象以及由此而形成明文规定的规章制度和行为规范，因为其直接影响企业经营效率，具有很强的价值属性，也被称为企业的组织结构资本。企业与社会关系结构，是企业社会资本的外在表现，企业的社会关系资本是指企业在生产经营过程中，与客户、供应商、合作伙伴、政府、居民等主体以信任和互惠为基础形成的来往关系，这些关系的存在，有助于提升组织流程的质量和效率，促进企业实现其目标和实现目标活动，是嵌入企业网络结构中的显在和潜在的资源和能力集合。简言之，就是企业通过纵向联系、横向联系和社会联系摄取稀缺资源的能力。可以看出，企业的社会资本能够给企业带来收益和增值，属于企业资产的一部分。企业的组织管理结构和社会关系结构，从企业内部来看，也是一系列的关系综合，是企业通过一定的价值理念和行为规范，在企业内外形成的一种交往网络，在交往网络中，交往的各方主体都有一个明确的价值判断预期、行为决策预期和利害得失预期，这种预期的形成是基于一种显性的规则或者惯例使然，这些显性规则或者惯例在本质上属于企业契约的组成部分。从企业外部来看，社会关系结构和内部管理结构，就是企业一系列内部制度性安排形成的契约结果，因为其在企业长期存在与发展中起着至关重要的作用，从而资本化为企业的长期资产。

第三节　知识资产的内涵、分类与特征

一、企业知识资产的内涵

产业知识通过对生产要素的作用，提高生产要素的价值增值能力，成为企业核心竞争力的基础；企业通过对产业知识的运用和创造，构建具有垄断特征的市场竞争优势。产业知识的这些特征足以说明，产业知识是企业所拥有的一种资产形态，可称之为知识资产。知识资产概念提出后，引起了经济学、管理学和社会学等相关学科的广泛关注，对知识资产内涵的认识和概念的界定，既有共性，也有各个学科的个性。制度经济学家加尔布雷思在1969年首先提出知识资产的概念，把知识资产理解为一种动态的知识活动，而不是传统的固定资产形式，加尔布雷思提出知识资产的概念，描绘了知识资产的特征，但并没有对知识资产进行明确的界定，缺少完整的概念阐述。早期关于知识资产的研究，偏向于知识对企业员工知识能力和综合素质状况的影响，从而测评知识资产的价值，强调知识资产在企业生存和发展中的重要性。具有代表性的观点包括：

①将知识资产定义为企业内每一个成员所拥有的教育、信息、专业知识、经验和知识产权等能够为企业创造市场竞争优势的所有知识的总和（Stewar&Losee，1994）。这个观点重视知识对劳动力的影响，知识增强了劳动力的人力资本价值，人力资本价值又作用于生产经营过程，提升工作效率，最终表现为生产经营效率的提升。不足之处在于，其忽视了产业知识对劳动力之外的生产要素的影响，忽略了企业其他可编码和不可编码的知识资产的价值。

②将知识资产界定为企业物质资本和非物质资本的综合，知识资产的价值体现在企业账面价值和市场价值的差额，其中包括人力资本和结构资本（Edvinsson &Sullivan，1996）。这个概念界定侧重于知识资产的价值测量，而非概念界定。

③将知识资产定义为能够提高企业生产效率，带来市场价值的所有知识，包括受法律保护的有形资产，如专利权、注册商标、商业秘密等；也包括嵌入于企业无形资产和根植于员工头脑的技术诀窍、企业经营哲学、服务理念、销售渠道和生产流程等（Wilkins，1997；Tao，2005）。

随着信息技术在知识应用和创造过程中的影响不断扩大，以及对知识资产研究的不断深入，早期的知识资产内涵得以进一步扩展和提高。有学者认为在网络情境下，企业知识资产范畴不仅包括内部，还应拓展到客户关系、销售渠道资源、合作伙伴网络、品牌声誉等企业外部关系性资源（Bontis，2000），将能够提升企业竞争优势或者创造实际价值的所有可编码和不可编码的知识性因素，包括企业内部和企业外部的，全部纳人企业知识资产范畴。自此，知识资产的界定和相关研究，均在此基础上不断地丰富和深入，综合来看，对于企业知识资产的界定，存在狭义和广义之分。狭义来讲，企业知识资产就是知识产权，获得法律认可、能够为企业生产经营带来收益的那部分企业知识，是可编码化的、法律化的企业知识，如专利、商标、版权等。广义的企业知识资产，是将狭义的概念衍生到企业员工个体所拥有的隐性知识、市场诀窍、客户关系等内容。综合企业经营活动的实践表现以及知识资产在经营中所起的作用来看，企业知识资产的广义概念，更能反映知识资产的内容和内涵。综合而言，可以将知识资产概念界定为：能够为企业创造经济价值，增强企业市场竞争力，并且为企业所控制的所有知识的总和，既包括受到国家法律保护的法律化企业知识，如企业专利、商标、版权等，也包括员工掌握的技术诀窍、客户资源、社会关系、销售渠道等隐性知识。

二、企业知识资产的分类

在认识和了解企业知识资产的基础上，对企业知识资产加以分类和研究，可以更好地把握企业知识资产的特性，以便企业更好地发挥企业知识价值，提升企业经营效率，这是企业知识资产研究的意义所在。基于不同的角度，对知识资产的分类，结果也有所不同。

专业有学者借鉴罗伯特·卡普兰和戴维·诺顿平衡计分卡的思想，分别从财务、顾客、业务流程和可持续性发展四个视角，依据企业知识对这四个方面的影响作用不同来划分企业知识资产类型，在此基础上，进一步地借鉴无形资产负债表的做法，将企业知识资产高度概括性地一分为二，一是人力资产，二是结构资产（Edvinsson&Malone）。人力资产主要是指企业内附着于员工个体的企业管理技能、知识经验、学习能力，具有人身附属性，随着员工个体的流动而流动；与人力资产附属于员工个体不同，结构资产是依附于企业组织而存在的知识资产，包括组织结构、企业商誉、专利版权、客户关系、软件数据库、政府关系资源等。还有学者提出知识资产的人力—结构—关系（H-S-C）三分法（Stewart）。是将企业知识资产划分为人力资产、结构资产和关系资产三个类型，人力资产的范畴与前文所讲的二分法中人力资产的范畴一致，是指内嵌于企业员工的知识资产，表现为员工知识技能、经验水平和可持续提升的能力，是企业从事生产经营活动的劳动力基础；结构资产是指除了嵌人于员工个体之外的所有知识资产总和，包括组织结构、规章制度、经营流程、组织文化、管理模式、经营理念等，注重组织运行保障的惯例和规则，是企业从事生产经营活动的内部环境支撑和保障；关系资产则是强调企业对外交往形成的关系总和，包括企业商誉、政府资源、企业形象等，是企业从事生产经营活动而形成外部关系，是以非货币形式存在的资本，是企业价值创造和增值的外部保障，具体分类以及内容，对企业知识进行人力—结构—关系的三分法，是国内外学界对知识资产进行分类的主流观点。

三、知识资产的特征

产业知识能够成为资产的组成部分，最根本的原因在于企业知识的收益性特征，产业知识能够为企业带来收益，能够增强企业的市场竞争力，在企业获取经营利润方面，发挥着重要作用。因为产业知识能够带来收益和增值，使得产业知识具有了资产的属性，作为企业资产，一方面，能够参与到企业经营活动过程中，对内可以提高企业经营效率，对外可以塑造良好的企业形象、强化市场地位、树立良好声誉等，为企业带来收益和价值创造；另一方面，也可以将知识转化为资产表现形态，通过交易买卖、交换转让等方式为企业创造价值，带来收益。企业知识的收益属性，还表现在对创新能力的提升。企业将拥有的产业知识运用到经营活动过程中，既是产业知识运用过程，也是对知识进行改善、提高和创造的过程，在这一过程中，企业的产业知识存量、质量和水平都有了进步，企业也因此拥有了更多数量、更高水平的产业知识，将这些新的产业知识投入到下一轮的经营活动过程中，能够提升企业市场竞争力，获取更多的价值创造。由此周而复始，企业就能够拥有不断创新的自我提升能力，这些能力是建立在对产业知识的运用和创新基础之上的，成为产业知识的重要组成部分。

企业知识的第二个显著特征是外部性。知识资产外部性特征表现为在经营过程中知识使用的非竞争性和不完全排他性，企业的知识资产不仅能够为本企业带来收益，还可以低成本甚至零成本地为其他企业带来收益，具有很强的正外部性特征。换言之，企业个体拥有或者创造出来的产业知识，被其他企业或者其他组织所获取或者利用，在利用过程中，谋求收益和价值创造，这就是通常所讲的知识溢出效应。适当的知识溢出和有意识的知识溢出，既能够给知识接收者带来收益，为知识再创新提供可能，也能够给双方基于共同产业知识利用的合作创造机会，使得知识溢出方和知识接收方共同受益。但因为产业知识能够带来收益，具有资产属性，在外溢过程中，具有“搭便车”的可能，使得企业所拥有的个体产业知识被刻意模仿，侵犯知识创新企业的正常收益回报，使得知识创新企业难以弥补为创新活动而投人的成本，降低了创新企业的创新收益预期，挫伤了企业的创新热情和积极性，抑制了创新活动的持续发展，这构成了产业知识，尤其是产业集群情境下的产业知识治理的重点和难点。

第四节　基于演化视角的产业集群知识资产形成机制

自世界经济合作与发展组织首次提出知识经济概念以来，知识被普遍看成推动经济增长的关键生产要素，于地区来讲，知识是推动经济增长的首要因素，于企业而言，知识是企业获取市场竞争核心力的关键要素。在这种认识推动下，具有资产属性的企业知识，包括个人的、群体的、组织和网络的诀窍知识等，是企业在投入、产出和协调知识创造过程中形成的具有特殊价值的、不可或缺的资产。Stewart 建立了人力资本—结构资本—关系资本模型来探测企业知识表现形态和存量规模，在企业知识测评方面，这种测评模型具有广泛的认可度。但是，适用于探测企业知识的形成、表现形态和规模的模式，不一定就适合用来探索集群的知识形成路径以及产业知识的表现形态。在产品差别性分工和生产工序性分工的国际经济分工格局与全球生产网络背景下，出于追求产业分工、范围经济、规模经济等因素带来的效应而形成产业集群。在全球价值链上，专业化分工使得集群生产片段化，导致产业知识的传播和运用局限在特定领域，集群性知识在参与全球经济活动中价值尚未充分展示，产业集群发展受限。所以，探索产业集群知识的形成路径，探索产业集群知识的演变状态，识别产业集群知识所处的地位和发展趋势，寻找提升产业集群知识水平的策略，是推动产业集群发展的关键所在。

一、个体知识与群体知识的形成与演化机理

达尔文主义的"变异—选择—遗传"演化理论分析框架，不仅适用于考察生物进化的演变，还适用于考察产业集群的形成和发展过程的演变，运用达尔文主义的生态演化理论来考察产业集群，我们称之为经济演化理论，该理论在产业集群中的运用，是以技术创新和制度变迁为核心，探索产业集群以及集群中的经济体在市场环境变化过程中不断创新和选择的非均衡的、动态的过程。经济演化理论超越传统经济学的"经济人"假设，侧重于探索知识在产业集群演化过程中的影响。产业集群的形成与演变受知识的影响，而知识本身也在不断地演化，知识的演变推动产业集群的演变，产业集群的演变对知识演变的速度和方向提出了更高的要求。从知识角度来看，产业集群是一个不断演化的知识体系，该体系由四个层次的组织单元，这四个层次的组织单元分别是知识个体、知识种群、知识群落和知识生态系统。在集群知识体系中存在知识分布、知识交流、知识竞争和知识演化的关系，与物质资产不同的是，知识资产不仅具有个体、企业和产业组织的层级性，在数据、信息、知识、专门知识和能力五个方面，也存在质量等级性的差异。

对于员工而言，获得产业知识的首要动因就是产业知识能够带来效用，包括物质利益方面的效用和精神层次方面的效用。出于对效用的追求，员工具有获得新知识和创造新知识的动力。最初的知识生产都是源于个人追求自

身满足这一过程的结果，是一种包含结构化的经验、价值观、关联信息以及专家见解等要素流的动态混合物。员工个体的知识增长和演化是通过学习活动来形成的，学习过程一般包括三个阶段：第一个阶段是个体从外部环境纳人信息，在了解、熟悉和掌握知识后，进入形成内部知识的第二阶段。学习过程中的第二个阶段，是知识生成阶段，是员工个体在对自然界、人类社会以及思维活动的信息感知认知基础上，通过归纳、解析、推理等理性思考，将吸收的外部知识内部化，形成自身的知识积累和提升。产业集群以及其他外部环境的变化，总是会诱导产业知识发生变异或者促进新知识的产生，员工个体为了适应产业集群以及其他外部环境的变化，会不断从环境中获取自身的需求，提高自身的适应性能力。那些对员工个体产生负效用以及效用不显著的知识，或被淘汰，或被更新。正是出于追求效用满足的激励，员工个体不断地主动吸收知识、创造知识和检验知识，使得主体不断地更加适应环境，并按照员工个体的效用目标，力所能及地改变环境，使得产业知识在个人层面上不断得以累积，成为获取更大效用或者利益的基础。知识资产在个体与环境的适应过程中，以效用价值优劣和高低作为知识取舍标准，促进知识的不断演化，在演化过程中不断提高和发展。

个体知识汇聚成流，形成群体性知识，个体知识在群体知识中起到类似于“知识基因”的作用。著名发展心理学家让·皮亚杰（Jean Piaget）清晰地解释了个体认知过程，英国哲学家迈克尔·波兰尼（Michael Polanyi）则将知识划分为隐性知识和显性知识，这二人的研究成果较好地解释了知识的人际传播和演化过程。在此基础上，日本学者野中郁次郎（Ikujiro Nonaka）和竹内弘高（Hirotaka Takeuchi）构建了个体知识向群体知识演化机制的SECI模型，该模型认为，无论是人的学习成长，还是知识创新，都是在群体情境下实现的，只有在群体情境下，通过相互交往，相互借鉴和启发，才能实现个体的学习成长和知识创新，由此可以进一步推论，正是社会的存在，才有文化的传承活动，任何人的成长、任何思想的创新都不可能脱离社会的群体、集体的智慧。因此，关于“隐性知识”与“显性知识”相互转化SECI模型的“社会化（Socialization）、外在化（Externalization）、组合化（Combination）、内隐化（Internalization）”过程，每完成一次螺旋式上升的阶段都有一个具体的情境存在，可以将情境称为场域（Ba）存在。对应于知识转化四个过程阶段的场域，分别为创始场域（Originating Ba）、对话场域（Interacting/Dialoguing Ba）、系统化场域（Cy-ber/Systemizing Ba）、练习场域（Exercising Ba）。SECI 模型较好地解释了不同类型知识相互之间的转变，揭示了知识演化的内在规律和内在机制。在实践中，将此模型进行有意识的采纳和运用，推动了个人知识得以在群体、社会等更广范的时空范围内流动和传递，既增加了知识总量，也促进了知识在更广范围的传播和使用，知识在传播过程中，知识形态经过不断地转化和运用，满足了使用者对知识使用的诉求，提升了知识的总体效用。

在知识的传播和使用中，由于人们对知识的使用目的不同，知识表现形态也会发生不同的变化。相同的知识原理在不同领域、不同产业的表现形式存在一定的差异性。一般来说，相同或者相似的知识，具有较高的交流和传播效率。这是因为知识传播和运用的主体是人，知识是在人与人之间进行传播和使用的，因此，人对知识的理解和接受能力，决定了知识传播和使用效率。人与人之间存在认知角度和认知领域的差异，在人际的知识交流与转化过程中，相似的认知视角和相似的认知对象，能够提高主体交流密度和交流效果，提高知识传播的速度，强化知识传播效率。

在认知领域，认知视角相同或者相近的个体，沟通的内容、渠道、方式具有可接近性和可理解性，容易聚集在一起，建立对世界的共同认知和分析范式，共同认识和探究认知对象的内在本质与外在现象、结构体系与实质内容、日常运行与变异更新，由此而形成专业化的知识，通过专业化的方式，以专业化的认知视角和专业化的思维，形成了个体化的专业知识，个体化的知识在群体内传播和分享、融合和优化，最后大浪淘沙，提炼出更加符合客观规律的经验总结和科学知识。产业集群是相同或者相近产业的众多企业在专业分工基础上形成的聚集，对产业知识具有共同的理解、运用和诉求，使得产业集群内的产业知识传播和交流效率要远远高于产业集群外的知识传播和交流效率。在个体基础上形成不同专业化的群体，就构成知识部落。在实践领域，从不同角度，采用不同类型的知识作用于共同的实践对象，发挥不同种类知识的协同效应，获取综合性的效能。

在现实中，企业是某一产业的知识共同体，是知识运用、创造的场所，也是不同类型知识综合运用的场所。企业产品、服务的生产和提供，需要企业内外众多的个体知识整合，需要来自不同专业知识的配合和衔接，包括采购、生产、运输、仓储、销售、售后服务、金融投融资等领域的专业知识。作为一个认知系统，企业由众多的节点共同组成，每一个节点都是包含专业知识的长期积累和运用所形成，这些节点是由众多个体、团体、部门、结构和程序构成。与此相对应，企业的知识体系是由众多节点专业知识的总和，这种总和，不仅仅是简单的加总，也不仅仅是企业决策的结果，而且是节点间的专业知识持续的相互作用的结果，是个体的交换、苦心经营的部门、个人预期、共享的标准、程序和组织机制等多方面共同作用的结果。

二、产业知识演化的集群性

产业集群是基于企业追求专业化分工带来的规模经济效应和范围经济效应而聚集形成，专业分工的本质是产业知识在产业链条上不同环节的分配，产业知识是推动产业集群形成和发展的根本性力量，产业知识扩散与知识创新是集群中重要的两种知识活动，集群中的知识扩散主要是经由经济主体的各类交往活动来实现。产业集群的地理集中特性，加大了企业间交往的频率，并通过面对面的交往，提高了经济主体间知识传播与使用的效率。但集群内各经济主体的知识基础和知识吸收能力存在差异性，使得知识在产业集群中呈现非均匀性分布。学者迈克尔·波特认为，知识创新是产业集群形成和发展的动力源泉，从产业集群中的知识演化过程来看，知识创新是知识演化的关键环节，知识并不直接形成组织的市场竞争力，而是通过提升企业的创造力，促进企业在产出上形成创新，在经营上提升效率，进而获得市场竞争优势。产业集群是集群中各经济主体的知识活动的运行平台，是一个集知识运用、传播和创新于一体的复杂的开放系统，集群知识演化过程要受到产业集群两个因素的影响：集群企业知识创造与集群企业间知识流动。沿着这个分析逻辑，可以将产业集群的知识演化分解为两个阶段，产业集群中的知识主体在知识运用过程中，创造出新知识，这里的知识创造，既可以是单个经济主体所为，也可以是多个经济主体联合所为，这是第一个阶段，该阶段的主要表现就是产业集群的知识增长。在第二个阶段，产业集群中出现的新知识，从创新的主体扩散传播出去，使得新知识在整个产业集群内分享和获得，促进产业集群进行进一步的知识创新，这两个阶段的活动交替循环进行，构成产业集群知识演化的整个过程。

在信息技术高速发展的推动下，产业集群知识的流动和传播效率得到大幅提升，甚至可以突破时空的限制，实现产业集群知识的跨时空交流和传播。正是由于信息技术能够实现远距离的、非人际接触式的信息传输和交流，使得在产业集群知识研究中，出现否定产业集群地理集中性的无效论，认为产业集群的地理集中性对产业知识的沟通交流、运用、创新没有实质性的影响，通过信息技术的辅助方式，产业知识能够跨越产业集群地理聚集的限制，在整个产业链条中进行传播和交流，在整个产业范围内，形成大一统的产业知识领域，产业知识的区域性特征和价值将不复存在。但在现实中，并非如此，信息技术的发展，确实提升了知识交流的效率和规模，但这并不意味着它能够替代产业集群的地理集中性对知识传播和创新所产生的作用。产业集群地理集中性特征，加大了产业集群企业面对面的交往频率，并通过面对面的交流，提升了知识扩散的效率。在产业集群的地理集中特性上形成的面对面人际交往模式，使得知识扩散、使用和创新具备了地理区域性的特征，甚至知识的价值表现也具备地理区域性的适用性特征，从这个意义上来讲，产业集群的地理区域，不仅是产业知识交流、使用和创造的场所，而且是产业集群知识创造的对象，在此区域中形成的产业知识，具备了区域性的主要特征，产业集群的知识资产价值也就相应地具有区域性特征。

产业集群知识的形成具有特定的区域性和集群性特征，具体表现为：一是知识资产的生产具有集群嵌入性和地域的根植性特征。知识产生于人与环境的互动中，适应环境和改变环境是人们认知的主要诉求，由此产生一系列的经验和规律总结，是为知识。有什么样的人，有什么样的环境，就会产生什么样的知识。作为认知主体的人和作为认知对象的环境，无论是自然知识还是产业集群的专业分工的技术知识和社会知识，知识生产过程都具有产业集群的嵌入性和地域根植性特征。二是根植于区域而产生的产业知识，其传播和使用受到空间距离衰减的制约，使得知识的产业集群嵌入性和地域的根植性得以强化。虽然信息技术的发展改变了知识传播的速度和效率，打破了时间约束。信息技术对知识传播方式和效率的改变，更多地体现在可以编码的显性知识方面。但在隐性知识的传播速度和效率方面，信息技术的作用并不明显，经验性的经验理念、操作性的技术诀窍等隐性的知识，更多的是依赖于人而存在，无论是传播，还是创造，隐性知识都会随着人的活动空间而受到限制，与人的活动空间范围和时间范围保持一致。企业竞争优势不仅取决于显性知识的规模和利用效率，而且更取决于隐性知识的规模和利用效率，企业如此，企业聚集形成的产业集群也是如此。隐性知识的传播方式和转化运用模式，不会随着信息技术的发展而发生较大的改变，并且，产业集群由于其特定的区域性，使得产业集群隐性知识在形成、转化运用和创造过程中，充满了产业集群特色。甚至在这些具有产业集群特色的隐性知识转化成显性知识时，对隐性知识生产形成影响的人文因素，伴随隐性知识本身，融合转化成显性知识，使得产业集群的显性可编码的知识也具备了一定的产业集群特征。三是集群企业知识价值实现具有显著的区域化和产业集群性特征。集群企业知识的价值体现在产出和服务上，能否在市场上实现其价值，关键在于这些产出及服务能否获得市场认可和接受，越是符合当地市场的文化习俗、行为模式和消费理念的产出和服务，越是能够将普遍适用性的科学知识与具体的地方性知识融合起来，生产出来的产品，越是能够被市场接受和认可。这实际上就是集群企业知识价值实现的区域化特征表现。此外，相同的知识的价值实现程度和实现方式，在不同区域之间存在较大差异，原因在于，知识生产与创新能力、知识吸收和运用能力存在不同地理区域的产业集群间的差异，在知识吸收—使用—创新的螺旋式循环中，不同区域间的知识资产价值差距不断扩大。四是产业集群知识内部网络化趋势明显。产业集群在一定的地理空间上聚集，从地理空间视角来观察，产业集群知识内部网络化的过程，也是区域知识内部网络化的过程。当形成共同的产业集群实践和认知时，产业集群知识网络中的知识主体，包括产业集群中的个体、企业组织、其他组织机构以及产业集群外的环境相互作用、相互制约，在产业集群中形成了以产业知识为核心纽带的产业知识链和知识网络。产业集群之间存在差异，相应地，产业集群中的知识链和知识网络也会存在差异，这些差异体现在产业集群中的知识传播的内容、传播路径和知识主体的协作模式，这些差异的存在，又会加强知识网络的集群性和区域性特征。

三、影响产业集群知识演化的因素分析

（一）影响产业集群知识演化的知识存量规模因素

产业集群是企业追求经营效率聚合形成，企业在集群中所提升的经营效率，来源于集群中的产业知识规模以及基于产业知识运用的专业化分工，产业集群的知识规模以及知识增长能力，是产业集群形成和发展的核心要素。影响产业集群知识规模和知识增长能力的因素有很多，其中，产业集群内的技术基础设施会十分显著地影响产业集群知识的扩散能力，知识共享可以促进知识扩散，知识扩散有利于知识共享，在知识扩散和共享工程汇总，集群企业所掌握的知识会成倍数地增长，最终决定集群企业的价值创造能力和市场竞争优势。知识共享和知识扩散能力受到产业集群中的技术基础设施的影响，其影响方式和能力可以借用安达信公司（Arthur Andersen）的知识共享公式来表述：K=P+IS，其中，K 代表知识，P 代表知识拥有者，+ 代表技术，I 代表知识传播，S 代表产业集群的知识共享能力。这一公式所代表的含义是：知识（K）是由知识拥有者（P）借助技术（+）进行信息交换的能力所获得的，知识共享能力（S）能够提升知识扩散能力和扩散效果。英国巴塞罗那 ESADE 商学院教授马克斯·H. 博伊索特（Boisot，MH）在其著作《知识资产：在信息经济中赢得竞争优势》中，也发表相似观点，认为技术基础设施影响知识的扩散能力，知识是以从数据资料中提取信息为基础的一种能力，将“可抽象、可编码、可扩散”三种特性作为知识资产的识别和价值评估标准。把知识能力转化运用到生产经营过程中，知识能力就演变为知识资产，知识资产具有很强的操作性，在操作运用过程中，产生经济价值。与实物资产不同的是，知识资产在与他人分享之后，并不降低初始拥有者的效用，但知识分享却使得知识普及范围扩大，知识稀缺性降低，削弱知识资产本身的市场价值。知识分享一方面带来的产业知识普及性，在产业知识使用价值的认知性上形成共识；另一方面，知识分享导致产业知识的稀缺性降低，削弱产业知识的市场价值，二者之间产生严重的论。为解决这个论，人们通过设计以专利制度为主要内容的知识产权保护制度，但事实证明，这个制度所发挥的作用显得越来越脆弱，因为产业知识在很多情况下必须通过扩散或者传播才能

实现价值认知和价值发挥，能够有效传播，实现知识扩散的产业知识，都是经过充分编码、充分抽象才能达到相应的目的。

（二）影响产业集群知识演化的知识差异性因素

知识资产存在差异性是影响产业集群知识规模和知识增长能力的另一个重要因素。集群知识的产生具有内部演化机制，不同的产业集群，内部演化机制也存在相应的差异，在不同演化路径作用下，形成知识的规模、质量、专业性、扩散速度等也会有所不同。集群知识差异可以进一步细化为以下几个方面：①知识丰裕度差异，集群中知识种类、数量、知识专业化程度等不同，引致集群知识丰裕度的差异；②知识分布结构差异。产业集群中的员工个体之间、组织机构之间所拥有的知识不是均等的，知识有差异地分布在不同类型的知识主体之间，产业知识分布差异越大，产业知识分布越不平衡，产业集群内部的组知识主体间的知识差异就越大；③知识增长速度差异。产业集群在知识的吸纳和知识创造方面也存在差异，导致产业集群在产业知识增长速度方面存在差异。例如，传统产业集群和高新技术产业集群比较，二者对产业知识增长速度有着不同的要求，传统的产业集群知识吸收和知识创新能力较低，产业知识增长速度较为缓慢，高新技术产业集群的知识吸收和知识创新能力较强，对产业知识增长速度要求较高。概括而言，产业集群的背景、特征、管理制度、协同文化等是造成产业集群知识增长速度的主要因素；④知识开放性差异，集群内的知识主体主要通过两种路径获取外部知识：一是充分利用空间位置的㎡邻性，以“搭便车”的方式从知识高位势的地方获得新的产业知识，获取知识的溢出效应。二是基于市场交换、知识交流等方式获取知识。产业集群开放性程度越高，集群内的知识主体越倾向于通过知识扩散的单边交易机制来获得新知识，愿意单方面向产业集群奉献出自身拥有的独特性产业知识，以求得到更好的知识碰撞、柔合与匹配，促进新知识的生产和创造，相互间的知识交流就越自由，产业集群内的知识共享壁垒就会越低。反之，开放程度越低，集群内的知识主体越倾向于采用知识扩散的双边交易机制，强调知识扩散过程中的等价交换，重视单次知识交易的成本收益比较，不太注重多次重复的知识交易成本收益，导致产业集群的知识主体间的封闭性增强，知识难以自由流动。

第七章　产业集群中的知识转移

第一节　集群内的知识转移概述

一、知识转移的内涵

知识转移概念是学者在研究技术转移时提出的。1977 年，美国创新和技术管理学家蒂斯（Teece）在研究技术转移成本时发现，技术知识转移能够减小企业间技术差距，参与技术转移的企业也能够获得应用有关的知识。知识转移意味着知识从个人或团体组织转移到另一个人或团体，成功的知识转移意味着接收单位对知识的接受和吸收。学者因为研究视角的不同，而对知识转移的定义不同，学术界并未有一个统一的定义。在此之后，越来越多的学者开始重视知识转移问题，学者依据研究内容的不同，对知识转移内涵的定义也不同，并且提出了相应的知识转移模型。其中最经典的知识转移模型包括 SECI 知识螺旋模型、吉尔伯特（Gilbert）知识转移五阶段模型、苏兰斯基（Szulanski）知识转移四阶段模型和卡明斯（Cumings）知识转移四要素模型。

SECI 知识螺旋模型描述了知识创造的过程。隐性知识和显性知识在组织和个体间不断相互转化，在不断的交流中，产生新知识。社会化是隐性知识在个人之间的转移，外部化是个人的隐性知识以文本的形式记录下来转变成组织内的显性知识，组合化是显性知识在组织内的转移，内部化是组织内的显性知识被个人吸收成为隐性知识，四个过程不断循环实现知识增量。

知识转移五阶段模型是学者在分析组织层面的知识转移过程上提出的，知识转移的过程先要获取知识，再交流知识、应用知识、知识接受阶段将知识在组织不同层级广泛传播、最后是知识同化阶段，将学习到的知识变成组织惯例，应用到实际工作中去。知识同化是知识转移过程中最重要的环节，也是组织学习真正产生成果的阶段。

知识转移四阶段模型，包括知识转移初始、实施、调整、整合四个阶段，每个阶段都有明确的目标。初始阶段，知识接收方，确认知识需求，搜索所需知识，知识发送方确认是否发送知识；实施阶段，建立知识转移渠道，确定知识转移机制，实施知识转移；调整阶段，知识接收方识别和调整接受的知识，以适用于实际应用情境；整合阶段，知识接收方将新知识整合并制度化，使新知识成为组织知识的一部分，提高组织知识存量。

卡明斯（Cumings）在研究知识转移的影响因素时，从知识转移过程提取出四个要素。知识转移过程是知识从知识源到知识受体的转移过程，转移过程受到转移情境的影响。研究表明知识的嵌入性越强或可表达性越差，知识转移越难进行；情境因素包括知识距离、地理距离、组织距离和标准距离，负向影响知识转移；知识受体因素中，项目优先度负向影响知识转移，学习文化正向影响知识转移。

学者对知识转移内涵的认知，随着研究视角的不同而不同，但可以发现学者对知识转移内涵的认知，有以下几个共同点：第一，知识转移是知识从发送方到接受方的传递过程，其转移主体可以是个人或组织。第二，知识转移包括接收者对知识的吸收、反馈、应用和制度化。知识转移能够让知识接收者与发送者对相同知识有类似的认知。第三，知识转移的目的是使接受者接收和吸收目标知识，并指导企业进行创新。克里斯滕森（Christensen）认为知识转移的一般过程是关于识别（可获得的）已经存在的知识，获取它，然后应用这些知识来开发新的想法或增强现有的想法，从而使流程和行动比原本更快、更好或更安全。本书基于研究主题的考量，将知识转移定义为知识从发出者到接受者的转移，并被知识接受者应用的过程，主要包括知识获取和知识应用。

二、产业集群知识的类型

产业集群内的知识也是属于组织知识，但由于它适用的对象包括产业集群和企业两个层面，这又增加了组织知识的复杂性。因此，下面详细讨论产业集群知识的类型及其特征：

（一）组件知识

组件知识包括具体的知识资源、技能和技术，它们都涉及组织系统中的一部分而不是整体。例如，对以技术为导向产业而言，科学，技术，工程和设计技能是它们的组件知识。消费行业中组件知识包括消费行为，市场营销，销售，促销等等知识，而电影业则主要是制作，摄影，表演，和许多其他电影制作技术方面的知识。

组件知识通常是与行业的技术共同联系在一起的，是比较一致的和可阐述的，通常是具有语境依赖的，反映自然或社会的基本外部现象和规律，而不是个人或组织的历史。因此，它是可以发现，而不是由组织创造的。组件知识是有可能转移给知情人士和组织，这就是说，一旦知识提供给他们，他们可能会意识到并理解这些知识。这并不是说，所有组件知识都同样易于吸收，即使在类似环境下的企业。

而对企业持有大量的组件知识，一些企业会在内部形成，而一些企业会从其他企业获取，这种知识往往会从拥有它的企业中泄漏出来。尽管有法律保护，包括专利，版权，商业秘密，在雇佣合约的非竞争条款等，这种情况还是会发生，但一个强大的监管制度可以减缓对创新的损失。企业分享实践和经验越多，他们相互吸收能力就越大，他们也将更容易参与到组件知识的相互转移。在产业集群内的企业，它们都从事类似或相关活动，在空间上密切聚集，并且彼此之间相互交易，个人之间在非正式或社会层面的不断交流，组织之间经常交流，共同的供应商等等，所有这些特征将会导致知识溢出或组件知识泄漏给其他集群企业。因此，在产业集群内企业间的知识流动主要是组件知识。

虽然组件知识通常是有透明度和流动性，但不是所有的组件知识以同样的速度在集群企业之间相互移动。组织知识理论强调知识的特性，影响其在企业内部和之间流动的难易程度，知识已被定性为简单与复杂的，有形的还是无形的，独立与系统性，或隐性与显性。组件知识在这些不同的方面也会有所不同，包括隐性程度或知识可以编纂的程度。

（二）架构性知识

在我们框架里，第二个重要的知识类型是架构性知识，涉及把组织作为一个完整的体系、结构和规程，以负责协调和整合组件知识，使其能应用于生产并形成新的架构和组件知识。架构性知识不仅是复杂的，无形的，以及隐性的，它也是高度组织化，因果关系不明确，由于它的路径依赖而具有私有化，而且组织嵌入性（在组织内分散与公有的），以及全面的和进化的性质。架构性知识涉及组织结构和体系，它作为组织不可分割的一部分共同进化发展，而不是独立于企业存在的。因此没有两个企业有相同的历史，没有两个企业可以有相同的架构性知识。

在管理文献中，组织的和管理的过程往往定性为能力，它很大程度上是属于架构性知识类型。企业特定的架构性知识并不是很容易地泄漏给其他企业，因为这种知识其整体并不连贯组合，其利益的因果路径是不明确的，并且与企业其他架构性知识不相容。因此，架构性知识具有私有性。

架构性知识可能不容易转移，但这并不意味着它已不会对知识流动产生影响。来自于相似情况和活动的相似架构性知识可以提高企业吸收组件知识能力。企业特定的架构性知识为适应和应用组件知识提供了例程。不过，亨德森（Henderson）和克拉克（Clark）也表明，企业可能会无法掌握新技术创新的竞争本质，因为自己对架构性知识存在的成见。基于独特经验的嵌入式知识储备可同时加强和限制吸收其他复杂的，隐性知识；一个架构性知识体系不太可能充分吸收，包括应用复杂的、隐性的新知识。因此，现有架构性知识减少了吸收其他架构性知识的能力（即使它增强了吸收相关组件知识的能力）。

在以知识为基础的经营策略观点中，学者用企业特定的架构性知识存量来解释行业中企业之间的差异。我们认为，通过不断的互动，在产业集群内企业也会形成一个企业间的或特定于集群的架构性知识存量，它可以把集群与业界的其余部分区分开来。

这种类型的知识不是已从企业扩散出的企业层次的架构性知识，而是集群层次的架构性知识，它通过日常的交流网络，相互联系，成员间的共同利益形成的。这就像是一个“游戏规则”的感觉，在群集成员间达到了一种默契。这种知识不是正式交换用于补偿，实际上，它也不可能是，它是“在空中”——在集群内的公共利益。

这些知识包括互惠，信誉，相互依存，以及知识集群其他的社会体系相关方面——涉及当成员交换组件知识，合作，竞争时，他们是如何相互联系的。这对集群层次的非交易相互依存关系是至关重要的。

集群特定的架构性知识具有“知道”的特征，而不同于“知识”。也就是说，如果没有涉及相关的活动，就不会很好地理解它们，即使是在运用这些知识时，企业也不会成为集群架构的一部分。邻近企业随着人员的流动、非正式的接触会有密集的交流，它是新兴认知的来源，所以地理空间对知识传播的系统理解是很重要的。因此，集群层次的架构性知识对集群成员是共有的和对非成员是不可用的。

企业特定的架构性知识的差异往往会减缓吸收和同化新组件知识。然而，架构性知识的共同点是易于吸收组件知识，我们期望集群的架构性知识能做到这一点。事实上，集群特定的架构性知识主要是用于交流组件知识的方法和手段。通过提供一套共同组织原则，通用的集群层次的架构性知识活动，会增加企业吸收其他集群企业形成的组件知识的能力。这导致企业寻求类似的组件知识，以类似的方式整合它，适应它，形成共同的认识，并通过类似的方式在市场上运用它。

三、产业集群知识转移的类型

产业集群企业间的知识转移会涉及下层（与客户），上层（与供应商，大学和其他组织）或水平层次（与竞争对手）的知识流动。在知识转移的过程中，这些层面上的企业有利用市场机制进行转移，有利用人际交流机制进行转移，也有些知识转移是由于知识的公共属性而产生的。因此，根据这些不同的交易机制，本书将产业集群知识转移主要分为以下四类：

1. 本地知识溢出。本地知识溢出是指知识自由地在集群企业间以直接（不是通过市场）和非正式的方式流动（任何人都可以利用它）。

2. 有偿的本地知识交换。有偿的本地知识交换是指由于企业间存在正式的和间接的（通过市场）相互依存关系，知识在集群内进行流通。知识不是自由地流动；实际上，只有合作的企业，或参与同一交易的企业可充分利用知识的流通。而且，企业通过市场进行交流。例如，合作企业可分担成本或投资风险，这样可能会导致有价值的知识交流。但是，这种类型不能被视为知识溢出，因为它是以市场交易为中介，是一种有意的信息交换行为。

3. 非本地知识溢出。非本地知识溢出指的是信息的自由交流超越了一定的范围。企业通过逆向工程互相模仿，出席贸易展览会，科学或技术刊物，当然，通过专利披露也是一种溢出方式。

4. 基于互惠的本地知识交换。基于互惠的本地知识交换指的是知识不是自由流动，但它是相互交换的。知识交换发生前，知识的提供者会评估接收知识的能力。随后，提供者会提供接收者所需求的知识。

本地溢出是集群内知识转移机制之一。知识也可以通过合作者的正式合作关系进行转移。此外，知识转移还可以以互惠为基础，这是一种准自由交换。换言之，信息提供者希望在今后会得到相同质量的信息。例如，对培训的投资和增加企业人力资本，无疑是有利于企业竞争力。本书认为，如果可以通过本地知识溢出方式进行培训，这意味着，本地供应商（或地方大学）可以免费培训企业雇员。在有偿的本地知识转移的情况下，培训是由企业进行投资。非本地知识溢出意味着企业更愿意他们的员工在国内或出国进行培训。最后，基于互惠的本地信息交换显示，企业在本地社会关系上的投资，可以作为获得培训的方式。

四、产业集群与知识转移的关系

（一）知识转移促进产业集群创新

在以资源为基础和以特定知识为基础的管理战略中，研究者都认为持续的竞争优势在一定程度上与有价值的、独特的、不可转移的知识联系在一起。持续的竞争优势对企业和产业集群都是有可能的。从产业集群竞争优势的角度看，知识必须在产业集群企业间转移和共享。但从企业层面的竞争优势来看，至少有些知识必须保持私有。组件知识为拥有企业提供了竞争优势，只要它还保持在企业手中，保留其独特的、有价值的、能获利的能力。

不过，正如我们所看到的，组件知识还是会以一定的比率转移出企业，这取决于组件知识的技术性与系统化特征。一旦这些知识脱离企业，它能在准备接收的企业中快速传播。从这个角度来看，这种集群层次的组件知识仍然只是半公共的，成为企业和集群竞争优势的来源，直到它最终在整个行业内扩散，完全成为公共知识，这时它就失去优势的能力，无论是对哪个层次而言。因此，当组件知识仍然是私人的，它可为集群内企业提供短期的竞争优势，而当组件知识在集群内是公开的，它为集群提供了短期的竞争优势。

如果对单个企业而言，组件知识能够保持私有，其竞争力优势只是在短期内，那么特定的架构性知识是企业持续竞争优势的关键。架构性知识的组织嵌入式、扩散性、因果关系模糊的性质，使得它能在一个较长时期内保持私有性。这种架构性知识，主要是规程，组织资源，核心竞争力，或动态能力，通过以独特的、企业特有的方式来组织组件知识和其他资产，提供竞争优势，从而实现独特的价值。

企业特有的架构知识为企业提供竞争优势，主要是通过以下三个特点实现的：第一，企业特有的架构知识与企业的特性密切结合起来，因此它是无法转移的。第二，它对组件知识的各构成部分关系提供了一个持续的、独特的视角，特别是对可以提供持续市场价值的系统化组件知识。第三，它为企业带来持续竞争优势，因为学习能力在很大程度上决定了吸收新组件知识的能力，组织学习是至关重要的持续优势。Zahra和George的组织学习模型表明，企业吸收、消化、适应和应用的架构知识越多，那么这种企业就更容易在不断变化和发展的市场中，产生持续的竞争优势。

由此可见，无论是从集群企业角度，还是从集群整体角度来看，组件知识和架构知识的存量和流动都会在一定程度上有助于竞争优势的形成。

（二）产业集群的临近性促进知识转移

为什么临近性对了解有关知识和知识活动如此重要呢？这里有五个方面，体现了各种临近因素对知识和知识活动有着深刻的影响力：

（1）知识主要是知道，个体和这种“知道本身”是受到认知，社会，文化和经济的共同影响，而它们是受到地理环境的影响。

（2）与此相关联，个人知识集合的发展是受到人们相互作用的影响，其形成受到地点影响及距离的限制。

（3）个人知识集合的不断发展又需要从外部获得的信息，无论是编纂的和更隐性的，这些受到地理距离和社会距离的限制。

（4）虽然个人知识库依赖于外部获得的信息，但信息还是要通过学习才能掌握，这样最终就又归到地理、社会和经济背景中。大部分学习要与他人共同完成，不仅是在教育机构，而且也要在工作中不断进行学习，这就会涉及特定的环境和位置（例如，在工厂车间里或在研究实验室）。

（5）最后，个体拥有的信息要经过筛选和解释。即使是易理解的编码信息也需要使用隐性知识进行解释，而这些知识是基于过去的经验和在一定环境中形成的。

那么这些临近因素和知识关系如何呢？这里有三个方面需要考虑：第一，当我们说企业和组织直接拥有知识时，其实这是一种误导。相反，企业是通过管理人员和雇员实现知识的利用和转移，这些人制定利用企业信息和数据库的规程，帮助创造新知识，与他人分享和转移知识。第二，当说知识是在个人之间“流动”（或企业之间），而事实上是共享知识，这种共享造成了个人或企业知识基础的改变。共享的结果是个体或企业将获得相同知识，那么他们如何过滤和解释共享知识，从而能将其纳入自己的知识体系，所有这些都取决于个体能根据以前经验和现有环境学习新事物的能力。第三，地理临近性并不总是产生直接的影响作用，它影响往往是间接的、微妙的、多样的，它会通过影响文化、社会和认知空间而间接影响知识产生和转移过程。事实上，与组织规程和社会实践相关联的关系临近，在许多情况下比地理临近都更重要，不过地理环境仍会组织内部规程和实践有非常深远的影响。

产业集群的概念主要与地域边界性特征紧密联系在一起，通过地理集聚在一起，企业似乎能够轻易地从其他企业的资源和信息储备中获得自己所需。因此，具有共同地域背景的企业能共享一定的企业外部知识资源，进而提高创新能力。事实上，创新所需的知识往往是各种不同领域知识和异质资源的整合体。而企业往往只是拥有某个专门领域的知识，很少拥有创新所需的异质资源。因此，要想成功创新，集群的地理集聚为他们创造了从外部来源获取所需要技术知识的环境条件。

集群企业的这些外部知识来源可以进一步划分为：对企业而言是外部知识源，对产业集群而言是内部的；对企业和产业集群而言，都是外部知识源。前者提供的知识是与语境密切相关的，与本地环境和文化因素相关。后者提供的知识与前者完全不同，是与前者互补的。由于外部知识来源对产业集群竞争力有重要作用，因此，我们认为地理临近不是唯一与它相关的空间维度，还要考虑其他的空间维度对外部知识来源的作用。特别是，组织临近和认知临近可以起到“桥梁”作用。事实上，通过不同的组织方式，不属于同一地点的行为者，也可以彼此发生联系，进而接近他们的组织距离。此外，非地理临近的行为者不能通过面对面共享知识和信息，但如果他们有类似的认知和知识基础，那就会形成高度的相互了解，这可以弥补地理空间造成的缺陷，也会缩短他们的认知距离。

第二节　集群内的知识转移主体及其对企业成长的影响

一、集群内的知识及其对企业成长的影响

（一）集群内的知识类型

集群内的知识，是人类社会知识在一定地理区域内的“缩影”，因此，它具有人类知识的共性，也具有因集群地理集中性而带来的个性。

目前，对于知识的分类，中外许多学者进行了较为详细的论述。波兰尼（1958，1966）最早提出“人类知识有两种。通常被表述为知识的，即以书面文字、图表和数学公式加以表述的，只是一种类型的知识。在一个人所知道的、所意识到的东西与他所表达的东西之间存在着隐含的未编码的知识，是另一种知识”。他把前者称为显性知识，而将后者称为隐性知识。在此之后，人类知识的分类一直沿用这两个层面，只是在分类的标准和隐性知识的进一步分类，两个方面不断地明确和细化。

目前的分类标准通常有三个第一，是否可以表述，即某项知识是否能够用编码化的方式表达出来。能够用编码化的方式表述的知识就是显性知识，不能够用编码化的方式表述的知识就是隐性知识。第二，知识是否容易表述，即某项知识是否容易用编码化的方式表达出来。容易用编码化的方式表述的知识就是显性知识，不容易用编码化的方式表述的知识就是隐性知识。第三，知识是否已经表述，即某项知识是否已经用编码化的方式表达出来。已经用编码化的方式表述的知识就是显性知识，还没有用编码化的方式表述的知识就是隐性知识。

在隐性知识的进一步分类方面，德鲁克和野中郁次郎的方法受到了广泛的认可。德鲁克认为隐性知识具体分为技能型和经验型两大类。野中郁次郎把隐性知识也分为两个维度，一是技能维度，包括那些非正式的、难以掌握的所谓“诀窍”的技能；二是认知维度，包括信仰、观点、思维模式等。他与德鲁克的区别在于增加了个人信念和价值观方面的内容。

集群中的知识类型同人类知识一样，包括两大类显性知识和隐性知识。问题的关键在于采用什么标准作为集群内这两类知识的划分依据。集群的地理集中性和网络化使原本不可以表述的知识变成可以表述。而知识是否容易表述的标准过于模糊，不仅因人而异，而且对于同一个人也会因时因地而异，采用这种标准会导致隐性知识与显性知识之间对于任何人都没有一条清晰的界限，在集群中更是如此。因此是否可以表述和是否容易表述都不能作为集群中知识的分类标准。鉴于此，笔者采用是否已经表述、是否已经编码作为显性知识和隐性知识的分类标准，将已经编码的知识，即可以用正式、系统化的语言传播的知识定义为显性知识，它存储在各种类型的载体上，编码在手册、程序和规则中。而将所有还未编码的知识都归为集群中的隐性知识。明确了分类标准之后，就可以在集群内知识转移对企业成长作用机制的分析中，对转移知识的类型进行判断。

（二）集群内的知识对企业成长的影响

集群的地理集中性使其内部的显性知识具有一个突出特征，即具有公共物品的性质，一旦被创造出来，就会迅速在群内传播，被群内的企业和个人所拥有。

因此，集群内新创造的显性知识会使群内企业的知识增量迅速变大，从而有可能促进企业成长。但是，“公共性”也就意味着容易沟通和共享，也就极易被竞争对手学到，因此，集群内的显性知识不可能形成持续的竞争优势，也就很难提高集群企业的知识质量，无法长期和持续的促进其成长。

集群内的隐性知识由于还未编码，因此限制了其传播的速度和范围。尽管地理集中性已大大弱化了集群内隐性知识的不可表达性和不可转移性，但是，这种弱化是因为集群内组织和个体间的接触多了。也就是说，没有集群内人际的频繁接触和耳濡目染，没有聚集企业之间的比邻竞争和相互合作，集群内的隐性知识仍然难以表达和转移。

正因如此，集群内的隐性知识就成为群内企业成长的异质性因素之一。能够获得隐性知识的企业就比不能获得的企业在知识增量方面占据了优势。更重要的是，众多研究表明，隐性知识是获得持续竞争优势的源泉，这是因为，显性知识揭示的往往是做什么，而隐性知识却揭示了怎么做，只有掌握了怎么做才能提高知识的利用率。例如，企业使用的数控机床、生产流水线，就体现了企业生产高精密零部件，进行大批量生产的知识。要使这些装备有效运转，该企业还要学习和积累怎样培训和管理中层经理、技术人员和技术工人，以便充分发挥数控机床和生产流水线效能等方面的知识。显然，只有掌握了后者，企业才一能获得长期的竞争优势。所以，集群内的隐性知识，不仅能提高群内企业的知识增量，更能提高其知识质量，从而促进其成长。

二、集群内知识转移的主体

集群是一个纵横交错的、相对庞大的网络，其中的每一个企业几乎都可以在集群边界内接触到大量的知识源——从事相似生产经营活动的同行、上游的供应商、下游的客户以及集群的公共服务机构和集群代理机构等。集群公共服务机构是指处于集群内部，从事集群知识创造、技术服务、信息服务和管理支持的全部独立机构，如研究机构、政府实验室、生产力中心、企业联合中心、技术孵化器等。集群代理机构是指由当地政府或和集群成员企业共同发起设立的，代表整个集群利益的专门机构，它一般为当地政府权力机构或和集群成员共同所资助，主要负责集群整体层面上的协调活动，并承担集中管理、协调成本。集群代理机构包括行业协会、企业家协会、专业技术协会、产业俱乐部等。

从以上分析中可以发现，集群内的知识转移主体具有两类不同的组织，一是各种企业，包含了水平网络上的生产同类产品的竞争企业、生产相似产品的相关产业、生产互补产品的同一价值链上的企业和垂直网络上的供应商企业、需求方企业，各类企业之间是竞争与合作关系；二是集群的公共服务机构和集群代理机构，与群内的各种企业不同，这些机构具有集群共有性，对所有企业来讲是公共的，这样，根据知识源的性质不同，可以将集群内的知识转移主体纳入相应的层次：集群层和企业层。

集群内知识转移主体的层次性直接影响了集群内知识转移的其他四个要素——转移知识的类型、转移途径和转移情境都具有了层次性，并最终影响了集群企业的成长。也就是说，集群内知识转移主体要素对企业成长的影响在于使集群内知识转移对企业成长的作用机制具有了层次性，分为集群层的作用机制和企业层的作用机制。

三、集群内知识转移对企业成长的影响

（一）集群内的知识转移途径及其对企业成长的影响

从群内企业增强对知识转移控制角度，笔者倾向于从知识的载体来界定集群内知识转移的途径。集群内知识的载体包括了内部的人力资源、信息、固定资产和成员组织等，通过对这些载体的分析就可以总结出集群内知识转移的途径。

知识转移途径是企业获得知识增量的渠道，因此，其对企业成长的影响在于畅通的渠道更利于企业的成长。

（二）集群内的知识转移情境及其对企业成长的影响

知识是一定情境下的产物，嵌入在特定的情境之中。知识转移是在受控环境中对特定对象的知识传播。正因如此，情境日益成为影响知识转移过程和效果的最重要因素，有关知识转移中的情境因素研究也逐渐得到关注。从现有的研究文献看，主要集中在文化、组织结构、组织技能、外部环境四个主要维度。

（1）知识的情境形态

知识本身是无边界的，即便是组织或个体内部的知识，能够被组织或个体意识到并加以利用的也往往只是其中的一部分，还有部分知识已经在组织或个体内，但还没有被发现和利用。知识的情境嵌入性，意味着组织或个体的情境决定了其可以运用的知识范围，称为组织或个体知识的情境范围，而这情境范围就是在上述四个情境维度的共同作用下所形成的，图 3-2 中的菱形构成了知识的情境范围，其中每条边代表一个情境维度，处于组织或个体情境范围内的知识，既包括其现在拥有和运用的知识，也包括其将来可以接

受和使用的知识。同时，笔者把已经被组织或个体运用的知识称为知识包。由此，划分出知识的三种情境形态：

第一种形态是处于组织或个体的知识包内，这种形态是组织或个体可以识别和运用的知识，并且可以成为其能力。第二种形态是处于知识包之外，组织或个体知识的情境范围之内，这种形态的知识，虽然目前没有被组织或个体识别和发现，但具有转化为其能力的潜在可能性。第三种形态是处于组织或个体知识的情境范围之外，这种形态的知识与其所拥有的知识不相符合，并且不大可能转化为其能力。

从以上三种知识的形态看，第一种形态的知识存在于组织或个体的知识包内，与其情境匹配程度最高，组织或个体通过运用这种知识，最有可能转化为产生竞争优势的能力。当然，组织或个体的情境范围也不是一成不变的，但是，要改变情境范围，需要投入相当多的时间和资源。

（2）集群内知识转移情境模型

知识的转移，意味着某种特定知识，从其自身的情境转移到新的情境。新的情境可能与特定知识匹配，也可能与特定知识不匹配。一般来说，集群内的组织或个体都处于由前面描述的四个情境维度中，不同的情境导致了组织或个体在识别、发展和使用知识的能力的差异，如果两个组织或个体具有某些相似程度的情境维度，那么他们的情境范围将会出现一定的重叠。如果情境维度的相似程度越高，那么他们的情境范围的重叠程度也就越高。当要转移的知识处于源单元和接受单元的情境范围的重叠区域时，则可以取得知识转移的成功。而当转移的知识处于源单元的知识包内，但处于接受单元的情境范围之外，这就需要作很大程度的调整，包括接受单元的情境范围和转移知识的本身都需要做出改变，使得转移的知识能纳入接受单元的情境范围内，从而提高知识转移的成功性。

为了研究的方便，当转移的知识处于双方的情境范围的重叠区内时，进行的知识转移，笔者称其为相似性转移；而当转移的知识处于双方情境范围的重叠区外时，进行的知识转移，笔者称其为适应性转移。

（3）集群内知识转移情境对企业成长的影响

由集群内知识转移情境模型可以得出，相似性转移模式中转移的知识处于接受组织或个体的情境范围内，所以它容易成功转移，而且接受组织或个体也容易掌握该知识。而适应性转移模式中转移的知识处于接受组织或个体的情境范围外，与接受组织或个体的情境不匹配，这样的知识很难或者只有很少一部分，能够转移到接受组织或个体之内，并且接受组织或个体很难意识到该知识并加以利用。按照以上分析，可以得出集群内知识转移情境对企业成长的影响：

首先，当企业或企业中的个体进行的是相似性转移时，知识转移容易按预期获得成功，即企业获得知识增量，并容易将其转化从而提高知识质量，得以成长。

其次，当企业或企业中的个体与知识转移主体间的情境范围的重合区域越大，则企业获得的知识增量越大，即越容易成长。

最后，依据集群内决定组织或个体情境范围的四个维度，当群内企业或企业内的个体在环境和文化、愿望、结构、技能四方面与知识转移主体的相似性越大，则其情境范围的重合区域越大，则企业越容易成长。

第三节　集群企业的知识吸收能力及其对企业成长的影响

一、集群企业的知识吸收能力

集群内的知识转移是集群内的知识拥有者（如集群支持机构、企业等）将自身知识包内的知识，通过一定的途径，传递给特定集群企业的过程，其效果是对该集群企业的成长产生影响，显然，集群企业作为知识转移的对象，其对转移知识的吸收能力也是影响其成长的主要因素。

1990 年，科恩（Cohen）莱文塔（Levintha）首次提出了“知识吸收能力”的概念，认为企业的知识吸收能力是指，对于外部信息，企业认识其价值并吸收和应用于商业终端的能力。在此之后，知识吸收能力成为一个新的研究课题，在十几年来获得迅速发展。研究的焦点集中在知识吸收能力的实质、影响因素和知识吸收过程三个方面。

（一）关于知识吸收能力实质的讨论

早期的研究中，部分学者将知识吸收能力解释为是企业的学习能力或者解决问题的能力，这种使用“能力”解释“能力”的方法，明显无法揭示其实质。随着企业知识理论的诞生，知识是能力的源泉逐渐成为学者们的共识。在这种背景下，知识吸收能力得到了更为深入地研究。有的学者将其定义为一组技能和知识的集合，还有一些学者将其界定为企业的一组惯例和流程。实际上，惯例和流程本身也是企业积累起来的，有特定任务指向的知识的集合，所以，知识吸收能力的实质是企业拥有的知识。

（二）关于知识吸收能力影响因素的讨论

多数学者都认为企业的知识吸收能力受到企业内部环境和外部环境的双重影响。在内部的影响因素有：企业现有的知识存量与知识结构、组织界面职能（企业与外界产生联系的单元所具备的知识和技术支持）、组织沟通体系等。在外部的影响因素有企业外部环境中对创新的保护力度、知识被吸收方的特点等。

（三）关于知识吸收过程的讨论

乔治（George）将企业从外部吸收知识的过程分为四个阶段：获取、吸纳、转化和开发利用，并进一步将企业的知识吸收能力划分为四种：知识获取能力、知识吸纳能力、知识转化能力和知识利用能力，其中，知识获取能力是指对外部产生的对本企业有关键作用的知识加以判断和获取的能力；知识吸纳能力则强调外部知识在企业内有效地被阐释和理解，不能被理解的知识是很难被再利用开发的；知识转化能力则是要将新的外部知识与内部已有知识有效的整合；最后，知识开发利用能力是指通过将内外部知识共同运用而开发出新知识。

从关于讨论中可以发现：

首先，企业的知识吸收能力在很大程度上是其先验知识质量的函数，即企业先前具备的知识质量水平决定了企业的知识吸收能力，或者可以说，知识吸收能力表征了企业的知识质量。无论是企业现有的知识存量与知识结构，还是组织界面职能和组织沟通体系，实际上都是企业现有知识质量的外在表现。

其次，企业知识吸收能力作为企业内部的能力，之所以会受到外部环境的影响，是由于它的功能是吸收外部的知识，也就是说外部环境实际上影响的是知识吸收的效果，而不是知识吸收能力本身。因此，企业知识吸收能力是企业外部知识转移的要素之一。

再者，从严格意义上讲，知识吸收能力是获取和吸纳（理解）知识的能力，它依赖于先验知识质量以及外部知识源的特性。而知识转化能力和知识开发利用能力，已经超出了“吸收”的范畴，进入了“知识整合”领域。因此，近几年的研究，更倾向于将转化和开发利用知识的能力称为知识整合能力。显然，知识整合能力是对知识吸收能力的提高过程，通过知识整合，企业的知识质量获得了提升。

基于以上分析，笔者将集群企业的知识吸收能力界定为：在集群内的知识转移中，作为知识接收方的企业用于获取和吸纳转移知识的能力，其实质是集群企业现有的知识质量水平。

二、集群企业知识吸收能力对企业成长的影响

同其他要素一样，集群企业知识吸收能力对企业成长的影响也表现在知识增量和知识质量两个方面。所不同的是，知识吸收能力对企业知识质量的影响，不仅是受到转移知识类型的间接作用，更是因为该能力本身的潜在特点。

（一）集群企业知识吸收能力对企业知识增量的直接影响

集群企业的知识吸收能力在集群内知识转移作用于企业成长的动态过程中，决定了企业对转移知识量的吸收程度，也即是企业实质获得的知识增量。在排除其他影响因素的条件下，企业的知识吸收能力越强，企业对知识转移带来的实质知识增量就越强，对企业成长的正向作用也就越大。

需要注意的是，集群企业的知识吸收能力是企业现有知识质量的表征，因此，它在当期知识转移中对企业知识增量的影响，实际上，是先前进行的所有知识转移效果对本次转移的累积影响，在集群内知识转移对企业成长作用机制的分析中，集群企业的知识吸收能力被看作是一个相对静止的累积值。

（二）集群企业知识吸收能力对企业知识质量的潜在影响

集群企业在完成知识吸收之后，集群内的知识转移过程就已经完成。在这个过程中对企业成长的影响有两个方面：一是对知识增量的直接影响；二是由转移知识的类型带来的对知识质量的间接影响，例如转移的隐性知识比显性知识多就可能带来知识质量的较大提高。知识转移过程的完成，并不表示其对企业成长作用的结束。实际上知识转移主要完成了知识的传递，企业在吸收知识之后会进行知识整合过程——通过对知识的综合和创新，实现对企业知识质量的进一步作用。显然，知识整合过程的成功率越高，知识质量的提高程度就越高，对企业成长也就越有利。因为知识整合的效果是由新的知识吸收能力表征的，所以也可以将知识整合过程对企业成长的影响看作是集群企业知识吸收能力对企业成长的潜在影响。

根据以上两种情形，可以得出结论：在其他因素不变的情况下，集群企业的知识吸收能力越强越有利于企业成长。

第四节　集群层次知识转移的途径

企业层次知识转移是企业将知识转移到企业的过程。该层次的知识主体是各类型的企业，所以，该层次的研究更为复杂——因为主体是企业，对象也是企业。这样，该层次的企业成长分析就要分成两部分，即作为知识转移主体（知识发送单元）的企业的成长分析和作为知识转移对象（知识接受单元）的企业的成长分析，和研究集群层次知识转移对企业成长作用机制的思路一样，笔者首先从知识的载体角度来界定企业层次知识转移的途径，在此基础上，明确该层转移知识的类型和分析该层知识转移的情境，从而总结出企业层次知识转移对企业成长的作用机制。

一、企业层次知识转移的途径

企业层次知识转移的途径有：主要以企业组织为知识载体的企业间合作、产业链和主要以个体为知识载体的人力资源在企业间的流动、企业间员工的非正式沟通四类。

（一）企业间合作

由于地理临近、产业关联和社会文化规制等原因，企业之间在有意识或无意识地展开高频度且密集的合作。集群中企业间合作的方式多种多样，比较典型的有三类：合作生产、合作研发和合作式产业链。

合作生产，即几个企业各承担生产工艺的一部分流程，共同完成产品的生产。在合作生产中，企业之间的联系紧密，知识一方面附在半成品上，企业通过“用中学”实现转移，另一方面通过在合作过程中的工艺交流、技术讨论、实地考察等“干中学”的方式实现转移。合作研发，即企业之间通过频繁互动，关于新技术、新工艺等方面的知识在合作企业之间互相转移、碰撞，实现创新，综合两种合作类型，可以发现，合作是群内企业间知识转移的常见途径，通过该途径，有助于企业获得优秀的生产模式、组织模式、管理模式和先进技术等知识。

需要注意的是，合作生产和合作研发在现实中都有可能出现两种形式：一是合作企业间原有的知识存量类似，建立了关系平等的合作网络。二是合作企业中有主导企业，其原有的知识存量高于其他企业，往往在合作网络中处于统筹的位置，比如，合作制造电脑的过程中，主导企业将生产的部分环节分包给不同的企业，一些企业只负责生产显示器、一些企业只负责生产机箱、一些企业只负责生产主板等，这些企业的产品最终进入主导企业，组装成为电脑出售。

合作式产业链，即生产企业与部分供应企业、部分客户企业组成同盟，实现供应类知识、生产类知识和客户类知识的在同盟内部的融合，以便更好地把握原材料市场和用户市场的供求信息。

（二）产业链

即“供应商—生产商—客户”的产业链互动。因为生产企业需要从供应企业处得到原材料才能进行生产，而生产出来的产品只有通过客户企业才能进入外部市场，所以即使不主动组成合作式产业链，在频繁的互动中，也伴随了知识的转移。在这种互动类型中，供应商提供原材料给生产商，生产商提供产品给客户，生产商从供应商处获得关于原材料方面的知识、从客户处获得市场需求方面的知识。这些知识中的少部分是附在原材料和产品本身上实现转移的，如原材料的价格表征了原材料的市场供求信息、产品的卖出数量（客户的订货数量）表征了产品的供求信息；绝大部分的知识却是在互动过程中，通过人与人接触的实现转移的。

（三）人力资源在企业间的流动

自马歇尔的产业区位理论开始，人力资源的流动一直被集群研究认为是知识转移的重要机制。具体流动的路径一般发生在：横向企业与竞争者或者合作者之间；纵向产业链上企业与供应商企业、客户企业之间。人力资源在企业间的流动，除了会将个体本身的知识转移到新企业从而使原企业知识减少之外，还会将已经内化在个体身上的原企业知识转移到新企业，需要注意的是，人力资源流动带来的知识转移，是在不引起企业间知识产权纠纷范围内的，即只包括无意识的原企业知识的转移（个体已经把这部分知识内化成了自己的知识，随着自己进入新企业实现转移），而不包括有意识泄露原企业机密和核心技术的知识转移。

（四）企业间员工的非正式沟通

集群的地理接近性有利于企业通过正式或非正式渠道分享集群内部知识。Angel 认为企业的成长依赖于通过非正式渠道——员工个人之间面对面交流而产生的知识。而集群中员工之间面对面交流的机会非常多，可能发生在上下班路上的偶遇，发生在集群内的咖啡馆、餐厅等休闲娱乐场所，等等。众多调查表明，集群内的企业之间，包含企业家、高级管理人员、中层和基层管理人员、技术开发人员等在内的各类人员之间都存在高频率的非正式沟通，为技术和管理知识在企业间的转移提供了最有效的路径。

（五）企业层次转移知识类型对企业成长的作用机制

从以上对企业层次知识转移途径的分析过程中，可以发现各途径中转移的知识都是以未编码的知识为主，即隐性知识。合作途径中，多数的知识都是通过“用中学”或“干中学”的方式获得的；在产业链途径中，即使存在着原材料价格、产品销售量等信息类的显性知识，但真正转移给企业的，还是这些显性知识背后蕴含的隐性知识；而以人为载体的两类途径转移的知识则基本上都是未编码的隐性知识。因此，企业层次转移知识的类型以隐性知识为主。结合第三章的分析，可以得出，企业层次转移的知识对企业的持续成长具有重要作用，尤其当转入企业的隐性知识正好是企业急需时，其对企业成长的作用就更大。

二、企业层次知识转移对企业成长的作用机制

第一，企业层次转移的知识以隐性知识为主（显性知识只存在于非合作形式的产业链中等少数情况下），因此企业在获得知识增量的同时，也获得了提高知识质量的能力。在知识转移过程中，获得的知识增量越多、企业原有的知识吸收能力越强，则企业越容易成长。

第二，在企业层次，决定企业知识增量的因素是复杂的。在无主导企业的合作中，决定企业知识增量的关键要素是关系的强度和持久度，关系越密切、越持久，则隐性知识转移的会越多，从而企业的知识增量越多，更易成长。

在有主导企业的合作中，决定知识增量的关键因素是，主导企业与合作企业间的知识势差，二者知识势差越小，则主导企业获得知识增量的可能性越小，而合作企业获得知识增量的可能性越大。主导企业和合作企业间关系的强度、持久度会正强化知识势差的这种作用，即主导企业的知识增量越小甚至为负，而合作企业知识增量越大。所以，对于主导企业，与规模相近的企业合作时，关系越强、越持久，越不利于其成长；而与规模相差较大的企业合作时，就可能促进企业的成长，尽管成长速率有限。对于合作企业，与规模相近的主导企业合作时，关系越强、越持久，越容易成长；而与规模相差较大的企业合作时，短时间内很难获得成长。

在非合作的产业链中，供应企业、生产企业、客户企业的情境重合度很低，因此转移的知识很少，在该途径中，知识转移对企业成长的作用很小。

在人力资源的流动方面，获取个体的企业知识增量会增加，决定其成长的关键因素，是企业的知识吸收能力，即对个体转移知识的吸收转化能力。

企业员工间的非正式交流中，伴随了大量隐性知识的转移，附载在个体身上的知识就会进入企业，从而促进企业的成长，企业拥有的个体在非正式沟通中的关系数量越多、与知识发送个体的关系越密切、越持久、知识势差越小，则其获得的知识越多。

三、作用机制对集群内企业成长管理的启示

知识转移对集群内的企业成长具有重要作用。集群内的知识转移主体、转移知识的类型、转移途径、转移情境、转移对象各要素对企业成长各有影响，其综合作用的过程就构成了集群内知识转移对企业成长的作用机制。

作用机制所蕴含的企业成长管理意义在于：

（一）企业应该有意识地进行知识转移

集群是一个蕴含着大量显性知识和隐性知识的地方知识网络，这是集群独有的竞争优势。集群内企业充分利用这种竞争优势就能够获得成长，因此，企业应该有意识地进行知识转移，以获得更多的显性知识和隐性知识。

（二）集群内的显性知识主要通过支持性机构进行转移

尽管显性知识易传播，但却并非像空气一样随手可得。企业不能忽视显性知识的转移，一方面，要积极主动地利用支持性机构建立的群内公共知识设施，经常参加这些机构组织的各类会议，以保证二者之间显性知识转移通道的畅通；另一方面，要加强自身的知识吸收能力，尽快将这些显性知识内化为对企业内部的隐性知识，只有这样，企业才能将集群内“易得”的显性知识，转化为促进自身成长的因素。

（三）集群的地理临近性，为隐性知识的转移创造很好的环境

企业通过建立合作、鼓励员工的非正式交流并进一步展开对员工非正式交流的管理，以及建立相对宽松的员工流动管理制度，可以获得有价值的隐性知识。所以，保持组织间和个体间一定频率的接触，是群内企业获得隐性知识以促进成长的关键。不可否认的是，这些接触在获得隐性知识的同时，也造成了自身隐性知识的外溢，可能对企业成长具有负面影响。但是，以上作用机制的分析表明，企业可以通过控制一些参数来减轻外溢。具体地说，可以通过选择合适规模的合作企业、控制与合作企业的关系类型、关系强度和关系持久度等。另外，企业自身的知识吸收能力仍然是关键因素，能力越强，不仅能够高效率地利用知识增量，而且可以增强对转移知识的控制，将核心知识深度内化在企业内部而很难外溢。

第五节　集群企业对转移知识的整合

知识增量是从知识转移角度分析企业成长的关键变量，但却不是决定其成长的唯一要素。知识增量进入企业后，需要经过企业内部整合，从而提高了知识质量，企业才能持续成长。同时，集群企业的知识整合过程直接决定了企业知识吸收能力的提高程度，对集群内知识转移效果也具有重要影响。因此，集群企业对转移知识的整合机制是一个很重要的课题。

一、集群企业知识整合的概念界定

人们对于知识整合内涵和外延的认识是一个不断深化的过程。亨德森（Henderson）和克拉克（Clark）首次完整表述了知识整合的概念，认为知识的整合是对知识结构的优化。克拉克（Clark）进一步拓展了知识整合的概念，认为组织的知识整合包括市场不确定环境下的客户知识整合和技术不确定环境下的技术知识整合，并把知识整合区分为企业外部整合和内部整合来描述企业能力的形成。英克彭（Inkpen）把知识整合定义为知识联结，即个人与组织间通过正式或非正式的关系促进知识的分享与沟通，并使个人知识转变为组织知识。芮明杰、刘明宇将知识整合定义为选择交易效率较高的模式，实现知识的共享、知识的融合与创新的过程，从以上知识整合的概念中，可以发现：知识整合实质上是对不同来源、不同结构的知识进行综合、集成和创新的过程，通过该过程使零散知识、新旧知识整合成为新的知识体系，从而提高了组织的知识质量（知识吸收能力）。

这样，就可以对本书中集群企业知识整合的概念进行界定，它是指集群企业在获得出知识转移带来的知识增量后，对转移知识综合和创新的过程，通过该过程，企业实现了对转移知识的内化，提高了自身的知识质量，从而具备了更高的知识吸收能力和持续成长的可能。

二、集群企业整合知识的过程

（一）集群企业整合知识过程的起点

集群企业知识整合的对象是在集群内知识转移中获得的知识，包括显性知识和隐性知识。在集群层次的知识转移中，企业主要通过与集群公共支持机构的接触，获得了大量的显性知识和部分隐性知识；而在企业层次的知识转移，企业主要通过不同企业间员工与员工的接触（可以发生在企业间合作、企业间人力资源流动、企业间员工的非正式沟通等途径），获得了大量的隐性知识和部分显性知识。这样，通过集群内的知识转移，大量的显性知识和隐性知识进入企业，企业的知识量获得了提高，但是，这些知识是零散的、不成体系的，还不能提高企业的知识质量。所以，企业就需要对这些知识进行整合，从而开始了集群企业的知识整合过程。

（二）集群企业对显性知识的整合过程

根据知识转移进入集群企业的显性知识，有多种形式：可以是书面的文字类知识，如政府出台的新政策、大学或科研机构带来的新工艺手册、互联网上关于行业的新信息、参加集群层次各种会议的员工带回的会议记录等；也可以是口头的语言类知识，如口头传达的会议精神。由于获得途径的不同，一方面这些显性知识是零碎的，它可能分布在不同的员工身上；另一方面，这些显性知识又是非格式化的，还没有用企业内部的专业语言进行翻译，也没有形成统一的表现形式。

因此，集群企业对转移获得的显性知识，首先要进行扩散、分类、整理，也就是知识整合概念中的知识综合。这个过程是显性知识到显性知识的转化，在本书中称之为组合化，即将各种显性知识综合为体系的过程，该过程包括两个环节：一是要实现显性知识的企业内扩散，将个体知识上升为企业知识。对于零碎的语言类显性知识，集群企业可以通过召开内部会议，由掌握着显性知识（通过集群内知识转移）的个人，将这些知识传递给企业内的每一个员工。对文字类知识，可以组织集体学习。二是要实现显性知识的企业内联结。分布式文档管理、内容管理、数据仓库等实现显性知识有效联结的工具。

这是将企业外显性知识翻译为企业内显性知识的过程。例如，企业从集群支持性机构处了解到其产品的销售额预计将提升10%，则要将该知识与自身的生产函数结合起来，转化为企业具体的生产计划。

在完成显性知识的组合化之后，新知识在企业员工间传播，员工吸收了这些新知识后，可以将其用到工作中去，并创造出了新的隐性知识，这就是知识整合概念中的知识创新。这个过程是显性知识到隐性知识的转化，本书将其称之为内隐化，即将企业组合后的显性知识转化为企业员工隐性知识的过程。做中学、团体工作和工作中培训等，是实现显性知识隐性化的有效手段。员工对组合化后的显性知识进行思考，在工作的实践中不断地体会，通过团体工作相互学习、模仿和讨论，一方面会将显性知识转化为自身的工作经验和诀窍。另一方面，还有可能在实践中发现显性知识的一些不足，根据个人的思考，加以改进。这样，通过内隐化，企业创造了新的隐性知识。

综上所述，集群企业对显性知识的整合以集群内的显性知识转移为起点，包括了两个主要环节：组合化和内隐化。通过组合化，实现了企业外显性知识到企业内显性知识的转化；通过内隐化，将显性知识转化为隐性知识，并创造了新的隐性知识，从而提升了企业的知识质量，集群企业获得了进一步成长。

（三）集群企业对隐性知识的整合过程

集群企业在知识转移中获得的隐性知识，主要是通过本企业员工与企业外个体（包括集群支持性机构的工作人员和其他企业员工）的接触而得到的。因此，集群企业对隐性知识的整合，实际上在集群内知识转移过程中的知识吸收环节就已经开始。

企业员工在与企业外个体的接触中，通过观察、模仿和学习，将企业外个体的隐性知识转移到了自己身上，这就是集群企业对隐性知识整合的第一个环节，本书称之为共同化，即个体之间分享隐性知识的过程。该过程是隐性知识到隐性知识的转化。实现隐性知识传递的关键是体验，如果没有形成共有的体验的话，个体极难使自己置于他人的思考过程之中，集群的地理集中性，组织间合作的广泛性，非正式沟通的频繁性，为集群内个体间形成共有体验创造了条件。这是个人之间创造和交流经验、讨论想法和见解的过程。

例如，集群的组织间合作设计一种新产品，这里的知识交流是通过不断修改、完善的图形、草稿和彼此之间多次的共同讨论进行的。共同经验的形成，在完成隐性知识由企业外到企业内转移的同时，也完成了集群企业对隐性知识的初步整合，即共同化。

实现共同化后的隐性知识，仍然附载在企业内的部分员工身上，还不是企业的共有资产，不能为所有的企业成员所分享，还不是企业持续成长的保证。这就需要对隐性知识进行显性描述，将其转化为让人容易理解的形式，也就是实现隐性知识到显性知识的转化，本书称之为表出化。该过程是隐性知识整合的精髓，正是在表出化的过程中，集群企业创造了新知识。

通过比喻、类比，最终形成模型，是实现隐性知识显性化的三个主要步骤。这里的比喻，并不仅是语法结构或寓意方面的表达方式，它还是一种独特的认知方式。它是出于不同经历的个体，通过想象力和象征手法，在不需要分析和概括的情况下，通过直觉来了解某件事物的方式。运用各种比喻，人们将所了解的东西放在一起，开始表达他们知道，但还无法诉诸言辞的知识。通常，比喻的形象具有多冲含义，在逻辑上好像是矛盾的，甚至不合情理。但正是比喻展示的这种冲突，为知识创新提供了广阔的想象空间。这就是隐性知识显性化的第一步。

类比是表出化的第二步，其作用是化解和梳理比喻展现的差异。换言之，通过明辨一个词组中两个词义之间的差别，类比化解了比喻中的矛盾之处。佳能公司开发一次性墨盒的过程是使用类比的最好例子。一次性墨盒要求成本低廉，制造方便，而传统制造工艺的成本很难降低，突破的机会出现在工作小组一起喝啤酒的时候，负责人田中手握一个啤酒罐，大声问大家：“做这样一个铝罐需要多少钱？”这个类比让成员们推向制造啤酒罐的过程是否可能与制造铝制墨盒联系起来。通过探讨墨盒和啤酒罐的异同，该小组提出了用较低的成本制造铝制墨盒的工艺技术。

表出化的最后一步是创建模型。通过比喻和类比，矛盾已经得到解决，将各种概念经过一致且系统的逻辑过程表现出来，就形成了模型。同时，完成了隐性知识到显性知识的转化，新知识被创造出来。

在此之后，表出化后的显性知识经过组合化和内隐化，进行了第二次综合和第二次创新，其过程类似于集群企业对显性知识的整合过程，在这里不再赘述。需要注意的是，经过内隐化后获得的隐性知识，往往会再次进行共同化和表出化，从个体层次知识上升为企业层次知识。这样，企业从外部转移获得的知识和企业内整合创造的新知识，就会周而复始的进行共同化→表出化→组合化→内隐化，进而形成了知识创造的螺旋。

（四）集群企业知识创造的螺旋及其对企业成长的作用

从以上分析可以得出，集群企业对转移知识进行整合的结果，是在企业内部产生了知识创造的螺旋。

集群企业知识整合过程，知识创造的螺旋对企业成长的作用如下：

第一，集群企业通过共同化→表出化→组合化→内隐化的过程，对其内部知识（包括转移获得的知识和企业创新得到的知识）进行整合。该整合过程的循环进行，形成了知识创造的螺旋。

第二，共同化和组合化过程是集群内知识转移与集群企业知识整合的结合点。转移获得的显性知识，从组合化过程的起点加入集群企业内部的知识创造螺旋中。而转移获得的隐性知识则是从共同化过程的起点进入螺旋，通过共同化和组合化，集群企业通过知识的扩散和组合获得了知识增量，同时，知识质量也有一定幅度的提升，企业得以成长。

第三，表出化和内隐化是集群企业知识创新的核心环节，前者实现了共有化后的隐性知识到显性知识的转化，后者实现了组合化后的显性知识到隐性知识的转化。在知识转化的过程中，知识在获得增量的同时，更重要的是大幅度提升了知识的质量，从而推动了企业的成长。

综上所述，集群企业通过对转移知识的整合，形成了知识创造的螺旋，在显性知识和隐性知识的相互转化中，企业的知识增量和知识质量都得到了提高，因此促进了集群企业的成长。同时，因为知识创造的螺旋是周而复始的，所以集群企业的知识整合过程使企业获得了持续成长的可能。

三、集群企业对转移知识进行整合的措施

（一）集群层次促进企业知识整合的主要措施

知识管理是 20 世纪 90 年代后半期兴起和正在形成的，一种适应知识时

代要求的新型管理模式，其理论成果目前主要集中在大学、科研机构和少数大型企业之中。集群支持性机构尤其是大学、科研机构应该利用自身的学术背景，积极引入先进的知识管理理论，并开始在知识管理方面的研究和实践。集群内的大学、科研机构等可以举办各类知识管理培训，邀请群内企业家参加。这样企业家获得了知识管理知识，懂得了知识整合对企业成长的重要性，就会在企业中进行实践。而集群支持性机构也可以从企业的实践中获得研究数据，从而实现二者双赢。

文化通常被定义成一个组织特有的信仰、价值观、规范、行为，换句话说，就是“没有写下来的规则”和“在这里工作是怎样被完成的”。集群文化对企业知识整合意识具有宏观上的作用。但集群内形成了一种知识整合的氛围，企业耳濡目染，自然就提升了对知识整合的重视程度，从而有意识地开展知识综合和知识创新。

拥有基于信息技术的知识管理系统，会为企业的知识整合带来很大的方便。集群内的企业以中小企业为主，独立开发一套知识管理系统的可能性不大，而且成本过高。所以，支持性机构可以承担该任务，在公共知识基础设施，加入知识管理模块。

（二）企业层次促进企业知识整合的主要措施

企业应从物质和精神两个方面，采取平衡高效的组合激励措施，对那些贡献出隐性知识的员工、团体、部门进行相应物质或精神激励，来促进知识的综合与创新，承认员工隐性知识的独创性和专有性，尽快建立“按知识贡献分配”的物质激励制度，用利益来驱动知识的转化创新。对有利于企业知识积累的员工行为方式予以奖励，可以按“能位匹配”原则，对员工赋予更大权力和责任，进行目标激励；当把技术诀窍收入知识库时，可以提供者的名字命名，用荣誉激励员工知识转化等。

2. 企业创建内部知识整合场所

集群企业应加快创建各种适合的“场所”，为企业知识整合提供一个良好的环境。除了各种定期的会议，集群企业还可以采取以下措施：定期学习知识转移历史。学习知识转移历史是对一个公司最近一段时间内发生在知识转移领域重要事件的历史性回顾，它由参加该事件的人来描述。通过深思熟虑的访谈和谨慎的研究来帮助公司评价和加速它的学习过程。企业家、管理层员工、基层员工、供应商、客户商、咨询顾问等都包含在内，但都是匿名进行，仅仅记录他们的职位。这样，学习历史文献就形成了一个记录，允许人们识别他们自己的盲点，在一个更大范围的隐性知识中看到他们自己的看法。该方法的价值不在于学习历史文献本身，而在于围绕着它创建的咨询过程——对话，人们为了采取更有效的行动谈论各种可能性，进而创造出新的隐性知识，加深了他们的理解。

在企业内推行团队工作方式。当人们有一个在一起工作的理由时，他们会互相教授他人自己的实践知识。企业将具有不同知识技能的员工组织在一个项目小组中，让他们在互动中彼此启发，将隐性知识转变为显性知识。依靠熟练员工带徒的方式，开展广泛的“干中学”，也是促进集群企业知识整合的有效途径。

第八章　产业集群中的知识共享与流动

第一节　集群企业知识共享的关键要素

对知识共享的理解，比较典型的观点是将之看作一个自觉进行的慷慨付出的过程，共享动力来自利益、责任和自我胜任感。学界比较一致地认为，知识共享是一个围绕知识传播、运用和创新的过程。

一、产业集群知识共享的关键要素分析

针对产业集群中影响知识共享的关键要素的研究，主要从产业集群中知识共享主体和知识共享客体两个方面来展开。主体层面包括知识主体的知识共享意愿与共享能力。在知识共享意愿方面，集群企业是基于理性基础上的决策主体，其所做出的决策，必然要符合集群企业自身的利益诉求。集群企业在知识共享活动中，理性的选择就是只吸收其他企业的知识，而独占自身的知识，如果每家企业都如此决策，产业集群的知识共享必然无法实现。出于收益的考虑，企业之间的知识共享，必然是创建在知识交换的基础上的，交换的结果必然要让参与知识交换的各方都能获得收益，收益来自知识共享而带来的知识创新，主体层面除了知识主体的共享意愿，还包括知识共享的能力。知识共享包括知识转移和知识吸收两个方面，知识转移能力包括对知识的识别、编码以及知识传递过程中的沟通能力，知识转移能力影响知识转移的准确性和完备性。知识吸收能力包括对知识的理解、学习和运用能力，知识吸收能力影响着知识学习效率和使用效果。知识共享客体方面，主要包括知识共享的对象—显性知识和隐性知识，显性知识是以编码化、书面化的

形式存在，易于表达、传播、理解和吸收。隐性知识内隐程度比较高，具有很强的模糊性和根植性，难以明确描述和表达。

知识共享是一个活动过程，在这个活动过程中，包括知识发送、知识传递和知识接受等环节，参与知识共享的各方主体的意愿和知识共享能力，对知识共享活动过程的顺利进行，以及活动效率有着重要的影响。知识资源是知识共享活动的客体，构成知识共享的核心内容，知识发送方的知识规模越大，知识质量越高，知识共享的选择面就越广，知识共享的价值就越大。对于显性知识而言，编码化和精准化程度高，易于理解和学习，扩散成本低，可转移性强。在产业集群中，获取知识是知识运用和创新的前提，知识共享是获取知识的主要渠道，知识共享过程中的知识接受方，所能接受到的知识数量和质量，对其知识运用和创新有着较大的影响，在考察知识运用和知识创造的效果方面，从外部进行的知识吸收，构成知识投入，知识使用和知识创造的结果便是知识产出的效果。与普通物品和商品不同的是，知识具有使用上的非排他性和获得上的非竞争性，导致知识在共享过程中，产生溢出效应，从而形成免费“搭便车”效应。从这个角度来看，产业集群中的知识投入、知识溢出是决定知识产出的关键要素，知识投入越多，知识溢出效应越强，知识产出越多，知识创造能力越强。集群企业以及其他产业相关组织的聚集，使得产业知识得以在一定空间上集中，产业知识的相互融通，以高水平的知识主体带动低水平的知识主体，以规模大的知识主体带动规模小的知识主体，以某一类型的知识碰撞于其他类型的知识，激发知识创新，不同规模、质量、性质的知识相互激发，产生创新，不是简单集中于同一地理空间上就能实现的，必须依赖于产业集群中的企业以及其他组织，具有知识共享的意愿和知识共享的能力，缺少知识共享意愿和知识共享能力，即使在同一空间上毗邻而居，也难以实现知识共享，形成知识创新。由此可以看出，知识共享意愿和知识共享能力直接影响知识创新的效果，构成知识共享的关键要素。

二、产业集群中影响知识共享的因素分析

在知识经济时代，企业的核心利润来源于企业知识的转化，创建和构造企业核心利润源的过程，本质上是企业知识吸收、知识运用和知识创新的过

程。在产业集群中，集群企业从外部获得的知识，很大程度上是来自产业集群中的知识共享，产业集群中的知识共享是集群企业获得新知识的重要来源。在产业集群中，产业集群组织通过设计有效激励机制，采用科学合理的信息技术，将每一个知识孤岛自愿而又有效率联结起来，打破知识所有者之间的隔阂，将知识从一个人、群体或组织流动到另一个人、群体或组织，在一定范围内实现知识的自由流动和使用。在产业集群中，当某些新知识被生产出来，可以通过知识共享，或以知识交流的方式，或者以市场交换的方式，使得新知识在产业集群中得以传播扩散，在更大范围内得到采用和推广，降低知识生产的重复性投入，节约知识的创造成本，发挥产业集群的智慧，提高组织的应变能力和创新能力。产业集群的形成和发展促进集群企业实现知识合作，达到优势互补，提高产业集群的创新能力。但是，集群企业在知识共享过程中，存在共享成本和共享收益的差异，既有共享的动力和激励，也存在共享的障碍和困难，在本质上，知识共享是企业收益与成本比较的博弈过程。从前文的知识共享过程的影响因素模型中，可以看出，集群企业参与知识共享活动在不具备一定的条件要求时，是难以进行的，只有知识发送企业与知识接受企业之间存在激励相容时，才能实现知识的流动和知识共享。

在产业集群知识共享过程中，如果知识发送方的知识转移意愿强、知识接受企业的吸收意愿强，知识接受方的知识投入就越大，继而双方的知识共享能力就越强，通过知识共享进行知识创造的能力就越强。

集群知识共享过程中，作为知识发送方的知识主体的知识转移能力越强，知识共享的各方知识主体所获得的共享潜力就越大，通过知识共享而实现的知识价值就越大。而对于知识接受方而言，在知识共享过程中的知识投入数量越多，投入的知识质量越高，其知识创造能力就越强，这是由于当知识接收方在知识共享过程中，投入的知识数量越多，质量越高，与接收到的知识匹配广度和深度就会大大增加，企业知识在产业集群中的知识匹配效率得到提升，有利于企业知识在更广泛的范围内实现价值创造，创造更大的价值，也有利于新知识的生产和创造，对于知识发送方而言，同样存在知识匹配效率提升的效果。知识匹配效率提升是双向的，知识接受方在知识共享过程中投入的知识状况，也会影响知识共享收益水平以及自身的知识创造能力，这种影响是正向的。

集群知识共享过程中，共享知识的可转移性对知识共享的收益产生影响，知识可转移程度越高，接受知识的企业一方接受知识速度、对知识理解的准确性以及对知识的融合能力就越高，有利于知识运用和创造。此外，知识共享过程中的知识转移成本就越低，无形中就会增加知识转移收益。总结来讲就是，在企业集群知识共享过程中，共享的知识可转移性越强，越容易被知识接受方吸收，带来的收益就会越大，知识创造能力就会越强。

第二节　产业集群中的知识共享路径

产业集群中的企业，在集群中进行知识共享的动力，主要来自两个方面：一是通过知识共享能够提高企业生产经营效率，提升市场竞争能力；二是集群企业与其他企业形成产业协作依赖，包含技术、制度、商业模式以及资源等，形成共生共荣的利益协同关系。如果在产业集群中，既不能有助于企业竞争力的提升，也无益于生产经营效率的改善，那么集群企业就会失去知识共享的意愿。在产业集群中形成的产业链协作中企业的创新，容易引发现有产业链的变化，导致产业链的重组，实现围绕产业链的分工协作体系调整，形成新的产业价值分配格局。集群企业的创新来自知识的新运用和新知识的采用，企业要想快速取得知识新运用或者新知识的采用，知识共享是成本低、效率快、效果明显的选择。通过产业集群的知识共享，尽快获得知识更新，快速掌握产业链中所需要的技术，对产业资源进行更有效率的运用，提升企业的市场竞争能力。产业集群是产业相同或者相近的多家企业以及相关组织的集合体，作为理性决策主体，集群企业决策原则就是收益大于成本，知识共享作为多企业参与的商业活动，在本质上，是多企业的利益博弈过程，是对知识共享所带来的利益进行分配。随着知识共享的不断增加，参与知识共享的企业知识拥有量也会增加，知识增加带来经营效率和市场竞争能力的提升，促进企业价值增加，这意味着企业价值是关于知识共享的增函数。在知识共享活动中，无论是一次性博弈，还是多回合知识共享博弈，只有知识共享收益大于知识共享成本，企业才有知识共享的意愿。只有企业产生参与意愿，具有知识共享的能力，做出参与知识共享的决策，知识共享活动才能得以真正实现。

一、知识共享是产业集群知识管理的必然选择

知识是有价值的资源，其价值发挥主要附着在人力资本、物质资本以及组织结构资本之中，知识价值随着知识的发展而发生改变，知识创新速度越快，既有的知识价值降低得越快。要使得知识价值得到充分发挥，不仅取决于知识本身，更取决于知识的管理。有效的知识管理，不仅能提升知识运用效果，更大程度地发挥现有知识的价值，也能在知识运用过程中实现知识创新和创造。知识管理是以把控知识活动为核心的综合管理，知识管理是动态的过程，在外部动态环境条件下，知识主体利用信息技术，对从内外环境中获得的知识加以甄别、筛选、整理、汇总，在组织运营过程中，最大效率地发挥知识资源的价值，并在知识资源价值发挥过程中，实现知识再创造，确保知识生产、共享、应用和创新得以周而复始地循环推进，使得组织在市场竞争中，形成市场竞争优势，提升组织创造价值能力这一目的的过程。美国德尔福集团创始人之一卡尔·费拉保罗（Carl FrAppaop）认为知识管理就是利用集体的智慧，提高应变能力和创新能力，在实践中表现为以企业现有知识为基础，通过内部运用与提炼、外部交流与沟通，将内外部环境变化状况及其趋势转化为信息性质的知识，并在熟悉和掌控内外环境的基础上，实现对外部市场的应变能力以及对内部的知识创造能力，要达到这个目的，知识管理要遵循三个基本原则：一是积累原则。新知识是在既有知识上的突破，没有对既有知识的熟练把握和运用，新知识就无从谈起，对于知识的创新和运用，必然是建立在以往知识积累和运用基础上的，知识生产和创造都是在既有知识基础上产生的，既有基础的数量多寡、质量高低，对知识创造的数量和质量产生至关重要的影响，可以说，没有积累就没有创新。二是共享原则。既有知识的数量和质量对知识创造产生重要影响，对既有知识的管理及其管理效率，也是影响知识创造的至关重要的因素。对既有知识的管理效率高，管理效能好，能够将提升既有知识的利用效率，提升既有知识相互之间的匹配效率，能够更好地激发知识创造的潜能和机会。在企业内部进行知识共享，是知识管理的一个方面，通过知识共享措施，企业内部的信息和知识，得以在更大范围内公开和扩散传播，企业员工能够便捷快速地接触和使用公司的

知识和信息，使得知识在企业内部的配置效率达到最优。在企业外部，知识共享同样重要，通过共享，把握市场发展动态，把握前沿的产业技术，找准企业技术发展的方向，明确企业知识创新的目标，提高企业市场竞争能力。三是交流原则。知识管理的目的在于提升知识运用和创造效率，优化企业的市场经营效率，提升企业的市场竞争优势。企业知识资产与一般性资产的最大区别在于，不同类型的知识相互接触和碰撞，能够产生新的知识，不同类型的知识相互之间的接触、使用和碰撞，不仅不会造成知识磨损，反而会使知识价值得到提升。要使得不同类型的知识得到交流、接触和碰撞，就要使得知识的载体有交流和接触的机会与空间。在企业内部建立有利于交流的组织结构和文化氛围，使作为知识载体的企业员工之间、部门之间的交流接触、信息沟通毫无障碍。知识共享是这样的一种机制和氛围，企业知识能够在企业范围内全方位的辐射扩散，居于其间的企业员工、组织部门在最大范围内接触到和使用企业的知识和信息，相互之间充分交流，知识交流是实现知识价值的有效手段。

产业集群是相同或者相近产业的企业在地理空间上的聚集，将这些企业凝聚在一起，恰恰就是产业知识和产业信息。从产业知识视角来看，产业集群是介于产业市场与企业之间的一种产业组织类型，它以产业知识和产业信息为纽带，将相同或者相近的产业中的企业凝聚在一起，形成产业知识的整合体。把知识管理由企业层面上升为集群层面，知识管理的重要性仍然如此。可以把集群知识看成集群内所有企业、其他组织和个体的知识系统整合，在这个系统中，产业员工、以企业为主的产业组织、产业链以及以产业为中心而形成的分工协作网络等产业组织形态和产业网络组织，均属于产业集群的子系统，相应地，产业员工的个体产业知识、企业等产业组织的产业知识、产业价值链知识、产业供应链知识以及各种网络组织形成的知识，都是产业集群知识系统的子系统，是产业集群知识的重要构成部分。从知识流动角度来看，知识在不同主体之间的流动、吸收、使用和创新，实际是知识在产业集群中社会化的过程，是不同知识主体拥有的知识相互融合的过程，在产业集群知识社会化过程和相互融合过程，是产业知识在不同知识主体之间的传播、扩散、运用和在创造的过程，是产业知识在产业集群中共享的过程。反之亦然，知识共享过程本质上，也是产业集群知识社会过程和相互融合过程。

在知识共享机制的作用下，产业集群内各个子系统的知识和能力，被整合成集群知识，形成产业集群的市场竞争能力，并以此市场竞争力，来获取市场竞争优势。

产业集群的知识共享，既体现在产业集群内部知识的共享，也体现在产业集群对外部知识的吸收和内化，这是因为产业集群根植于某一地理空间，基于区域地理根植的产业知识，尤其是产业集群的隐性知识，是集群获取市场竞争优势，乃至在全球竞争环境中，获取持续竞争力的关键要素。因此，提升产业集群对外部知识的吸收能力，有效吸收外部知识，将之与本地文化联系起来，形成根植性的产业集群知识，具有重要意义。集群对外部知识的吸收能力，主要是指产业集群对外部知识的识别、吸收、内化和运用的能力。集群知识吸收能力取决于产业集群内每个子系统对外部知识的吸收能力以及它们相互之间的交互作用。但是，由于产业集群内各个子系统、企业、个体等都属于产业集群中的知识主体，它们对外部知识的吸收能力又大不相同，各具优势和不足，具有很强的差异性。产业集群中的知识主体外部知识吸收能力是建立在现有知识和技术能力基础上的，技术能力和现有知识水平又是各个知识主体的规模、经历、产业特征和经营水平共同作用的结果。对于特定的知识主体而言，它的技术能力和知识水平的积累是一个路径依赖的演变过程，不同的演变过程和发展轨迹，会使得知识主体的知识水平累积和技术能力产生很大的差异，即使处于同一经营环境、同一地理区域的知识主体，在实践发展过程中，由于经验、实践意识、经营水平等方面的差异，使得它们各自的发展方向和演变趋势也有所差异，随着时间的不断推移，这些差异就会逐步扩大，既表现为知识质量和知识类型上的差异，也表现为知识数量规模上的差异。这种差异的形成，又为相互之间进行知识共享奠定了基础。产业集群中存在这样的一种知识主体，它们对产业知识的识别、吸收和创造能力较强，对其他知识主体具有引领作用，这类知识主体被称为技术或知识守护者（Technological or Knowledge Gate-keepers，TGs）。外部知识被产业集群中的知识守护者获取，形成产业集群内能够辨识和理解的编码知识或者共同语言，通过产业集群内的知识网络传播路径，迅速在产业集群内得以流动、扩散和共享，产业集群中的知识守护者在很大程度上影响产业集群整体的知识吸收、传播和创新能力，特别是对于运用和创造先进产业知识的高新技术产业集群而言，产业集群中的知识守护者往往会随着产业集群的发展而自发产生，继而在知识共享机制的推动下，带动和引领产业集群的发展。对于非高新技术产业集群以及中小企业集群而言，集群企业之间不存在有明显的知识比较优势者，缺少引领产业集群发展的承担知识守护者角色的企业，此时，如果通过外部力量，进行人为的培育知识守护者，往往能够有效带动整个产业集群的发展速度，提升产业集群的发展水平。在培育产业集群知识守护者方面，最有效的手段是通过政策扶持、政策倾斜的方法，如税收减免、地租优惠、融资支持等政策，让产业集群中的知识领先者获取高于产业平均收益的利润，要让承担知识守护者角色的企业，主动愿意在产业集群中发挥知识共享的关键作用，则必须使之在产业集群知识共享活动所获得收益大于成本，获得净收益是知识主体主动愿意进行知识共享的前提。通过发挥知识资源的价值，促进知识在产业集群更大范围内的流通和使用，提高产业集群持续竞争力。除了密切关注、培育集群中知识守护者角色的企业外，还需要重视提升产业集群知识共享能力和知识创新能力，可以从产业知识性质、知识共享的参与者特征、产业知识传播机制、产业集群情境等因素着手，因为它们都是影响产业集群知识共享能力和知识创新能力的重要因素。产业集群作为典型的中间产业组织形式，是以产业知识的运用和创造而凝聚在一起的聚合体，在知识共享与创新方面，具有很强的优势，如空间毗邻性、集群内完善的产业公共基础设施、活跃的知识网络体系、产业分工协作形成的商业信任关系等，都能促进知识流动，提升知识共享的效率和效果。

二、产业集群知识共享：基于模型的分析

假设在产业集群中有 n 家企业，每家企业都按照自身利益最大化的理性原则，做出相应的经营决策，所有集群企业的决策原则是一致的，作为商业活动的知识共享决策也按照这一原则进行，在知识共享过程中，每家企业所共享的知识是独特的，是其他企业所不具备的，并且这些共享的知识是有利的，能够提升企业生产经营效率，能够提升企业市场经营效率。

产业集群能够从知识贡献中获得收益，同样也需要支付成本，但产业集群在知识共享成本中的付出，是固定的、长期的，属于沉没成本，在函数分

析中可以忽略不计。集群企业在参与知识共享活动中，既能获取收益，也需要支付成本，并且获得的收益要大于支出成本。

企业为知识共享所支付的成本，有两种形式：一种属于有形成本，在知识共享过程中，参与者要支付因时间、精力、物质资源等要素投入带来的成本。另一种是无形成本，是指企业参与知识共享后，自身拥有的独特知识减少，凭借拥有独特的产业知识所产生的市场竞争优势被削弱。

集群企业通过知识共享，集群企业的产业知识水平和数量得到提升，产业集群的整体知识水平和知识数量相应地得到提升，最终表现在产业集群的市场竞争力得到加强。产业集群的市场竞争力高低可以用获得的收益水平来表示。收益水平越高，表明产业集群的市场竞争能力越强。

在产业集群中，如果企业的知识共享水平高，知识隐性程度强，企业往往能从知识共享中获得更大收益，激励企业积极参与知识共享活动，并在共享过程中，将获得的共享知识，根据各自的需要，进行汇总整合，由此挖掘既有产业知识的新价值，生产创造出新的产业知识，进而增加产业集群的知识质量和数量，提高产业集群的市场竞争力。

第三节 产业集群中的知识流动模式

一、产业集群知识网络是知识流动的载体

产业集群是围绕相同或者相似的产业而形成的企业聚集，可以将产业集群看作一个整体的网络体系，在此系统中，又可以划分为生产网络、社会网络和知识网络，生产网络是以生产制造为核心，以企业间的分工协作为连接而形成的网络；社会网络是产业集群内包括企业、政府、其他服务机构、员工个体等在内的众多产业主体，为维持和促进产业集群合作和发展而形成的各种社会关系总和；产业集群中因为生产经营而产生各种信息、经验、技术、声誉等各种知识资源。产业集群中生产网络、社会网络和知识网络相互联系，相互影响。生产网络是产业集群形成和发展的物质基础，生产网络要实现有

效、低成本正常运转，则要根据产业集群的社会网络，社会网络也是知识网络的载体和媒介，集群企业知识水平决定生产网络和社会网络的水平、质量和价值，是产业集群创新的本质和获取持续竞争力的关键所在，产业集群的知识流动发生在产业集群生产网络和社会网络中。产业集群的知识网络包括：知识单元、知识活动和知识内容三个要素，产业集群中拥有相关知识的主体，包括员工、企业、其他组织结构、政府等，构成知识关系要素中的知识单元要素，同时，也是构成知识生产关系网络和社会关系网络的主体。知识活动既可以独立存在，也可能嵌入生产活动和社会活动中，如科技研发、知识创造、知识交流、知识学习、知识传播等活动，都属于独立存在的知识活动。组织之间的商业往来、员工之间的交往、工作联系而产生了知识传递效应，则属于嵌入于社会关系网络和生产关系网络的知识活动，知识活动的对象是产业集群在生产和发展过程中的技术、经验和规律等的总和，产业集群中的知识网络的特性和表现，决定产业集群的知识流动的方式、路径和效果。

产业集群中的知识流动形成网络体系，构成知识网络；知识网络的形成和完善，又促进产业集群的知识流动，产业集群知识网络特点，对产业集群的知识流动产生重要而又显著的影响。探讨产业集群的知识流动，就要首先把握产业企业知识网络的特点。概括来看，产业集群知识网络具有如下几个特点：一是集群企业知识网络中知识分布的不均衡和异质性。产业集群是企业在空间上的聚集，产生聚集的激励因素很多，主要是专业化分工带来的规模经济效益和知识匹配带来的范围经济效应。专业分工效应和知识匹配效应的存在，说明企业之间的知识，既具有共同性，也具有异质性。因为存在共同性，所以具有合作的共同基础；由于存在异质性，所以能产生合作的共同收益。产业集群中的企业，虽然具有地理空间上的邻近各个节点的流动，不同的是，产业集群知识流动具备独特的性质，包括：①知识质量和数量的不减性。知识在流动过程中，在每一个节点上的使用，不存在消耗减少的情况，只会通过该节点的运用，使得知识含量和质量得以提升，使得知识规模只增不减，质量只升不降。②知识流动的方向具有不确定性，知识流动既可以在有意识的学习过程中产生，也可以在潜移默化中产生；既可以在反复锤炼过程中产生，也可以在偶然的一瞥中产生。正是由于知识流动的这个特性，使得知识流动的方向既可能是事先设定好的，也可能是预料之外的，甚至是知识主体所反对的。知识流动在不同的情境下，会产生不同的流动路径，产生不同的知识流动方向，知识流动的方向和知识流动的内容都非常灵活，具有复杂性特征，难以规范化管理。

二、集群企业的知识流动

产业集群知识流动建立在企业知识基础上，企业知识建立在企业内部不同部门、机构、个体的知识以及交流基础上，企业内部的知识主体在生产经营过程中，将自身拥有的技能、知识和信息转化成工作方式、方法，演变成提升企业生产经营效率的因素，由此将个体知识转化成企业知识。因此探索产业集群知识流动，必然要从考察企业知识流动开始。

集群企业内部知识流动的过程，也包括知识获取、知识传递、知识运用和知识创新等相关内容。企业知识获取，更多的是从企业外部环境中获取知识，是通过市场交易等方式，将企业不具备的外部知识引入企业内部，使之为企业所用，创造价值，带来收益。企业的知识获取一般要经历成长、感知、转移和吸收四个过程。在新知识成长阶段，因为与新知识相匹配的技术、知识、资源等数量规模小，相互之间的匹配能力弱，适应新知识背景下的市场环境能力不强，对经营环境中由于新知识带来的机会和威胁认识不足，导致不能动态地识别、筛选出企业内外环境中有价值的新知识，企业从外部获取新知识的能力不足，随着企业不断接触新知识背景下的市场环境，企业适应外部环境的能力不断提升，对市场环境中的新知识具有一定的识别和筛选能力，企业逐步进入对新知识的“感知”状态。当企业对新知识的把握和了解发展到成熟阶段时，企业不仅能从市场中识别和筛选价值的知识和资源，而且能够对这些知识和资源进行动态整合，这是企业知识获取的转移阶段，将知识从外部转移到内部，通过整合形成企业内部知识，将之分布运用到生产经营的各个环节中，形成有利于提升自身经营效率的企业知识，这构成企业知识吸收的吸收阶段，完成了企业知识获取的第一个循环。

从企业内部知识运用和创新角度来看，企业内部新知识的形成和获取，是一个知识螺旋发展的过程。日本学者野中郁次郎和竹内弘高合著的《创新求胜》一书中，依据知识的表现形态，将企业知识分为显性知识和隐性知识，这两种知识相互作用，相互转化。显性知识和隐性知识相互转化的过程，实际就是创造知识，形成新知识的过程，这两位学者开创性地通过构建企业知识转化的SECI模型，用以说明二者转化的过程和原理。该模型把隐性知识和显性知识的转化过程，分为四个阶段：潜移默化、外部明示、汇总组合和内部升华。

构建知识转化的SECI模型的前提是，知识学习不是独立进行的，而是在工作过程中，在群体中通过知识运用、知识交流、知识思考等活动实现知识创造。在知识转化的第一个阶段—潜移默化（社会化）阶段，知识主体实现隐性知识向隐性知识的转化。前一个隐性知识是指组织中的个体原本具备的工作经验、工作技能、工作风格、工作理念等个人内隐的知识，后一个隐性知识是指拥有前述隐性知识的知识主体，通过与他人的交流接触，从对方那里感知到有别于自身的工作技能、理念、风格等隐性知识，并能辨识出对方内隐知识中优于自身的地方，产生模仿学习动机。这个阶段的知识成果为“个人心得”，它是通过共同的接触交流活动创建隐性知识的过程，获取隐性知识的关键是观察、模仿和实践。知识转化SECI过程中的第二个阶段—外部明示（外化）阶段，是隐性知识向显性知识的转化，知识主体在交往接触过程中，各自分享拥有的隐性知识，在群体中进行讨论、酝酿和提炼，通过分析探究、归纳总结、演绎推理，对各类隐性知识反复酝酿，加以提炼，形成书面化的显性知识，以概念、规则、图示、模型、范例等形式呈现出来，这个过程，从个体心得性的知识中，提炼出共性，形成群体性知识，使得隐性知识转化为显性知识，知识转化SECI模型的第三阶段，是显性知识和显性知识的组合。在第二个阶段形成的显性知识之间相互磨合，对上一阶段形成的显性知识进行加工和重组，在企业内部形成系统化的知识，形成新的显性知识体系。通过内部培训、组织学习等方式，在企业内部推广使用新获得的显性知识体系，将这些体系化的新知识整合到生产经营体系中去，并以书面文件资料的形式表现出来，方便知识的推广和使用，最终沉淀为组织智慧。知识转化SECI模型的第四阶段—内部升华（内化）阶段，即显性知识到隐性知识的转化，是显性知识形象化和具体化的过程。第三阶段形成显性知识，在推广使用过程中，被知识使用者吸收、消化，在知识实践过程中，形成自身的使用心得、技巧，演变成自身的隐性知识，表现为内隐化模式。总体来说，知识转化SECI模型的四个阶段，一环套一环，紧密衔接，是隐性知识和显性知识相互转化的内在机理，是一个动态转化过程，可以高度概括总结为：高度个人化的隐性知识通过交流分享化、概念化和系统化，在整个组织内部推广传播流动，企业内部员工在充分吸收的基础上，进行使用和总结，使其得以升华，再形成隐性知识，进而完成一个知识转化循环。

三、产业集群企业组织间的知识流动

产业集群内企业组织间的知识流动主要表现为：知识溢出、知识扩散、知识转移和知识共享四种形式。根据集群中知识主体的知识流动意愿，知识溢出又可分为被动溢出和主动溢出，被动溢出是指在知识主体不希望发生知识流动的情况下，发生知识向外流传，而作为接受知识的一方，无须支付报酬即可从其他知识主体的研发成果中获益的现象；主动溢出是知识主体在主观上愿意发生知识流出，作为接受知识的一方，往往会为接受知识而付出一定的代价，如购买知识或者知识产权。知识扩散是指知识主体之间在互动合作过程中，知识拥有者对知识的有意传播。有学者研究认为，知识溢出的方式和路径大致有四种：人才流动、研发合作、企业家创业、贸易投资等。知识转移是建立在知识发送方和知识接受方共同愿意的基础上，共同采取措施，确保知识流动实现，并提高流动效果的知识流动形式，侧重于知识流动过程中转移内化的效果，知识转移各方对知识转移的内容、方向和环节，都有明确的共同认识。研究表明，人员流动和产学研合作是组织间知识转移的重要渠道。知识共享是某个知识主体与其他知识主体分享与产业相关的信息、理念、建议和经验的过程，是知识流动的最终目的之一，与知识扩散比较而言，知识共享具有更强的主观性和目的性，是知识主体主动举办和执行的计划性活动之一，知识流动的四种形式，在概念上有着明显的交叉，发生机制和流动路径，也存在很多的相似性，在很多场合，并不做详细而具体的划分，统一作为知识流动。

在产业集群中，企业之间的知识流动是最普遍、最直接、最重要的交往合作方式，企业在地理空间上的聚集，在本质是也是因为能够就近获取产业知识，收集产业信息，及时应对瞬息万变的市场变化。在产业集群中，企业间的知识流动方式、规模、效率受到企业间的信任关系影响。企业间建立良好的信任关系是合作关系的基础，如果企业之间缺失信任，彼此疑虑，即使双方订立了契约，合作的预期目标也难以得到圆满实现。在产业集群下，信任是集群运行机制的基础条件之一，也是吸引企业进入产业集群的重要因素之一。由于地理空间毗邻，产业相近，经营业务相关，导致企业之间的联系频繁而密切，集群内的企业在相互学习、相互影响以及产业集群统一要求下，形成共同的正式或非正式的行为规范和惯例，激励更进一步的密切合作。从客观条件来看，产业集群内的专业化分工越来越精细，业务合作和产业协作成为产业集群内的普遍现象，同时，受到资金、规模、人力等多因素的共同作用，导致单一企业难以从事技术创新活动，合作成为必然选择，也是共同利益需要的理性选择。

在产业集群内部，企业组织间的知识流动是发生在企业、高校、科研机构、政府部门、中介机构等任意两个或者多个参与主体之间的活动。按照知识流动过程中的先后顺序，可以将企业组织间的知识流动划分为两个环节：一是知识搜索阶段；二是知识获取阶段。知识搜索阶段是指企业为解决生产经营中出现的问题、提升生产经营效率、提高市场竞争能力，寻求外部知识的支持。知识搜寻是一个搜寻并反馈的过程，是企业有目的、有计划、有准备地寻找知识供应源。知识获得是知识需求方在知识搜寻的基础上，将外部知识转化成企业内部知识，知识获得要经历知识传递、知识吸收和知识反馈三个阶段，知识传递阶段需要解决的问题是准确评估知识的质量、价值，选择知识传递的媒介、渠道和方式；知识吸收阶段，知识需求方根据自身生产经营需要，对接收到的知识进行梳理整合，取其精华，去掉无关紧要的知识；知识反馈阶段则是知识需求方将新知识投入使用过程后，在知识适用性、匹配性等方面存在一定的障碍时，寻找知识供给方的支持和帮助，共同提升知识使用效率。如果知识供给方和知识需求方之间，能够形成持续稳定的合作关系，久而久之，双方的关系性质就会发生变化，知识供给方和知识需求方的身份区分就会模糊，从知识供需关系演变为知识合作关系。

四、基于产业集群生命周期的知识流动分析

产业集群因为产业兴而兴，由于产业升级而升级，产业集群的生命周期与产业生命周期大致保持一致。产业生命周期理论是从产品生命周期理论和企业生命周期理论拓展而来的。最早将生命周期理论引入管理学领域的是美国学者波兹（Booz）和阿伦（Allen），在此基础上，蒙德·弗农、威尔斯（Louis T.Wells）、赫希（Hitch）、克鲁伯（Gruber）对产品生命周期理论进行了进一步完善，到了20世纪70年代，詹姆斯·M. 乌特巴克（James M.Utterback）等以产出增长率为划分依据，将产品生命周期划分为流动阶段、过渡阶段和稳定阶段，并认为企业的产品创新和工艺创新相互关联，在不同阶段对两者的侧重有所不同，企业的创新类型和创新频率取决于产业成长的不同阶段，由此提出了A-U模型。随着产业集群的研究深入，一些学者开始利用生命周期理论分析产业集群的演进方式，认为与生物从成长到死亡的过程一样，产业集群也会经历产生、发展、衰亡或者转型的过程，经过众多学者的研究和完善，学界较为普遍地认为产业集群存在生命周期，大致包括产生、成长、成熟和衰退四个阶段。在此基础上，有学者更进一步地提出“S”形的四阶段理论，在国内，也有学者对此做出了很多的理论探讨，学者们从不同角度来探索产业集群的生命周期现象，如分别从网络特性角度和企业结构网络角度来探讨产业集群内的生命周期，还有学者通过构建产业集群的自主创新动力机制模型，来探索产业集群的不同发展阶段，界定产业集群的生命周期。

学界对产业集群生命周期的理解、界定和划分，有着各自的视界，继而产生各自的观点。但综合来看，学界普遍认为产业集群存在从产生到衰亡或者转型的过程，在形成初期，产业集群规模小，集群内的企业数量不多，产业上的专业分工和企业间的协作程度不高，产业特色、市场竞争优势不显著，创新能力不足。到了产业集群的成长和发展期，产业集群内的企业数量快速增加，产业分工与协作体系日益完善，产业集群规模快速扩张，规模经济效应和范围经济效应显著。到了产业集群的成熟期，集群规模、规模经济效应、范围经济效应处于稳定状态，集群内的产业分工和协作结构脉络清楚，产业集群内的不同机构组织之间形成的专业化协作已经非常普遍，产业集群内的

产业基础设施完善，在市场上形成别具特色的竞争能力和市场地位，创新能力显著提升，创新活动频繁，创新形成的新工艺、新流程、新产品等层出不穷。在衰退或者转型阶段，由于市场的变化，原有的产业特色不再受市场青睐，产业特色失去市场竞争力，具有很强的路径依赖的企业，逐步缩减规模，其结果要么转型，要么迁出。而那些创新活动频繁、创新能力较强的企业，凭借对市场的悟性和适应性，快速融入市场的新环境中，在这些企业的带动下，原有的主导产业逐渐被新兴的产业所替代，实现产业的转型升级，进入产业集群的下一个成长周期。

在产业集群生命周期的不同阶段，产业集群中的知识流动也呈现不同特点。在产业集群产生阶段，产业集群规模小，产业集群的知识积累比较少，大量的知识创造往往局限于少数几家大企业和领先企业，产业集群内的知识获得方式以本地知识为主，知识流动方式主要存在于企业内部和少数企业间的人员流动带来的知识扩散。从外部迁移进入产业集群的企业，更多的是汲取本地知识，寻求企业与产业集群的匹配，寻求企业知识与本地知识、集群知识的融合，少部分企业开始主动对配套企业、合作企业进行技术指导。总体来看，此时的产业集群内部的知识流动规模小，效应不明显，到了产业集群成长阶段，相同产业或者相似产业的企业聚拢到产业集群，产业集群内的产业知识多样性和层次性，得到显著提升，为产业集群内的知识流动和技术创新提供了坚实的基础。这个阶段的产业集群，知识流动规模迅猛增加，知识流动速度加快，形成的知识流动路径多种多样，产业集群知识网络逐渐形成。核心企业在产业集群中起到主导作用，并成为知识创造的主力军，产业集群知识有了较大规模的积累，知识累积速度加快。产业集群内的知识学习渠道增加，学习氛围得以强化，频繁出现各种正式和非正式的知识交流活动。企业间在努力探索、保持自身核心知识的同时，积极获取、借鉴、吸收其他组织结构的知识，强化自身的知识优势和市场竞争能力。产业集群内的知识流动带来的积极效果，开始显现，知识流动促进了异质性知识之间的碰撞和融合，一方面，提高了产业集群内现有的知识资源的匹配效果，另一方面，增加了异质性知识相互碰撞、匹配和融合的机会，为知识创新提供了良好的机会，提升了产业集群的知识创新能力。在产业集群成熟阶段，产业集群规模趋于稳定，集群企业在产业链上下游关系的产业地位基本定型，整个产业集群逐步发展成为较为完整的产业价值链条，在产业集群内形成稳定、均衡的各种交往关系，包括产业关系网络、知识网络和社会关系网络。集群网络完善，联系密切，处于网络节点上的企业或者其他组织，都是知识流动的参与者，参与知识流动过程，参与产业集群的知识创造活动。集群企业知识流动的主要方式发生变化，知识流动以网络间的自由流动方式为主，知识流动产生的效果非常明显，产业集群中的技术创新方向与目标明确，技术创新的流程有序可循，形成成熟的技术创新规范，创新的结果具有很强的可预见性，创新成果具有非常强的应用性。整个产业集群中知识流动频繁，创新活动活跃，创新成果的目的性和指向性非常明确。但是，这些特征会导致消极的一面：创新的目的和指向性明确，容易产生路径依赖和技术锁定现象，反而会限制产业集群的创新能力，容易忽视市场的本质需要，从而偏离市场。产业集群偏离市场，主要由两种情况导致：一是由于产业技术突变、经济发展、政策改变等因素发生重大变化，市场发展趋势超越产业集群的预期，使得产业集群难以跟上市场的变化，导致产业集群发展与市场走向发生偏离；二是由于产业集群的技术锁定和路径依赖作用，产业集群难以对市场的变化做出及时有效的应对，产业集群发展和市场走向发生偏差，强行以产业集群的发展来影响和引导市场，一旦影响不足，引导失败，便会导致产业集群与市场的偏差。当小的偏差逐步累积、积淀形成大的偏差时，导致产业集群与市场产生严重背离，产业集群的创新和发展偏离市场发展方向时，就意味着产业集群进入衰退阶段，此时的产业集群要么调整方向，根据市场需求来调整产业集群，实现产业集群的转型，要么衰退，逐渐式微，退出市场，自我消亡。处于衰退阶段的产业集群，是与市场环境的匹配能力下降，创新方向偏离市场，逐渐失去原有的市场竞争优势，产业集群的凝聚能力下降，产业人才流失或者转行，企业外迁或者向其他产业方向演变，使得产业集群内原有的产业关系网络、社会网络和知识网络中的网络节点缺失，网络运行受到很大的影响，知识网络逐渐解体，知识流动规模和速度减缓，知识流动的内容和方向发生改变。随着原有的产业知识网络逐渐解体，新的产业知识逐步形成，借助产业集群原有的知识网络、产业关系网络和社会网络，网络中的新型关系正在形成，网络重构开始在知识流动中发挥作用，逐步开启新的生命周期。在这个转变过程中，如果发生转型方向错误、速度迟缓等现象，不能及时更新现有的产业技术和创新模式，产业集群就面临着被市场淘汰出局，直至消亡的风险。

上述分析表明，产业集群处于不同生命周期阶段，其知识流动也会出现不同的特征。从产业集群内的知识流动的层次来看，产业集群初始阶段，少量企业洞悉市场机遇，围绕市场机遇，开发新技术、新知识、新工艺、新流程、新产品，研发新产出，并通过知识产权的方式，在法律上确定知识资产的归属，在产业集群中，逐步树立核心和主导地位，随着规模扩大和业务开展，产生了产业配套需求，继而寻找合作伙伴，甚至主动派遣员工到提供配套服务的企业进行技术指导，形成企业间和个体间的扩散现象。随着时间推移，产业集群规模扩大，企业聚集现象频繁。知识流动从最初的核心企业与配套企业之间的知识转移方式，逐渐演变为稳定的、持续的企业间合作交流关系。当稳定持续的企业间合作交流关系遍布于产业集群时，产业集群中的中介服务机构、各种企业协会等组织机构，参与到知识流动的环节中来，产业集群内的非正式交流机制也逐步形成，正式交流机制和非正式交流机制相互作用，相辅相成，形成较为系统的产业集群知识网络，产业集群的知识流动层次逐渐由个人层次上升到企业层次，再上升到产业集群中的网络层次。产业集群知识网络中，集群主导企业、配套企业配套以及相应的研发机构、教育机构和中介组织等互相学习，沿着知识流动的方向，形成知识学习网络和知识学习机制，有效形成于知识流动、知识学习、知识运用和知识创新集一体的产业知识社群，从知识流动方向来看，是知识位势高的向知识位势低的地方流动。物质世界中物质或非物质的传导、扩散都是由势能差引起的，在产业集群中，知识并不是均匀分布在知识主体上的，每一个知识主体拥有的知识规模、质量、类型都存在差异，构成异质性的知识主体，形成高低不同的知识位势。在产业集群初期，具备技术优势的知识主体掌握了先进的知识，具有较高的知识位势，知识流动往往就以这类企业为知识流动的起点，流向产业集群其他企业。处于知识位势高处的企业，拥有较强的知识网络整合能力，具备较高的知识运用能力和知识创造能力，在知识向外传递过程中，会在无形中引导产业集群的知识发展方向。由于产业集群的知识网络进一步完善，产业集群达到成熟阶段，知识流动使得知识在产业集群中得到更为广泛的配置，知识匹配效应进一步增强，知识流动带来的知识扩散效应，使得知识位势转化为知识创新位势，产业集群中的知识创新位势优越的企业，代表了本地产业集群的技术领先优势和产业发展方向，在集群发展过程中处于引导地位。从知识流动过程中知识扩散内容来看，其演变路径与产业集群的生命周期也存在一定的关联。从表现属性来看，知识有隐性知识和显性知识之分，在产业集群形成初期，知识流动，主要是出于企业之间的合作与配套协作需要，具有知识优势企业的一方，主动向其他企业扩散知识，寻求配套协作，继而派出员工个人向协作配套企业进行知识传递，知识流动主要在企业员工个体与少数企业之间进行，知识流动的内容主要以显性知识为主，便于相关知识快速扩散，遍及产业集群，随着产业集群，进入成长期后，产业集群知识网络得以完善，产业集群中的各类组织之间的合作越来越紧密，直接的、密切的交流逐渐增多，相互之间的默契程度提升，有利于隐性知识流动的条件已经形成，在知识流动的过程中，隐性知识所占比重逐步增加，知识流动的质量越来越高，隐性知识在流动扩散过程中，开始形成独特的流动方式，通过这种方式，使得本来不具备流动特性的隐性知识，在相关企业之间进行扩散流动，乃至扩散到整个产业集群。久而久之，整个产业集群内部，形成了具备集群特色的隐性知识流动路径，由此进一步形成产业集群的市场竞争优势。

第四节　产业集群中隐性知识特征、作用和转移

哲学家迈克尔·波兰尼（Michael Polanyi）在1958年提出隐性知识的概念，他将那些能够被人类以一定符码系统加以完整表述的知识称为显性知识，将那些人们知道但难以言述的知识，称为隐性知识。20世纪60年代后，心理学家雷贝尔（Reber）和魏斯克兰茨（Weiskrantz）、沃灵顿（Warrington）分别在内隐学习、内隐记忆领域开展实验研究，从而在学界正式开启内隐认知、学习和传播的研究。当前研究已经证实内隐认知加工具有相对独立性的特征。雷贝尔据此提出人类学习的两种模式：外显学习和内隐学习，外显学习是一种需要通过意志努力、策略使用完成学习的过程；而内隐学习则是无意识习得环境中复杂知识的过程。隐性知识的认知和学习，对于人而言，具有上述

特征，对于组织以及组织组成的部落群体，也是如此。产业集群作为一个庞大的产学研相结合的系统，既是生产隐性知识的有利场所，也是推动隐性知识流动和转化的优质场所。探究产业集群中的隐性知识的特征和流动方式，有助于把握知识对产业集群形成和发展的影响，也有助于把握和理解产业集群的竞争优势形成机理。

一、产业集群隐性知识特征

在企业知识理论中，知识被看成企业最重要的资源，能够给企业带来创新，带来竞争利益，隐性知识更是如此，是凸显企业间差异的根本所在，是企业核心竞争优势的来源。企业隐性知识存在于员工个体和企业内各级组织（团队、部门、企业层次等）中，难以规范化，难以言明和模仿，难以通过书面化等非人际接触化方式进行交流与共享，也不易被复制或窃取，这是隐性知识的共性。产业集群中的隐性知识，除了拥有这些共性特征之外，还具备下列独有的特征：

（一）深层次性特征

员工个体所拥有的隐性知识是其在生活、工作等活动过程中，积累的个人心得、体会、感悟、经验等，并以此来指导自身的生活和工作，形成自身的个性特征、行事风格、工作能力等。组织层次的隐性知识是在对员工个体、组织机构或组织团体从组织外部获取的各种知识，经过组织内的个体、群体、组织层次的多重转化和整合，通过组织运营实践加以运用提炼的基础上形成，形成员工个体或组织群体所无法具有的知识特质。组织层次的隐性知识主要表现为组织层次上才具有的组织文化、组织伦理、企业惯例等，也包括能被组织层次所掌握的诀窍、经验和协作能力等，与个体层次和组织层次的隐性知识比较而言，产业集群层次性更深。与个体比较而言，产业集群的隐性知识是在个体、组织多层磨合提炼中产生的，具有更强的综合性和广泛性，既是个体层次隐性知识的综合，也是个体层次隐性知识形成的基础。与组织层次的隐性知识比较来看，因为产业集群内部成员之间的交往联系、分工协作建立在自愿、共利的基础之上，产业集群对内部成员的约束力，介于科层制和市场化规则约束之间，那么对知识资源的分配、使用和创造，既不能像企业组织那样通过科层制方式来进行，也不能像市场自发那样调节来进行。产业集群同企业相比，其内部产业体系健全，具有完整的流程运作系统，在个体、企业组织等多个层面上进行人力、物力、财力、信息等整合运作，进而形成隐性知识，产业集群中的隐性知识，不再仅仅是简单的个人层次和企业组织层次上的隐性知识，而是具备了更广泛的深度、宽度的知识内容体系。

（二）分散性和综合性特征

产业集群的形成是通过具有相同或者相似产业背景的企业聚集，伴随着企业聚集，为企业提供配套服务、中介咨询服务、产业规划和管理部门等相关组织，陆续在产业集群中聚集，使得产业集群既是产供销一体化的组织，也是产学研一体化的组织。产业集群中的知识运用、传播和创造，涉及不同部门、不同领域、不同环节，这就使得产业集群知识分配分散化、多元化，显性知识如此，隐性知识也是如此。

产业集群层次的隐性知识分散在产业集群中的不同组织机构、成员个体和流程活动中。产业集群是相同或者相似产业的企业聚集在邻近的地理空间上，沿着产供销的产业链条，分工协作，具有集产供销于一体的特征，沿着产供销产业链条分工协作的企业以及相互之间，形成的隐性知识具备了聚合产供销各环节的综合性特征；产业集群既是纵向链条式的产业分工协作集合体，也是产学研横向合作的集合体，产业集群中，有从事产业生产经营的企业，也有从事配套服务的组织，还有从事技术研究和开发的组织等，它们沿着产业链横向分布，进行分工合作，由此而产生的隐性知识，具备了产学研三者综合的特征。产业集群也是政府、高等院校等科研机构、企业等组织机构共同作用而形成的集合体，沿着整个合作路径和合作模型形成的隐性知识，无疑就会具备政商学三者综合性的特征。产供销、产学研、政商学等不同路径而形成的隐性知识，在集群内相互交错、相互作用、相互整合，最终形成更为综合的隐性知识。

（三）隐性知识的根植性

隐性知识的根植性，构成产业集群隐性知识的另一个重要特征。隐性知识与显性知识最大的区别在于无形之中，看不见摸不着，但可以感受得到，隐性知识的形成、使用和流动，只可意会，难以言传；只可在默契中习得和使用，难以在书本中学习获得。随着信息科技的迅速发展，显性知识的学习效率得到显著提升，学习成本显著下降。但隐性知识的习得、使用和流动，依然主要依赖于人际接触的模式，没有因为信息技术的发展而改变，正是隐性知识的难以习得性和独特的个性，使得隐性知识成为个体之间、组织之间和产业集群之间形成差异的最根本的标志之一，成为企业市场竞争优势的来源。隐性知识形成于特定的环境和活动过程，其使用也依赖其产生的环境，一旦离开了这些环境，隐性知识的功能和价值将会受到很大的影响，这使得隐性知识具有很强的根植性。

二、产业集群隐性知识的作用

随着经济增长模式的变化，产业集群在推动区域经济增长方面所发挥的作用越来越显著。知识资源在地理空间上的整合和运用，是促进产业集群形成和发展的重要原因。具体来说，产业集群中的隐性知识作用，主要表现在以下几个方面：首先，隐性知识是集群企业知识生产的基础。产业集群中的知识生产过程，是对产业集群现有知识进行收集、分类和存储的过程。产业集群的知识来源主要有两类：一类是以显性化的方式，分布在集群中的个体、企业以及其他组织内外的显性知识；另一类是隐性知识，存在人们的思维、行为、观念、操作技能、组织结构、运营流程之中，人类的知识生产从隐性知识开始，人们在社会实践中，习得经验、技能和感悟后，将之归纳总结，分析推理，逐步形成可传授、可表达、可继承的书面知识，使之显性化，于是知识生产就完成了从无到隐性知识，再从隐性知识到显性知识的生产过程。在产业集群中，隐性知识的深层次性使得隐性知识流动比较困难。在不同层面上，将隐性知识显性化，使之成为便于流动、学习和运用的显性知识，从而增加产业集群的知识规模和知识质量。从产业集群隐性知识提炼和挖掘出来的显性知识，具有产业集群的独特性，具有更强的产业集群适用性，能够有效提升产业集群的市场竞争能力。将这些从隐性知识中提炼出来的显性知识，在更广的范围内加以流动和运用，一方面，能提高产业集群的市场竞争能力，另一方面，由产业集群隐性知识演变来的显性知识，具有很强的产业集群特性，在更为广泛地流动和使用后，又产生了相应的隐性知识，而这些隐性知识的质量和价值，比之前的隐性知识要高很多，具有更高的广度和深度，并且更加凸显产业集群的特性。

产业集群中的隐性知识，能够有效提升产业集群组织响应性和创新能力。在产业集群中，隐性知识的转化过程有助于隐性知识在更大范围内发挥价值，有助于获取和共享实践成果，将之用于解决新问题，形成更有效率的新工艺、新流程。在隐性知识转化为显性知识后，加快了知识流动的速度，更加有利于知识的共享和运用。显性化的隐性知识，经过运用、共享和演化，使得在局部发挥价值的技能、经验、诀窍，在产业集群内转化为更多企业的产出改良、服务能力提升、运用效率提升等，有助于获得市场青睐，有助于开发新市场，最终实现产业集群的市场竞争能力。

三、基于模型构建的产业集群隐性知识转移分析

在以往的产业集群知识流动研究中，更多的是将显性知识和隐性知识混合在一起，来考察知识流动的特征、方向和效果。虽然能够在总体上把握知识流动的规律，但忽略了隐性知识的具体特性，难以具体地考察产业集群中隐性知识的流动规律。

在产业集群中，企业在生产经营过程中，能够形成隐性知识，由于隐性知识是日常生产经营工作的附带物，不是强行要求的，也难以强行要求，是员工和企业内部部门的自发行为，创造隐性知识时，集群企业支付的成本代价为0。产业集群间每一家企业均能生产出各自的隐性知识，隐性知识的流动和转移，只能通过人际接触的方式进行。企业对自身拥有的隐性知识转移的态度有两种：一是愿意；二是不愿意。

产业集群中隐性知识转移存在两种模式：一种是独立性的知识转移，知识接受者无条件地接受隐性知识所有者转移的知识，成为知识接受方的内部知识，在生产经营过程中发挥知识价值，称为Ⅰ型隐性知识转移；另一种是融合式的知识转移，知识接受方接收到的知识，只有同自身原有知识匹配融合的情况下，才能在生产经营中发挥价值，称为Ⅱ型隐性知识转移，隐性知识转移的两种类型方式，既可以同时存在，也可以单独存在。当知识接受方

接收到转移的隐性知识，应用到生产经营过程中时，所获得的直接好处就是降低产品产出的生产成本。

假设产业集群不需要借助人际接触条件以外的其他辅助设施，隐性知识转移的硬件设施成本为0，但由于进行隐性知识转移而进行的人员往来、人际沟通、人际交流会发生一定的成本支出。隐性知识转移会对转出企业产生两种可能影响：一是让企业获利的有利影响；二是让企业受损的不利影响。企业对隐性知识转移的决策取决于对利益的衡量，有利于企业的，就做出转移的决策选择；不利于企业的，就做出不转移的决策。

首先来考察企业的收益和获利模型，无论隐性知识转移与否，以及隐性知识转移的专用性如何，企业的生产经营决策都是独立进行的，决定自身的产量和产出类型，在市场上竞争。

根据集群企业的均衡利益模型，探测企业在产业集群中隐性知识转移决策过程。从理性决策原则来看，能够增加企业的经营收益，扩大利润，企业在知识流动过程中，就会做出转移或者接受隐性知识的决策，相反，则不转移隐性知识，或者拒绝接受隐性知识。

在把握收益与成本比较的理性选择基础上，分析企业进行隐性知识转移决策的模型，集群中所有企业之间都是对称的，每家企业的知识转移决策的标准和依据都是理性的，也是相同的，因为产业集群企业进行隐性知识转移时，只能根据人际接触的方式，企业之间的隐性知识转移，采取的是人际两两接触的模型，借助轮辐模型，对参与隐性知识转移的企业支付成本进行描述。

基于上述分析，可以得出这样的结论：首先，在产业集群中，如果集群企业之间的隐性知识具有较强的互补性、融合性，企业之间的接触交往就会围绕知识的流动和运用而持续下去，使得产业集群的隐性知识流动成为常态。同时，产业集群也存在一个淘汰筛选机制，那些只参与集群企业知识转移活动，但不贡献自身的隐性知识的企业，在多次的博弈活动中，必然被发现，继而被其他企业所排斥，被淘汰出隐性知识交流体系。同时，那些根本不参与隐性知识交流活动的企业，也因为长期游离于隐性知识交流网络之外，与产业集群水平和产业集群发展趋势发生偏离，要么离开产业集群，要么被产业集群所淘汰。其次，激励集群企业参与隐性知识交流和共享的内在动力是企业利益，之所以能在隐性知识转移中获得收益，是由于不同企业的隐性知识之间具有互补性，互补性越大，企业参与隐性知识交流和共享的意愿越强烈，按照这个趋势发展下去，相关的企业之间具有形成较为密切和稳定合作的可能。但是，从模型推导来看，当企业间隐性知识互补性较小，且缺少必要的监督机制时，参与隐性知识交流的企业存在欺诈的空间，也就是在隐性知识交流过程中，吸收其他企业共享的隐性知识，不愿意分享自己拥有的隐性知识。

参考文献

[1] 张冀新，李妍 . 创新型产业集群高新技术企业主导效应研究 [J]. 技术与创新管理，2023，44（03）：237-247.

[2] 李健，胡冰夏 . 产业集群创新网络研究热点、演化与展望 [J]. 创新科技，2023，23（05）：25-42.

[3] 王伟 . 产业集群对区域经济发展的驱动作用分析 [J]. 现代商业，2023（08）：61-64.

[4] 曹晓鹏 . 产业集群助力区域经济发展研究　以山东省德州市为例 [J]. 当代县域经济，2023（03）：81-83.

[5] 刘祎凡，王有远，马小凡 . 基于生命周期的航空制造业产业集群知识网络的演化研究 [J]. 科技与经济，2023，36（01）：16-20.

[6] 崔志新 . 我国产业集群数字化转型发展现状、问题与对策研究 [J]. 城市，2023（02）：3-12.

[7] 刘晨阳，景国文 . 创新型产业集群试点政策与地区全要素生产率提升 [J]. 现代经济探讨，2023（02）：56-63.

[8] 王悦 . 基于商业智能视角的企业知识管理系统构建研究 [J]. 中国市场，2023（03）：9-12.

[9] 周晟宇 . 基于 CiteSpace 的企业知识管理研究分析 [J]. 科技资讯，2023，21（02）：219-222.

[10] 李宛蓉 . 基于产业集群的科技创新战略选择 [J]. 商场现代化，2023（01）：117-119.

[11] 杨飏，曹飞 . 关于知识管理体系实践框架的研究 [J]. 石油化工管理干部学院学报，2022，24（06）：66-70.

[12] 苏金生 . 区域主导产业与产业集群策略研究 [J]. 中国集体经济，2023（01）：48-51.